संस्कृति
और
संवेदना

संस्कृति और संवेदना

व्यास मणि त्रिपाठी

वाणी प्रकाशन
प्रकाशन के उत्कृष्टतम 61 वर्ष

सजिल्द पहला संस्करण : 2024

vaniprakashan.com

वाणी प्रकाशन

4695, 21-ए, दरियागंज, नयी दिल्ली-110 002

फ़ोन : + 91 11 23273167, 23275710

शाखाएँ

अशोक राजपथ, पटना-800 004, बिहार

कॉफ़ी हाउस कैम्पस, महात्मा गांधी मार्ग, प्रयागराज-211 001, उत्तर प्रदेश

महात्मा गांधी अन्तरराष्ट्रीय हिन्दी विश्वविद्यालय, वर्धा-442 001, महाराष्ट्र

sales@vaniprakashan.in
vaniprakashan@gmail.com

Sanskriti aur Sambedana
by Vyas Mani Tripathi

ISBN : 978-93-6287-532-7

Criticism

मूल्य : ₹ 550

जी.एस. ऑफ़सेट, दिल्ली-110 095 में मुद्रित

वाणी प्रकाशन का लोगो मक़बूल फ़िदा हुसेन की कूची से

दो शब्द

विशिष्ट संस्कार और विशिष्ट सांस्कारिक मनस्विता आधृत जीवन भारतीय मनीषा के चिन्तन के केन्द्र में रहा है। उदात्त जीवन-मूल्यों, विश्व बन्धुत्व तथा अध्यात्म पोषित भारतीय संस्कृति सतत प्रवहमान होकर मनुष्यता का संरक्षण-संवर्द्धन करती रही है। अनेकता में एकता के दर्शन को समाहित कर समशीलता का आख्यान रचती रही है। अपनी समन्वयात्मिकता से विरुद्धों का सामंजस्य स्थापित करती रही है और अपने इन्हीं गुणों के कारण वह अपनी अक्षुण्णता बनाये हुए है लेकिन आज जिस तरह उत्तर आधुनिक चेतना में पूर्ववर्ती अवधारणायें खण्डित हो रही हैं। पूर्व पथ से विचलन के क्रम में श्रेयस मूल्यों का क्षरण हो रहा है तब ऐसे में संस्कृति-चिन्तन अनिवार्य हो जाता है।

भारतीय चिन्तन में परम्परा और आधुनिकता को लेकर बहुत द्वन्द्व नहीं रहा है। प्राचीनता को सदैव सर्वोत्तम मानने और नवीनता को उपेक्षित करने की परिपाटी हमारे यहाँ नहीं रही है बल्कि इन दोनों को समन्वय, सामन्जस्य और अन्तरण की व्यवस्था में साधने की कोशिश की जाती रही है। यही कारण है कि हमारी संस्कृति बाह्य आघातों से न कभी टूटी और न कभी हारी बल्कि अपने अनुकूलन-गुण के कारण विभिन्न परिस्थितियों में अक्षुण्ण बनी रही। समय के प्रवाह में परिस्थितियाँ बदलीं किन्तु मूल स्वरूप कभी विनष्ट नहीं हुआ। आज बाज़ार ने हमारे घरों में, घुसपैठ द्वारा हमारी नियति और नीति को अर्थकेन्द्रित कर दिया है। हमारे सामाजिक-सांस्कृतिक सरोकारों की दुनिया बदल दी है। अर्थार्जन और अर्थ दोहन में व्यस्त आज की पीढ़ी के पास मूल्यों के संरक्षण का उत्साह नहीं रह गया है। धनलोलुपता अथवा धन की अधिकता ने समाज का चेहरा और चरित्र बदलकर रख दिया है। उपभोक्तावादी संस्कृति की चुम्बकीय शक्ति इतनी प्रबल है कि हमारा मन-मस्तिष्क उसी की गिरफ्त में है। दर्पण

में झिलमिलाते बिम्ब को वास्तविक मान उसकी ग्राह्यता के लिए हमें किसी भी हद तक जाना स्वीकार्य है। हम वह सब कुछ प्राप्त करने के लिए आतुर और लालायित हैं जो हमारे अपने जीवन के यथार्थ से कोसों दूर है। ऐसे में यह ज़रूरी हो जाता है कि हम साहित्य, कला, अध्यात्म, दर्शन तथा उन सभी मूल्य विधायी तत्वों का समाकलन करें जिनसे हमारी संस्कृति की संरक्षा को ऊर्जा मिलती हो। उन आसन्न संकटों से सचेत एवं सावधान हों जो आत्मीयता, बन्धुता, स्नेह, मर्यादा, आदर्श और सम्बन्धों की उष्णता पर गाज गिराने के लिए सचेष्ट हैं। आज, सांस्कृतिक प्रभुत्ववाद के खतरों से निपटना भी ज़रूरी हो गया है क्योंकि संस्कृतियों की विविधता को ध्वस्त कर उन्हें समरूप बनाने की साजिशें हो रही हैं। बहुराष्ट्रीय विज्ञापन उद्योग नवता के नाम पर परम्परागत जीवन-शैली को निर्मूल करने के अनेक उपायों पर कार्य कर रहा है। सांस्कृतिक प्रभुत्व, सांस्कृतिक समरूपता, सांस्कृतिक ध्रुवीकरण, सांस्कृतिक संकरण जैसी समस्यायें सिर उठा रही हैं। इनके माया-जाल से मुक्ति के लिए अपने स्वत्व और सांस्कृतिक विरासत का ज्ञान और संरक्षण आवश्यक है।

भूमंडलीकरण और बाज़ारवाद के कारण संवेदनायें निरन्तर क्षीण हो रही हैं। साहित्य में बाज़ारवाद अपनी जड़ें मज़बूत कर रहा है। 'सन्तन को कहाँ सीकरी सों काम' वाली उक्ति अब उचित और प्रासंगिक नहीं रह गयी है क्योंकि सारे सन्त 'सीकरी' पहुँचने के लिए न केवल लालायित हैं बल्कि जुगाड़बाजी में भी संलिप्त हैं। काव्य-प्रयोजन 'यश से' की अपेक्षा 'अर्थकृते' पर अधिक केन्द्रित होता जा रहा है। ज़ाहिर है बाज़ारवाद में व्यावसायिकता ही अन्तिम सत्य है। आज साहित्य में भी व्यावसायिकता का समावेश हुआ है। रचनाकार की अनदेखी हो रही है। शाश्वत, कालजयी और महान रचनाओं का अभाव होता जा रहा है। ज़ाहिर है ख़रीदी-बेची जाने वाली चीज़ें 'यूज एण्ड थ्रो' के सिद्धान्त पर ही अपना अस्तित्व क़ायम रखती हैं। उत्पादन का उन्माद, निरन्तर बढ़ता है जिससे गुणवत्ता और कलात्मकता बाधित होती है। यह स्थिति साहित्य के लिए श्रेयस्कर नहीं है। बेहतर मनुष्य और बेहतर समाज का आकांक्षी साहित्य जब स्वयं बाज़ार की दुरभिसंधियों का शिकार होगा तब उससे और क्या अपेक्षा की जा सकती है? कहना न होगा कि मानव-मुक्ति के संघर्ष में शामिल साहित्य का मार्ग जब तक प्रशस्त एवं निरापद नहीं होगा तब तक उन्मुक्त मन की रागात्मकता

एवं जनपक्षधरता प्रकट नहीं हो सकेगी और न ही रागात्मक आभिजात्य एवं आस्थावादी जीवन-सौन्दर्य प्रकट हो सकेगा।

मुरझाये ओठों पर मुस्कान लाने के लिए, वर्ग, जाति, समुदाय, तथा क्षेत्रीयता की भावना का निर्मूलन ज़रूरी है। ऐसा करने में साहित्य अगर यत्किंचित भी सफलता प्राप्त करता है तो यह बड़ी बात है। संघर्ष एवं मुक्ति की गाथा से सफलता के सोपान निर्मित होते हैं जिनपर लोकोन्मुख आख्यानों की रचना होती है। जिसमें समाज का हर वर्ग शामिल रहता है। यही साहित्य की बड़ी भूमिका है। इसी भूमिका को इस पुस्तक में रेखांकित करने का प्रयास किया गया है। पुस्तक प्रकाशन के लिए श्री अरुण माहेश्वरी के प्रति हार्दिक आभार।

विजयदशमी 2023 **–व्यास मणि त्रिपाठी**

अनुक्रम

दो शब्द	5
संस्कृति-विचार : संस्कृति के चार अध्याय	11
भारतीय साहित्य में अन्तर्निहित जीवन-मूल्य	20
सांस्कृतिक प्रभुत्ववाद और हिन्दी मीडिया	27
साहित्य में बाज़ारवाद	37
कविता और काव्य-चिन्तन	44
सारा संघर्ष मानव-मुक्ति का है	54
उन्मुक्त मन की रागात्मकता एवं मंगलमयी जनपक्षधरता	61
रागात्मक आभिजात्य एवं आस्थावादी जीवन-सौन्दर्य	72
बेहतर मनुष्य और बेहतर समाज की आकांक्षा	83
भारतीय आत्मा के शिल्पी को खोजने की अनथक साधना	92
किन्नर-जगत में प्रवेश का गवाक्ष	101
विकलांग-विमर्श के वृत्त में विवेचना का नव्योपक्रम	110
संघर्ष एवं मुक्ति की गाथा	119
औपनिषदिक ज्ञान का लोकोन्मुख आख्यान	133
मुरझाये ओठों पर मुस्कान लाने की कामना	142

संस्कृति-विचार : संस्कृति के चार अध्याय

'संस्कृति के चार अध्याय के प्रकाशन अर्थात् सन् उन्नीस सौ छप्पन के पूर्व रामधारी सिंह 'दिनकर' एक कवि के रूप में प्रख्यात थे किन्तु इस ग्रन्थ ने जनमानस के समक्ष उन्हें एक गहन चिन्तक, संस्कृति-विचारक, बहुपठित मनीषी तथा एक सफल गद्यकार के रूप में उपस्थित कर दिया। रातों-रात उनकी गणना हिन्दी साहित्य में ही नहीं बल्कि भारतीय साहित्य में इसलिए नहीं होने लगी कि इसकी प्रस्तावना पंडित जवाहरलाल नेहरू ने लिखी थी बल्कि इसलिए कि उन्होंने अपने जीवन का महत्वपूर्ण अवदान इस कृति के रूप में पाठकों के समक्ष प्रस्तुत कर दिया था। 'संस्कृति के चार अध्याय' की भूमिका में दिनकर ने स्पष्ट किया है कि "जिस परिश्रम से मैंने यह पुस्तक लिखी है उस परिश्रम से मैंने और कुछ नहीं लिखा। मैंने पाठकों से यह कभी अनुरोध नहीं किया कि वे मेरी किसी भी कृति को पढ़ें किन्तु इस कृति को एक बार देख जाने का अनुरोध मैं सबसे करता हूँ।" इससे यह अन्दाज़ा लगाना कठिन नहीं है कि यह कृति वास्तव में कितनी महत्वपूर्ण है?

यहाँ यह ध्यातव्य है कि राष्ट्रकवि रामधारी सिंह ने अपनी रचना-धर्मिता से जिस प्रभामंडल का निर्माण किया है उसी बल पर वे 'दिनकर' हैं। 'पौरुष के पुँजीभूत ज्वाल से पौरुष और ऊर्जा भरने तथा 'अनल किरीटी' के रूप में तमस का विनाश करने की भावना ही आग्नेय कवि के रूप में उन्हें उपस्थित करती है। पराधीनता, दीनता, हीनता, विवशता से मुक्ति के लिए उनकी कविता 'हुंकार' भरती है। सोये हुए पौरुष को जगाने के लिए 'शंखनाद' करती है। वह 'दलित तारक एवं समुद्धारक त्रिया का' आश्रय खोजती हुई रश्मिरथी कर्ण तक पहुँचती है। बापू की अहिंसा के प्रति श्रद्धानत होकर भी स्वत्व माँगने नहीं छीनने में विश्वास रखती है। दिनकर की कविता परशुराम की माँ 'रेणुका' से चलकर 'परशुराम की प्रतीक्षा' तक के अनेक घात-प्रतिघातों को सहती, द्वन्द्व

झेलती, गर्जन-तर्जन करती, कर्कश-कठोर पथ से जब थोड़ा विचलित होती है तब 'रसवन्ती' के सरस मार्ग से 'उर्वशी' लोक तक पहुँच जाती है। अन्त में 'हारे को हरिनाम' का ओट सहारा बनता है। 'हुंकार' से अशब्द मौन तक की यात्रा में लोक-चेतना की सजगता और दीन-दुखियों तथा अनाथों का दुख-भार तथा सुन्दर सुव्यवस्थित लोकतन्त्र का सपना सदैव साथ रहा है। साथ रही है राष्ट्र के अभ्युत्थान और नव-निर्माण की चिन्ता। दिनकर की यह चिन्ता उनकी कविता में ही नहीं बल्कि गद्य लेखन में भी विद्यमान है। निबन्ध, आलोचना, यात्रा-वृत्तान्त, डायरी, रिपोर्ताज आदि विधाओं में उनकी वैचारिक ऊष्मा का आलोक बिखरा पड़ा है। उनके गद्य-कर्म का सबसे बड़ा अवदान है—'संस्कृति के चार अध्याय'। यह संस्कृति-विचार का एक अनुपम ग्रन्थ है। साहित्य अकादेमी ने इसे पुरस्कृत कर अपना गौरव बढाया था।

पौने आठ सौ पृष्ठों के इस विशालकाय ग्रन्थ को दिनकर जी ने चार अध्यायों के अन्तर्गत उनतालीस प्रकरणों में प्रस्तुत किया है। उनका मानना है कि "भारतीय संस्कृति में चार बड़ी क्रान्तियाँ हुई हैं और हमारी संस्कृति का इतिहास उन्हीं चार क्रान्तियों का इतिहास है। पहली क्रान्ति तब हुई, जब आर्य भारत में आये अथवा जब भारत वर्ष में उनका आर्येतर जातियों से सम्पर्क हुआ। आर्यों ने आर्येतर जातियों से मिलकर जिस समाज की रचना की वही आर्यों अथवा हिन्दुओं का बुनियादी समाज हुआ और आर्य तथा आर्येतर संस्कृतियों के मिलन से जो संस्कृति उत्पन्न हुई वही भारत की बुनियादी संस्कृति बनी।" (संस्कृति के चार अध्याय, प्रथम संस्करण, पृ. 13) दूसरी क्रान्ति का आविर्भाव तब हुआ जब महावीर और गौतम बुद्ध ने आर्य-आर्येतर जातियों द्वारा स्थापित धर्म या संस्कृति के विरुद्ध विद्रोह किया तथा उपनिषदों की चिन्ता धारा को अपनी मनोवांछित दिशा की ओर ले गये। तीसरी क्रान्ति का समय वह है, जब इस्लाम विजेताओं के धर्म के रूप में भारत पहुँचा और इस देश में हिन्दुत्व के साथ उसका सम्पर्क हुआ और चौथी क्रान्ति उस समय हुई जब भारत में यूरोप का आगमन हुआ तथा उसके सम्पर्क में आकर हिन्दुत्व एवं इस्लाम दोनों ने नवजीवन का अनुभव किया। दिनकर ने 'संस्कृति के चार अध्याय' में इन्हीं चार क्रान्तियों का इतिहास प्रस्तुत किया है। इन्ही में भारत का ऐतिहासिक, सांस्कृतिक एवं साहित्यिक विवेचन तार्किक धरातल पर उपस्थित है। 'संस्कृति के चार अध्याय' का प्रतिपाद्य क्या है? अथवा इस ग्रन्थ के माध्यम से दिनकर जी कहना क्या चाहते हैं? इस पर विचार ज़रूरी है। वस्तुतः दो तथ्यों की ओर

ध्यान आकृष्ट करना इसके लेखन के मूल में होगा। प्रथमतः यह कि आक्रमण अथवा अन्य उद्देश्यों से यहाँ आने वाले लोगों के विचारों का भारतीय संस्कृति में एक सुन्दर समन्वय है और द्वितीयतः यह कि यह समन्वय इतना उच्च कोटि का है कि आज नही तो कल, कल नही तो परसों सारे विश्व को यह समन्वय स्वीकार्य होगा। यहाँ यह ध्यातव्य है कि लोकमान्य तिलक के 'गीता रहस्य' का प्रतिपाद्य लगभग वही है जो संस्कृति के चार अध्याय' का। किन्तु दोनों में अन्तर यह है कि इसमें विस्तृति है जबकि 'गीता रहस्य' में संक्षिप्ति। अपने उद्देश्य की पूर्णता के लिए दिनकर जी ने इतिहास के पृष्ठों को पलटना ज़रूरी समझा था लेकिन यह स्वीकारते हुए कि "इतिहास की हैसियत यहाँ किरायेदार की है। किरायेदार का आदर तो मैं करता हूँ, किन्तु महल पर उसे क़ब्ज़ा देने की बात मैं नहीं सोच सकता।" (संस्कृति के चार अध्याय, पृष्ठ 10)। दिनकर जी का मानना है कि भारतीय संस्कृति, साहित्य, अध्यात्म एवं दर्शन के विवेचन में इतिहास की भूमिका उतनी महत्वपूर्ण नहीं है जितनी लोक और साहित्य में विद्यमान चिन्तन-धारा की। इसी क्रम में उन्होंने रामायण, महाभारत, पुराण आदि ग्रन्थों में निहित सांस्कृतिक एवं दार्शनिक पहलुओं की पड़ताल की आवश्यकता पर जोर दिया है। इन ग्रन्थों को धार्मिक ग्रन्थ कहकर टाल देने की प्रवृत्ति पर उन्होंने अपनी आपत्ति भी व्यक्त की है।

दिनकर जी ने इस ग्रन्थ के प्रथम अध्याय में 'भारतीय जनता की रचना और हिन्दू संस्कृति' के आविर्भाव पर वैज्ञानिक ढंग से विचार किया है। आर्य-द्रविड समस्यायें तथा आर्य-आर्येतर संस्कृतियों के मिलन के सन्दर्भ में दिनकर ने समन्वय की व्याख्या की है। सबसे पहले उन्होंने यह स्पष्ट किया है कि हिन्दू जाति, हिन्दू धर्म, हिन्दुत्व और हिन्दू संस्कृति क्या है? उनका मानना है कि हिन्दू जाति में आर्य-द्रविड़, आस्ट्रिक और नीग्रो सभी जातियों के लोग हैं तथा उसके भीतर वे लोग भी समाये हुए हैं जो आर्यों के आगमन के बाद और मुसलमानों के आक्रमण के पूर्व इस देश में अनेक दलों में आये थे। यहाँ यह ध्यातव्य है कि दिनकर जी आर्यों को भारत का मूल निवासी नहीं मानते। उनके मतानुसार—"आर्यों का मूल अभिजन रूस के दक्षिण में था और वहाँ से आर्यों की कुछ शाखायें पश्चिम की ओर चलकर यूरोप पहुँच गयीं और कुछ शाखायें ईरान चली आयीं।...इस क्रम में दक्षिण रूस स ईरान तक जाने में उन्हें कई सौ वर्ष लगे होंगे और ईरान से भारत आने में भी शताब्दियों लग गयी होंगी। अतएव यदि भारत को आर्यों ने अपने लिए सर्वथा नया देश समझा तो कोई आश्चर्य नहीं है।" (वहीं पृष्ठ

20)। दिनकर जी आर्यों के मूल निवास से सम्बन्धित अतिवादी विचार धारा के आग्रही भी घोषित होना नहीं चाहते और सम्भवतः इसीलिए वे मोहनजोदडो और हड़प्पा की सभ्यता में आर्यों के मूल भारतवंशी होने का प्रमाण ढूढ़ते हैं—"आर्य संस्कृति से सम्बद्ध जातियों के अब तक जितने भी पुराने निशान मिले हैं, उनमें से कोई भी उतना पुराना नहीं है, जितना मोहनजोदड़ो और हड़प्पा का प्रमाण। यदि किसी प्रकार यह साबित किया जा सके कि मोहनजोदड़ो की सभ्यता आर्यों की सभ्यता थी, तभी यह कहने का एक ठोस आधार मिल सकता है कि आर्यों का मूल अभिजन मध्य एशिया नहीं, भारतवर्ष था।" (वही, पृष्ठ 21) ख़ैर, आर्यों का भीतरी अथवा बाहरी होना इस ग्रन्थ का उतना बड़ा मुद्दा नहीं है जितना कि संस्कृति-विचार। दिनकर मानते हैं कि जब दो देश, दो जातियाँ अथवा दो संस्कृतियाँ आपस में मिलती हैं तब वे भी एक दूसरे को प्रभावित करने लगती हैं और सैकड़ों हज़ारों साल के बाद वे मिलकर एक ऐसा समान रूप धारण कर लेती हैं कि उनके विलगाव का कोई लक्षण शेष नहीं रह जाता। यही सांस्कृतिक समन्वय है। समन्वय के दो उदाहरण अक्सर उद्धृत किये जाते हैं—एक चीटियों का और दूसरा मधुमक्खियों का। अनाज के कणों को एक जगह इकट्ठा करके जो समन्वय चिटियाँ करती हैं उसकी कमज़ोरी यह है कि अनेक अनाजों के दाने एक जगह जमा हो जाने पर भी अलग-अलग पहचाने जा सकते हैं लेकिन अनेक प्रकार के फूलों के रस-संचय द्वारा जो समन्वय मधुमक्खियाँ करती हैं उसके रसों का स्वाद अलग-अलग नहीं जाना जा सकता। मधुमक्खियों का यह समन्वय उत्तम कोटि का समन्वय है और दिनकर जी इसी प्रकार के समन्वय के दर्शन आर्य-आर्येतर संस्कृतियों के सम्मिश्रण में करते हैं।

सांस्कृतिक समन्वय के प्रसंग में दिनकर जी ने अनेकान्तवाद की भी व्याख्या की है। उनके अनुसार अनेकान्तवादी वह है जो समझौते को अपमान की वस्तु नहीं मानता। सम्राट अशोक और हर्षवर्धन अनेकान्तवादी थे जिन्होंने एक धर्म में दीक्षित होते हुए भी सभी धर्मों की सेवा की। अकबर अनेकान्तवादी था क्योंकि सत्य के सारे तत्व उसे किसी एक धर्म में नहीं दिखाई दिये एवं सम्पूर्ण सत्य की खोज में वह आजीवन सभी धर्मों को टटोलता रहा। यहाँ तक तो बात ठीक है किन्तु दिनकर की समन्वयवादी संस्कृति या सामासिक संस्कृति का अन्तर्विरोध उस समय उभरकर सामने आता है जब वे तृतीय अध्याय 'हिन्दू संस्कृति और इस्लाम' के सन्दर्भ में विचार करते हैं।' 'इस्लाम का हिन्दुत्व पर प्रभाव' शीर्षक के अन्तर्गत प्रकरण पाँच में दिनकर जी ने हिन्दुत्व पर इस्लामी

प्रभाव के समर्थक-इतिहासकारों पर करारा प्रहार किया है जो इस बात का प्रमाण है कि यहाँ पहुँचते-पहुँचते उनके समन्वयशील चिन्तन को ग्रहण लगने लगा था—"सबसे पहले, सर चार्ल्स इलियट ने अपने विख्यात ग्रन्थ 'हिन्दुइज्म एण्ड बुद्धिज्म' (सन 1921) में यह बात प्रायः दबी जबान से कही थी कि रामानुज, मध्व तथा लिगांयत या वीरशैव पर कुछ इस्लामी प्रभाव हो सकता है। उसके बाद डॉ. तारा चन्द की वह प्रसिद्ध पुस्तक 'इन्फ्लुएन्स ऑफ़ इस्लाम ऑन इण्डियन कल्चर' निकली, जिसने सारे संसार में यह भ्रम फैला दिया कि शंकराचार्य, निम्बार्क, रामानुज, रामानन्द, वल्लभाचार्य और दक्षिण के आलवार सन्त एवं वीर शैव तथा लिंगायत सम्प्रदाय ये--सब के सब इस्लामी प्रभाव से आविर्भूत हुए। इस भ्रांत अतिरंजित और लगभग ग़लत सिद्धान्त के तीसरे प्रचारक प्रोफ़ेसर हुमायूँ कबीर हैं।" (वही, पृष्ठ 295)। दिनकर जी का क्रोध यहीं नहीं रूकता वे आगे लिखते हैं—"शंकर को इस्लाम का अनुकर्त्ता कहकर डॉ. ताराचन्द ने भ्रम का ही प्रचार नहीं किया प्रत्युत, उन्होंने भारतीय संस्कृति से भी अपना अपरिचय व्यक्त किया है।" (वही, पृष्ठ 298) इतिहास के अतार्किक, असत्य, त्रुटिपूर्ण एवं निराधार निष्कर्षों से संस्कृति-दर्शन पर कितना बुरा प्रभाव पड़ता है, इसका अन्दाज़ा दिनकर जी को था और इसीलिए उन्होंने इतिहासकार ताराचन्द, आविद हुसैन एवं बेवर की स्थापनाओं एवं मान्यताओं का तार्किक खण्डन किया है। यहाँ दिनकर जी भारतीय संस्कृति-चिन्तन के बहाने पाश्चात्य विचारों से अनुप्राणित इतिहास-लेखन की गलतियों एवं भूलों के परिष्कार-परिमार्जन की आवश्यकता पर जोर देते हुए दिखाई देते हैं। इसके लिए उनके पास ऐतिहासिक प्रमाण एवं तत्कालीन परिवेश का सुसंगत विवरण है। तर्क-शक्ति की अनुपम मेधा उनके पास है ही।

दिनकर जी सामासिक संस्कृति की गतिशीलता दिखाने के लिए अपने को उस वकील के रूप में प्रस्तुत करते हैं जिसे किसी न किसी तरह अपने मामले की पैरवी कर मुक़दमा जीतना है किन्तु अन्ततः ऐसा हो नहीं पाता। ग्रन्थ का आरम्भ प्रबल आशावाद से होता है लेकिन अन्त सब धाराओं के साथ कोई समन्वय न कर पाने के कारण एक ट्रैजेडी के रूप में। 'संस्कृति के चार अध्याय' के तीसरे अध्याय तक आते-आते उनका सामना सत्य की कठोर भूमि से होने लगता है। इसके पूर्व दूसरे अध्याय में ही उनके चिन्तन को तब झटका लगता है जब वे जैन एवं बौद्ध धर्म के आविर्भाव पर विचार करते हैं। ग्रन्थ के दूसरे अध्याय का शीर्षक है— 'प्राचीन हिन्दुत्व से विद्रोह'। वस्तुतः जैन एवं बौद्ध

धर्म हिन्दू धर्म में व्याप्त कर्मकाण्ड एवं पशुबलि की प्रतिक्रिया की उपज थे। दिनकर जी जब बौद्ध धर्म की उत्पत्ति पर अपना ध्यान केन्द्रित करते हैं। उस समय उनके चिन्तन में आक्रोश एवं तल्खी नहीं मिलती बल्कि अपनों से विछड़े हुए की घर वापसी की सम्भावना नज़र आती है– "यह मानना अधिक युक्ति युक्त है कि बौद्ध धर्म कोई नया धर्म नहीं, बल्कि हिन्दुत्व का ही संशोधित रूप है। असल में, अपनी कुरीतियों से लड़ने के लिए हिन्दुत्व ने ही बौद्ध धर्म का रूप लिया था जैसा कि वह प्रत्येक संकट-काल में लेता रहा है, और जिन आचार्यों ने बुद्ध देव की गिनती हिन्दू धर्म के दशावतार में की, उनका भी यही भाव रहा होगा कि बुद्ध पराये नहीं अपने हैं और 'धर्म संस्थापनार्थाय विष्णु जैसे राम और कृष्ण बनकर आये थे, वैसे ही पशु-हिंसा को रोकने के लिए इस बार वे बुद्ध बनकर आये हैं।' (वही, पृष्ठ सं. 125)। किन्तु उनका यह आशावाद आगे चलकर खण्डित होने लगता है। इसके कारणों पर ध्यान दें तो कालान्तर में बौद्ध धर्म में समाविष्ट प्रतिक्रियावाद ने हिन्दुत्व को कमज़ोर करने का प्रयास तो किया ही अपने पन्थ को भी पतनोन्मुख करने में मदद पहुँचायी। परवर्ती काल में बौद्ध धर्म में इतनी विकृतियाँ आ गयीं कि उसकी मलिनता की छाया हिन्दू धर्म पर भी दृष्टिगत होने लगी। यह एक प्रकार की विकृति ही है जिसका खुलासा दिनकर जी अपने इस ग्रन्थ में करते हैं– 'दशरथ जातक' में सीता राम की बहन बताई गयी हैं और फिर राम और सीता के विवाह का भी उल्लेख है। ऐसा सम्बन्ध कुछ बौद्ध पंडितों की दृष्टि में दूषित नहीं था।" (वही, पृष्ठ 143)। यह अनर्गल एवं भ्रामक विचार कैसे सहन हो सकता है? इसीलिए दिनकर जी यहाँ असहिष्णु हो उठते हैं। वे बौद्धों एवं हिन्दुओं के बीच उत्पन्न कटुता एवं द्वेष के कारणों की पडताल से यह निष्कर्ष निकालते हैं कि जो तत्व सकारात्मक चिन्तन के धरातल पर धार्मिक सहिष्णुता एवं सामासिक संस्कृति के आधार होने चाहिए थे वे ही परस्पर संघर्ष एवं मतभेद के कारण बने। दिनकर जी लिखते हैं–"विचित्रता यह हुई कि पुराणों की जिन कथाओं को लेकर पहले हिन्दू देवी-देवताओं अथवा शूरवीरों का चरित समझाया जाता था, उन्हीं के द्वारा अब जैन एवं बौद्ध सिद्धान्त अथवा चरित समझाये जाने लगे। इस क्रम में बहुत से हिन्दू देवी-देवताओंका जैनों के द्वारा जैनीकरण एवं बौद्धों के द्वारा बौद्धीकरण हो गया।" (वही, पृष्ठ 140)। इसकी प्रतिक्रिया में पुराणों में बहुत कुछ लिखा गया है जो यह दर्शाता है कि हिन्दुत्व बौद्ध धर्म के प्रति कितना असहिष्णु होता चला गया था। उसे नीचा दिखाने में कोई कोर कसर छोड़ने वाला नहीं था। दिनकर

जी लिखते है—"विष्णु पुराण में एक कथा आती है, जिसमें एक राजा मरकर स्वान-योनि में उत्पन्न होता है। उसकी सती रानी उसे पहचान लेती है और कहती है— 'महाराज आप किस कारण स्वान-योनि में उत्पन्न हुए? क्या आपको इसका स्मरण नहीं है कि तीर्थस्थान के बाद पाषंडी से भाषण करने के कारण आपको यह कुत्सित योनि प्राप्त हुई है? इस कथा में पाषंडी से अभिप्राय जैन या बौद्ध श्रमण से है और उसका लक्ष्य यह है कि जो जैन और बौद्ध श्रमण हैं, वे नीच हैं।' (वही, पृष्ठ 202) इस तरह का आरोप-प्रत्यारोप भला दोनो धर्मों को एक वितान के नीचे कैसे आने देता? दोनों में वैमनस्य बढ़ना स्वाभाविक था। इसके साथ ही यह भी सत्य है कि परस्पर कटु हस्तक्षेप ने इन दोनों धर्मों को जितना नुकसान नहीं पहुँचाया उससे कहीं अधिक उनके भीतर व्याप्त अन्धविश्वास, जड़ता, बाह्याडम्बर, पाषण्ड एवं आत्मप्रदर्शन की भावना ने उनका अहित किया। इससे दिनकर का सांस्कृतिक चिन्तन आहत हुआ है।

'संस्कृति के चार अध्याय' की प्रस्तावना में पण्डित नेहरू का अभिमत है कि भारतीय जनता की संस्कृति का रूप सामासिक है और उसका विकास धीरे-धीरे हुआ है। इस संस्कृति में समन्वयन तथा नये उपकरणों को पचाकर आत्मसात करने की अद्भुत योजना थी। जब तक इसका यह गुण शेष रहा, यह संस्कृति जीवित और गतिशील रही। किन्तु बाद में इसकी गतिशीलता जाती रही जिससे यह संस्कृति जड़ हो गयी और इसके सारे पहलू कमज़ोर पड़ गये। दिनकर ने भी ग्रन्थान्त में इसी तथ्य को स्वीकार किया है और इसके लिए धार्मिक कट्टरता, संकीर्णता, स्वार्थान्धता, प्रान्तीयता, गोत्र, भाषा, हदबन्दी आदि को उत्तरदायी माना है। उन्होंने तृतीय अध्याय में हिन्दू-मुस्लिम-संघर्ष के बीज तत्व की बड़ी बारीकी से खोज की। इसके बाद सिक्ख सम्प्रदाय में सामरिकता आने के कारणों पर भी विचार किया है। अंग्रेजों ने जिस प्रकार हिन्दू-मुस्लिम के बीच गहरी खाई खोदने की कोशिश की उसी प्रकार हिन्दू-सिक्ख के बीच भी वैमनस्य एवं फूट की भावना को जन्म दिया। दिनकर की सांस्कृतिक दृष्टि भारत-पाक विभाजन के कारणों की खोज भी करती है। इसी परिप्रेक्ष्य में उन्होंने उस बीज व्यक्ति की पहचान की है जो भारत-पाक विभाजन का सबसे बड़ा ज़िम्मेदार है।

विश्व शान्ति, विश्व कल्याण और विश्व मानवता की शिक्षा देना दिनकर का अभीष्ट और इस ग्रन्थ का दूसरा मुख्य प्रतिपाद्य है। यद्यापि ग्रन्थान्त तक पहुँचते-पहुँचते उन्हें इस उद्देश्य की पूर्णता में आ रही विघ्न-बाधाओं का सामना करना पड़ता है और यह आशंका जन्म लेती है कि धार्मिक कट्टरता, अवसर

वादिता, स्वार्थान्धता, संकीर्णता आदि से ग्रस्त समाज विश्व मानवता का शिक्षक कैसे बन सकेगा? फिर भी उनका आशावाद क्षीण नहीं होता—"ऐसा लगता है मानों विश्व की एकता को सम्भव बनाने के लिए प्रकृति ने भारत भूमि में एकता का प्रयोग किया हो। यदि भारत की सामासिक संस्कृति सत्य है तो एक दिन विश्व संस्कृति एवं विश्व मानवता की कल्पना भी सत्य होगी।" यहाँ यह ध्यातव्य है कि विश्व को शिक्षा देने के सम्बन्ध में दिनकर जो कुछ सोचते हैं वह कोई नूतन विचार धारा नहीं है बल्कि अत्यन्त प्राचीन काल से 'वसुधैव कुटुम्बकम' की उद्‌घोषणा के साथ यह कहा जाता रहा है—'एतद्देश प्रसूतस्य सकाशादग्रजन्मनः/ स्वं स्वं चरित्रं शिक्षरेन पृथिव्याँ सर्वमानवाः।' आधुनिक भारत में विवेकानन्द, रवीन्द्रनाथ, महर्षि अरविन्द आदि सभी अन्तर्राष्ट्रीय ख्याति प्राप्त अध्यात्मवादी यही स्वप्न देखा करते थे और यह तब जब भारत ग़ुलाम था, इसलिए स्वतन्त्र भारत के राष्ट्रकवि दिनकर यदि ऐसा स्वप्न देखते हैं तो यह बहुत अस्वाभाविक नहीं है।

दिनकर ने 'भारतीय संस्कृति और यूरोप शीर्षक चतुर्थ अध्याय में स्वामी दयानन्द, राजा राम मोहन राय, राम कृष्ण परमहंस, विवेकानन्द, थियोसोफिकल सोसाइटी, महात्मागांधी, महर्षि अरविन्द, राधाकृष्णन आदि के सिद्धान्तों की जो व्याख्या की है वह निश्चित रूप से भारतीय अमूल्य निधि है। राधाकृष्णन के दार्शनिक और मानवतावादी विचारों को उन्होने बहुत महत्त्व के साथ उद्धृत किया है। इसका कारण यह कि राधाकृष्णन 'आत्मा का धर्म' को सर्वश्रेष्ठ मानते हैं। इसमें उन मूल्यों का सन्निवेश है जिनसे दिनकर के विश्वमानवता के सिद्धान्त को पोषण मिलता है। राधाकृष्णन के अनुसार 'आत्मा का धर्म' वह है जो धर्मग्रन्थों में नहीं बल्कि लोगों की आत्मा में बसता है तथा मानवीय सदगुणों के विकास में सहायक बनता है। दिनकर जी लिखते हैं—"धर्म में भी कोई बात केवल इसलिए सत्य नहीं मानी जानी चाहिए कि वह वेद, कुरान या बाइबिल में लिखी हुई है। धर्म का एक पक्ष बुद्धि और विचार का विषय है तथा जो बात बुद्धि में नहीं आती हो, उसे नहीं मानना ही धर्म है। अन्धा होकर किसी प्राचीन विचार से चिपके रहने की अपेक्षा शंकालु होकर धार्मिक सत्यों का शोध करने को राधाकृष्णन धार्मिकता का अधिक श्रेष्ठ रूप मानते हैं। उन्होनें कई स्थानों पर बुद्ध के इस वचन को दुहराया है कि मेरे वचनों को इसलिए मत मानों कि उन्हें मैंने कहा है बल्कि इसलिए कि वे तुम्हारी बुद्धि से भी मान्य हैं।" (वही, पृष्ठ सं. 561)। यहाँ कबीर का स्मरण हो आना स्वाभाविक है। उन्होंने काग़ज़

पर लिखे हुए को डंके की चोट पर अस्वीकार किया था तथा 'आँखिन देखी' को स्वीकार्य बताया था। आत्मानुभव और आत्मज्ञान 'आत्मा का धर्म' तक पहुँचने का विधान रचते हैं। दिनकर की दृष्टि में यह धर्म इसलिए अनुकरणीय है कि इससे विश्वमानवता और विश्वशान्ति की स्थापना में सहयोग मिल सकता है। वे जिस सामासिक संस्कृति की साकारता का सपना देखते हैं उसकी पूर्णता में इसकी महत्वपूर्ण भूमिका हो सकती है।

'संस्कृति के चार अध्याय' भारतीय संस्कृति का एक विश्वकोश है। इसके प्रतिपाद्य विषय से चाहे किसी को सहमति हो या न हो किन्तु भारतीय संस्कृति और इतिहास के सम्बन्ध में जो सामग्री इस पुस्तक में एकत्र है वह इतनी विशद और ज्ञान समन्धित है कि संस्कृति और इतिहास का कोई भी अध्येता इसकी महत्ता को अस्वीकार नहीं कर सकता। इस ग्रन्थ से दिनकर भारतीय साहित्य में वह स्थान बना जाते हैं जो मील के पत्थर की भाँति चिरस्थायी और अमिट है।

भारतीय साहित्य में अन्तर्निहित जीवन-मूल्य

भारतीय भाषाओं में सृजित साहित्य की समष्टि भारतीय साहित्य है। इसका परिक्षेत्र कश्मीर से कन्याकुमारी (अब ग्रेट निकोबार का अन्तिम भूभाग– इंदिरा प्वाइंट) तक विस्तृत है। चार कोस पर पानी और आठ कोस पर बानी बदल जाने की कहावत की चरितार्थता के परिप्रेक्ष्य में यह अन्दाज़ा लगाना कठिन नहीं है कि इस व्यापक भूभाग में कितनी भाषाओं और बोलियों का अस्तित्व है। सबका रंग अलग, ढंग अलग, पहचान और स्वभाव अलग फिर भी भारतीयता के गमले में सजकर लगभग एक ही चेतना और भाव से समृद्ध एकात्मकता की सुगन्ध विकीर्ण करने में समर्थ। इन्द्रधनुषी छटा बिखेरने वाला भारतीय साहित्य अपनी आभा से सबको चमत्कृत और आकृष्ट करने में सक्षम है तो इसलिए कि उसमें ऊष्मा, ऊर्जस्वलता तथा मिट्टी की सोंधी सुगन्ध के साथही क्षैतिज विस्तार में प्राणिमात्र से जुड़ने की आकांक्षा है। मानवता का कल्याण और विश्व बन्धुत्व की कामना है। इसीलिए भारतीय भाषाओं के साहित्य की अपनी निजी विशेषता के बावजूद उनमें एक ऐसी चेतना की विद्यमानता है जिसमें भारतीयता का रंग है, जीवन-मूल्यों को जीने का ढंग है, आध्यात्मिकता की उड़ान है तथा आत्मा की मुक्ति का विधान है। जिस प्रकार अनेक धर्मों तथा जीवन पद्धतियों और विचारधाराओं के होते हुए भी भारतीय संस्कृति अपनी एकात्मकता के लिए प्रसिद्ध है उसी प्रकार अनेक भाषा और अभिव्यंजना-प्रणालियों की विद्यमानता के बावजूद भारतीय साहित्य में मूलभूत एकता दृश्यमान है। चाहे वैदिक संस्कृत हो या तमिल का संगम साहित्य इनमें संस्कार चेतना और भावबोध की समानता देखी जा सकती है। मानवीय मूल्यों की प्रतिष्ठा का विधान देखा जा सकता है।

साहित्य की चिन्ता के केन्द्र में मनुष्य और उसका समाज है। बेहतर मनुष्य और बेहतर समाज की संकल्पना उसका काम्य है। इसकी पूर्णता की कामना

मानवीय मूल्यों की प्रतिष्ठा के बिना निरर्थक है। सहानुभूति, संवेदना और करुणा आदि ही मानवीय मूल्यों के प्रतिष्ठापक हैं। जीवन में इनका समावेश जीवन-मूल्यों की प्रतिष्ठा है। इनके बिना जीवन की कोई सार्थकता नहीं है। डॉ. जगदीश गुप्त जीवन-मूल्यों को मानवीय मूल्य और मानवीय मूल्यों को भारतीय मूल्य के रूप में देखते हैं—"मैं समझता हूँ कि तत्वतः सभी भारतीय मूल्य मानवीय मूल्य हैं, चाहे वे नैतिक मूल्य हों, चाहे सौन्दर्यपरक मूल्य हों या कोई और, पर विशेष अर्थ में मानव मूल्यों से है, जो मनुष्य के साथ सहज रूप में जुड़े हुए हैं। अतः जीवन में मूल्यों की प्रतिष्ठा का अर्थ मानवीय मूल्यों की प्रतिष्ठा है उसके बिना मानव का अस्तित्व निरर्थक है।" (नयी कविता, स्वरूप और समस्यायें, पृष्ठ 15)

भारत बहुजातीय, बहुसांस्कृतिक एवं बहुभाषिक देश है इसलिए यहाँ का साहित्य भी विविधवर्णी है। तमिल, तेलुगू, मराठी, गुजराती, असमिया, बंगला, पंजाबी, कन्नड़, उड़िया, कश्मीरी, हिन्दी आदि में अभिव्यक्त जीवन और समाज भी वैविध्यपूर्ण है। इसके बावजूद जिस प्रकार सम्पूर्ण भारतवर्ष की आत्मा एक है उसी प्रकार भारतीय साहित्य की आत्मा भी एक है। तमिलनाडु का तमिल भाषी, केरल का मलयालम भाषी, कर्नाटक का कन्नड़भाषी, गुजरात का गुजराती, बंगाल का बंगलाभाषी, पंजाब का पंजाबी, कश्मीर का कश्मीरी, असम का असमिया अपनी सम्पूर्ण क्षेत्रीय विशिष्टताओं के बावजूद भारतीय हैं और उनके द्वारा रचित साहित्य समस्त भाषा-भेद के उपरान्त भी भारतीय साहित्य है। इस भारतीय साहित्य का कलेवर भले ही भिन्न हो लेकिन प्राणतत्व एक ही है। रामायण, महाभारत, पुराण, उपनिषद, स्मृतियाँ, कालिदास, माघ, बाण, भवभूति, शूद्रक, श्रीहर्ष आदि की कृतियाँ, जैन, बौद्ध तथा अन्य धर्मों का साहित्य, पालि, प्राकृत, अपभ्रंश में रचित ढेरों ग्रन्थ भारत की सभी भाषाओं को उत्तराधिकार में मिले हैं। इतना ही नहीं, नाट्यशास्त्र, ध्वन्यालोक, काव्य-प्रकाश, साहित्य दर्पण तथा रसगंगाधर आदि लगभग सभी भारतीय भाषाओं के काव्यानुशासनात्मक ऊर्जा के स्रोत रहे हैं। यही कारण है कि भारतीय भाषाओं में सृजित साहित्य में भावनात्मक समानता का आ जाना अस्वाभाविक नहीं है। दर्शन, साहित्य, प्रथाओं और जीवन के दृष्टिकोण में आधारभूत एकता भारतीयता का वैशिष्ट्य है। इसी विशेषता में भारतीय जीवन-मूल्यों को अवस्थित देखा जा सकता है।

भारतीय साहित्य का आरम्भ करुणाजनित है। महर्षि वाल्मीकि का शोक ही श्लोक का रूप धारण करता है— 'शोकः श्लोकत्वमागतः'। व्याध केवल एक शिकारी का प्रतीक नहीं है बल्कि उस निर्दयता का प्रतीक है जो प्रेमी युगल को

भी अपनी निष्ठुरता से आक्रान्त करता है। यह निष्ठुरता एक विरागी को भी विचलित करती है और उसके मुख से शापमयी कविता का जन्म होता है– 'मा निषाद प्रतिष्ठामः/त्वमागमः शाश्वती समा/यत्क्रौंचमिथुनादेकं/अवधी काममोहितं। "यहाँ से ही साहित्य में जीवन-मूल्यों की रूप रेखा तैयार होती है और इसके व्यापक परिप्रेक्ष्य में मूल्यान्वेषी तथा मर्यादावादी रामचरित वाला आख्यान महाकाव्य के रूप में जीवनादर्श बनता है। कहना न होगा कि वाल्मीकि रामायण तत्कालीन समाज का दस्तावेज बनकर हमारे सामने आता है जिसमें सद-असद दोनों प्रवृत्तियों की उपस्थिति देखी जा सकती है। जहाँ मानव-महिमा का श्रेष्ठत्व आकारित है वहीं राक्षसत्व की पराकाष्ठा भी है लेकिन विचारों की द्वन्द्वात्मकता में आदर्शवादिता की जीत होती है। जीवन में आदर्शों और मूल्यों को अपनाने वाला विजयी होता है। आने वाली पीढ़ी का वह रोल मॉडल भी बनता है। यही कारण है कि भारत की सभी भाषाओं में रामायण का अनुवाद और पुर्नरचना होती है। तमिल में कंबरामायण, तेलुगू में रंगनाथ-रामायण, कन्नड़ में पम्प रामायण, मलयालम में एजुत्तच्चन की अध्यात्म रामायण, मराठी में मोरोपन्त की रामकथा, बंगला में कृतिवास-रामायण, असमिया में माधव कन्दलि की रामायण, उड़िया में सारलादास की विलंका-रामायण तथा बलरामदास की रामायण और हिन्दी में रामचरित मानस उन्हीं जीवन-मूल्यों की स्थापना के व्यापक अंग हैं।

साहित्य अगर जनता की चित्तवृत्ति का संचित कोश है तो जनमानस में विराजमान सभी तत्व साहित्य के केन्द्रक हैं। कहना न होगा कि भारतीय जनमानस धर्म अनुप्राणित है। इसीलिए जीवन जीने के धर्म आधारित नियमों को भी भारतीय साहित्य में जीवन मूल्य के रूप में अभिव्यक्ति मिली है। वर्तमान समय में धर्म को चाहे जिस रूप में देखा जाय लेकिन वास्तविक रूप में व्यष्टि और समष्टि द्वारा कल्याणार्थ धारित नियम ही धर्म है–'धार्यते इति धर्मः'। मनुस्मृति में वेद, स्मृति, सदाचार और आत्मानाम प्रियः को धर्म के स्रोत कहा गया है। मीमांशादर्शन में आवश्यक कर्म, वैशेषिक दर्शन में पारलौकिक कल्याण, बौद्ध दर्शन में आर्य सत्य और अष्टांगिक मार्ग को धर्म माना गया है। इससे यह स्पष्ट है कि आचरण में शामिल जीवन के श्रेष्ठ नियम धर्म के अन्तर्गत आते हैं। कहा गया है कि– "धृति, क्षमा, दमोस्तेयं शौचमिन्द्रिय निग्रहः/धीर्विद्या सत्यमक्रोधी दशकं धर्मलक्षणः।" वास्तव में ये ही जीवन-मूल्य हैं और इनको आचरण में उतारना मूल्यों को जीना है। भारतीय साहित्य में प्रत्यक्ष-अप्रत्यक्ष रूप में इन मूल्यों की भरपूर वकालत की गयी है। बहुत से मानवीय मूल्य पुराणों और

धार्मिक कथाओं से उपजे हैं जिनकी व्याप्ति लगभग सभी भारतीय साहित्य में है। रामायण और महाभारत के जो अनुवाद अथवा पुनर्रचनायें भारतीय भाषाओं में हुई हैं उनमें निहित मानवीय मूल्यों का प्रसार व्यापक स्तर पर देखा जा सकता है। इन दोनों उपजीव्य काव्यों के कुछ विशेष प्रसंगों अथवा पात्रों का पुनराख्यान आज तक हो रहा है और आगे भी होगा तो सिर्फ़ इसलिए कि महाकाव्यकालीन जीवन-मूल्य वर्तमान सन्दर्भ में भी सार्थक और प्रासंगिक हैं। महाभारत जिस चेतना के साथ अपने समकाल को प्रस्तुत करता है उसी आधार पर वह अपने समय तथा समाज का इतिहास भी है तथा सद्-असद् वृत्तियों का कथात्मक दस्तावेज भी। यन्न भारते तन्न भारते द्वारा शेखी बघारने का कार्य नहीं हुआ है बल्कि महाभारत की वह परम वास्तविकता है। अधर्म पर धर्म की जीत दिखाना जीवन-मूल्यों की स्थापना का प्रयास करना ही है।

सिद्धों, जैनों और नाथों ने अपनी साधना, सन्देश और रचनाओं द्वारा भारतीय भाषाओं और उनके साहित्य को काफ़ी गहरायी तक प्रभावित किया है। सिद्ध साहित्य में अनियन्त्रित वामाचार के विकृत बाह्य स्वरूप के भीतर भी जनमानस अलौकिक एवं मनीषी मन आध्यात्मिक रहस्यगर्भी अन्तः सूत्रों का अनुसन्धान करता रहा तथा चौरासी सिद्धों की परिकल्पना जनमानस को स्पन्दित करती रही। बौद्ध दर्शन के मूल में अन्तर्निहित शून्यता क्रमशः ज्ञान एवं करुणा से युक्त होकर दार्शनिक मेधा के लिए निर्वाण तथा लोकजीवन के लिए भौतिक लौकिक सिद्धियों की प्राप्ति का माध्यम बन गयी। कहना न होगा कि शैव, शाक्त एवं कापालिक तान्त्रिक सिद्धान्तों एवं गुह्य साधनाओं के सम्पर्क-संघर्ष से सिद्ध साहित्य का लोकक्षेत्र अधिक व्यापक हो उठा। तमिल साहित्य का प्रबन्ध काव्य 'मणि मेखलै' में बौद्ध सिद्धान्तों की विशद व्याख्या मिलती है। इसमें दूसरी या तीसरी सदी की धार्मिक और सामाजिक परिस्थितियों का भी वर्णन है। प्राचीन बंगला साहित्य का चर्यापद बौद्ध सिद्ध आचार्यों द्वारा विरचित है। इसे 'बौद्धगान ओ दोहा' भी कहा जाता है। इसका विषय निर्वाण प्राप्ति के लिए सम्प्रदाय विशेष में सीमित गुह्य तन्त्र और योग से सम्बन्धित होता था। यहाँ यह स्मरणीय है कि चर्यागीतों ने आगे चलकर बंगला वैष्णव कविता को यत् किंचित प्रभावित किया था। वैष्णव सहजिया सम्प्रदाय में कायिकता को केन्द्र में रखकर अनन्त प्रेम और शाश्वत आनन्द की सिद्धि को महत्त्व दिया गया है। सिद्धों ने माया-मोह का विरोध तथा सहज जीवन को परम सुख प्राप्ति का मार्ग माना था।

आचरण की आदर्शमूलकता को वाणी के माध्यम से प्रकट कर उसे भारतीय व्याप्ति देने में नाथपन्थियों की कोई बराबरी नहीं है। योग, ज्ञान, वैराग्य, शील, सन्तोष, सद्भाव आदि के उनके पदों की अनुगूंज सम्पूर्ण भारतीय साहित्य में सुनाई पड़ती है। ब्रह्म, जीव, जगत, माया, कर्म, ज्ञान, भक्ति आदि का जिस प्रकार निरूपण करते हैं उसका प्रभाव भक्ति आन्दोलन पर साफ़ दिखाई देता है। उन्होंने जीव हिंसा, मांस भक्षण एवं मद्यपान आदि को समाज विरोधी तथा साधना मार्ग के विरोधी तत्व के रूप में परिगणित किया। गोरखनाथ जीवन जीने की कला सिखाते हुए कहते हैं—"गोरख कहै सुण हूँ रे अवधू जग में ऐसे रहण/आँखे देखिबा कानै सुनिण मुखते कछु न कहण।" गोरखवाणी भारतीय जीवन-मूल्यों की संवाहिका है। गोरख की तरह कबीर भी आत्मानुभव पर जोर देते हैं—'तू कहता कागद की लेखी/हौं कहता आँखिन की देखी।' उनके उपदेशों में भी विधि और निषेध दोनों पक्षों का समन्वय हुआ है। दया, क्षमा, सन्तोष, परोपकार आदि मानवीय मूल्यों पर बल देने का कार्य कबीर से अधिक किसने किया है? कबीर की ही परम्परा के सन्तों रैदास, नानक, धन्ना, सुन्दरदास, दादू दयाल, मलूकदास आदि को सन्दर्भित करते हुए डॉ. नगेन्द्र ने लिखा है— "इन सन्तों की सबसे बड़ी देन यह रही कि उन्होंने मनुष्यत्व की सामान्य भावना को आगे करके निम्न वर्ग के लोगों में आत्मविश्वास पैदा किया और उनमें एक प्रकार के आत्म गौरव का भाव जगाया।" (भारतीय साहित्य का समेकित इतिहास, पृ. 186)। मनुष्यत्व का विकास तमिल, तेलुगू, मलयालम, कन्नड़, उड़िया, गुजराती, पंजाबी, बंगला आदि सभी भारतीय भाषाओं के साहित्य में दृष्टिगोचर होता है।

जैन काव्यों में विभिन्न आख्यानों के माध्यम से दया, परोपकार, त्याग, सेवा, सहिष्णुता आदि को प्रतिपादित किया गया है। 'चन्दनबाला रास' करुणा का काव्य है। 'श्रावकाचार' में धर्म का प्रतिपादन है। सम्यक् दर्शन, सम्यक् ज्ञान और सम्यक् चरित जैन धर्म का त्रिरत्न है। शैव और वैष्णव सन्तों से प्रतिस्पर्द्धा करते हुए जैन साधुओं ने अपनी-अपनी भाषाओं में महान काव्यों की रचना की है। तमिल में पेरूमकथै, जीवक चिन्तामणि, चूलामणि, वलैयापति और कुण्डलकेशी जैनाश्रित काव्य हैं। इनमें जैन धर्म के प्रचार के साथ ही जीवन मूल्यों की स्थापना का प्रयत्न दिखाई देता है। कन्नड़ साहित्य का आदिकाल जैनकाव्य परम्परा से प्रारम्भ हुआ माना जाता है। महाकवि पम्प कन्नड़ के आदि कवि हैं। इनके रचनाकाल को पम्पयुग के नाम से अभिहित किया जाता है। इस युग के दो और प्रसिद्ध जैन कवि हुए हैं पोन्न और रन्न। इन कवियों द्वारा विरचित दो प्रकार के

काव्य हैं—जैन काव्य और लौकिक अथवा शुद्ध काव्य। जैन काव्यों में तीर्थकरों का चरित्र गायन है तो लौकिक काव्य में पौराणिक प्रसंगों का चित्रण। महाकवि पम्प विरचित दो काव्य हैं—'आदि पुराण' और 'विक्रमार्जुन विजयम्'। तीर्थकरों के जीवन-चरित्र के माध्यम से भोग और वैराग्य के द्वन्द्व का अत्यन्त मार्मिक चित्रण आदि पुराण में हुआ है। इसमें यह सन्देश देने की कोशिश है कि यौवन आयु, वैभव, ऐश्वर्य आदि विद्युत प्रभा की भाँति क्षणभंगुर हैं। लोभ, लालच, माया-मोह तथा सांसारिक प्रपंचों से मुक्ति का भाव ही मनुष्य जीवन को सार्थक बनाता है। पम्पयुग के अन्य कवियों नागचन्द्र, चावुंड और नेमिचन्द्र आदि ने भी जैन तीर्थंकरों के चरित्र गायन के माध्यम से वैराग्य वृत्ति की महत्ता पर बल दिया है। गुजराती के रास काव्य जैन तीर्थकरों के जीवन-वृत्त को प्रोद्‌भासित करते हुए जीवन की नश्वरता का बोध कराते हैं। सत्य, अहिंसा, अस्तेय, अपरिग्रह आदि को अपनाने पर बल देने का व्यापक प्रभाव तत्कालीन वैष्णव कविता पर भी परिलक्षित होता है। 'वैष्णव जन तो तेने कहिये जो पीर पराई जाणे रे' गाने वाले नरसी मेहता भी उस प्रभाव से वंचित नहीं रह सके हैं।

युग परिवर्तन के साथ-साथ जीवन-मूल्य भी बदलते हैं। आदि कालीन जीवनादर्श यथावत रूप में मध्यकाल में नहीं मिलेंगे और मध्यकालीन जीवन-मूल्यों को यथावत रूप में आधुनिक काल में नहीं पाया जा सकता लेकिन कुछ ऐसे भी मानव-मूल्य हैं जो हर युग में अपनी उपस्थिति बनाये रख सके हैं। ये ही शाश्वत जीवन-मूल्य हैं और इन्हें भारतीय साहित्य के हर कालखण्ड में अन्तर्निहित पाया जा सकता है। स्वतन्त्रता पूर्व भारतीय जीवन में देश-प्रेम, आत्मोत्सर्ग तथा त्याग-संघर्ष का जो भाव उभरा वह जीवन-मूल्य के रूप में सम्पूर्ण भारतीय साहित्य में विद्यमान है। वर्तमान समय में भूमंडलीकरण और वैश्विकता के कारण भौतिक दूरियों में कमी आयी है लेकिन मानव-मानव के बीच की दूरियाँ काफ़ी बढ़ी हैं। आपाधापी और भागमभाग ने जीवन जीने का ढंग ही बदल दिया है। इसका परिणाम यह हुआ है कि परस्पर स्नेह, सौख्य, सौहार्द्र और सामंजस्य आदि की भावनाओं में क्षीणता आयी है। स्वातंत्र्योत्तर भारतीय साहित्य में अगर आज पुराने जीवन-मूल्यों में कमी दिखाई देती है तो इसका कारण बदलता समयचक्र है। आधुनिकता के चिन्तन ने मानवीय व्यवहारों में अधिक खुलापन का समावेश कराया है। सामान्य जन भारतीय साहित्य के केन्द्र में प्रविष्ट हुआ है। उसी का सुख-दुख और गौरव-गरिमा की प्रतिष्ठा का प्रश्न सर्वाधिक मुखरित है। इसी क्रम में विषमता के विरुद्ध आक्रोश, पददलितों के प्रति करुणा, उपेक्षितों

के प्रति सहानुभूति, तृतीय लिंगी समुदाय के प्रति सहानुभूति का भाव आज के साहित्य का ज्वलन्त विषय है। स्त्री, दलित, दिव्यांग और आदिवासी विमर्शों ने नये जीवन-मूल्यों की ओर ध्यान आकृष्ट किया है। साहित्य अब धर्म, अर्थ, काम, मोक्ष के प्रयोजनों से इतर सामान्य मनुष्य की प्रतिष्ठा को अपना काम्य बना रहा है। कविता उसी को अपने गायन का विषय बना रही है—"जो बड़े-बड़े शहरों में/गन्दी लम्बी गटरों में/फुटपाथों पर सोये हैं/....हम उनके गायेंगे गान।" प्रभाकर माचवे)। यथार्थ की ज़मीन पर मानवता का हित चिन्तन नये जीवन मूल्यों की स्थापना तो करेगा ही। इसी परिप्रेक्ष्य में मूल्य-संकट उत्पन्न होना भी अस्वाभाविक नहीं है—"क्या करोगे समझकर कि रात के दो बजे/मोहल्ले में किसकी कार आती है।" (एक उठा हुआ हाथ-भारत भूषण अग्रवाल, पृ.47)। परम्परागत जीवन-मूल्यों में गिरावट का कारण आचरण-व्यवहार में अत्यधिक स्वच्छन्दता का आ जाना भी है। इस सच्चाई से भी किसी को असहमति नहीं होगी कि जिस तरह का समाज होगा जीवन-मूल्य भी उसी के अनुरूप होंगे। इसी के साथ यह भी सच है कि जिस तरह के जीवन-मूल्य होंगे उसी तरह का समाज निर्मित होगा। इसमें भारतीय साहित्य अपनी भूमिका के निर्वहन में सतत अग्रगामी है।

सांस्कृतिक प्रभुत्ववाद और हिन्दी मीडिया

उच्च प्रौद्योगिकी एवं सूचना-संचार ने सम्पूर्ण जगत को एक 'विश्व ग्राम' यानी 'ग्लोबल विलेज' में बदल दिया है। विश्वग्राम की यह परिकल्पना मार्शल मैक्लूहान की है जिसने 'मीडियम इज मैसेज' कहकर ग्लोबलाइजेशन की प्रक्रिया में मीडिया की बढ़ती भूमिका की ओर संकेत किया है। निस्सन्देह मीडिया भूमंडलीकरण की तीव्रगामिता में एक बड़ा सहायक है। वह वस्तुओं, व्यक्तियों तथा विचारों को तीव्र गति से प्रभावित कर रहा है। प्रेस, टी.वी., रेडियो, सिनेमा, इंटरनेट आदि विभिन्न रूपों में उसकी पहुँच आज चूल्हे चौके तक है। हमारी कार्य प्रणाली, मानवीय सम्बन्ध, आचार-विचार तथा मूल्य-बोध आदि को उसने बुरी तरह प्रभावित किया है। जीवन-शैली में नित नवीन परिवर्तन उसके हस्तक्षेप के ही परिणाम हैं। तकनीक एवं सूचना-संचार के रथ पर आरूढ़ भूमंडलीकरण की अवधारणा में विश्व एक 'बाज़ार' है। जहाँ मनुष्य एक उपभोक्ता के अतिरिक्त और कुछ नहीं है। वहाँ मानवीय सम्बन्धों की ऊष्मा के लिए कोई अवकाश नहीं है। आर्थिक शक्तियाँ भूमंडलीकरण के रास्ते मनुष्य को उसके देश, संस्कृति तथा सभ्यता से अलगाकर अपने व्यापारिक हितों का संरक्षण एवं पोषण कर रही हैं : उपनिवेशवाद समाप्त हो रहा है लेकिन आर्थिक उपनिवेशवाद निरन्तर अपने पैर पसार रहा है। पूँजी की सभ्यता अपने उपनिवेश वाले देशों की प्राचीन कला, साहित्य, दर्शन एवं संस्कृति को मिटाकर एक नयी संस्कृति की स्थापना करने में लगी है। उसकी कार्य पद्धति मनुष्य को एक उपभोक्ता बनाकर उसके जातीय और सांस्कृतिक जीवन तथा अतीत की स्मृतियों को समाप्त कर उसमें निहित विरोध और विद्रोह की भावना को सुलाकर आन्दोलनकारी समस्त ऊर्जा को निस्तेज करने में सक्रिय है। भूमंडलीकरण और मीडिया से अन्य देश चाहे जितना लाभान्वित हुए हों, लेकिन सांस्कृतिक धरातल पर उन्हें सांस्कृतिक प्रभुत्व, सांस्कृतिक समरूपता, सांस्कृतिक ध्रुवीकरण और सांस्कृतिक संकरण जैसी

विभिन्न समस्याओं का साक्षात्कार करना पड़ रहा है। सांस्कृतिक प्रभुत्ववाद का शिकार भारत भी है। ऐसे में हिन्दी मीडिया को इसके प्रतिरोध-अवरोध के लिए वातावरण बनाने में एक सहायक की भूमिका का निर्वहन करना था लेकिन वह भी किसी न किसी रूप में पाश्चात्य संस्कृति के सुर मे सुर मिलाने में अधिक व्यस्त है।

मार्शल मैक्लूहान से हज़ारों वर्ष पूर्व हमारे मनीषियों ने ऋग्वेद में 'विश्व पुष्टं ग्रामे अस्मिन अनातुरम' का उद्घोष कर 'विश्वग्राम' की ही परिकल्पना की थी। वसुधा को एक कुटुम्ब की तरह देखने मानने की अवधारणा का जन्म हमारे यहाँ ही हुआ था। तब के चिन्तन में आज की भूमंडलीय व्यवस्था का कोई तत्व शामिल नहीं था। वह उदारता, त्याग एवं सहिष्णुता का चिन्तन था जिसकी पृष्ठभूमि में करुणा और दया थी लेकिन आज के 'विश्वग्राम' की अवधारणा के मूल में शोषण, अतिक्रमण एवं नृशंसता का भाव अधिक है उसमें सामाजिकता थी और इसमें व्यक्तिनिष्ठता है। उसमें सत्य, शास्त्र और अध्यात्म को केन्द्रीयता प्राप्त थी जबकि इसमें भ्रम, शस्त्र और प्रवंचना को प्रमुखता मिली है। वह 'सर्वे भवन्तु सुखिनः सर्वे सन्तु निरामया' का उद्घोष करने वाला चिन्तन था जबकि यह दुख और विलासिता का पोषक है। पूँजीवादी शक्तियों का उद्देश्य तीसरी दुनिया के देशों की संस्कृतियों का उन्मूलन भी है जबकि भारतीय चिन्तन में समन्वय और सहभाव मुख्य स्वर रहा है। यही कारण है कि हमारे यहाँ सांस्कृतिक संघर्ष कभी नहीं रहा। हमने आगत सभी विचारों को स्वीकारा। उन्हें अपने अनुकूल किया लेकिन अपनी जड़ों को कभी कमज़ोर नहीं होने दिया। 'ग्राम स्वराज' की बात करते हुए महात्मा गांधी ने कहा था "मैं नहीं चाहता कि मेरा घर चारों ओर से दीवारों से घिरा रहे, न मैं अपनी खिड़कियों को ही कसकर बन्द रखना चाहता हूँ। मैं तो सभी देशों की संस्कृति का संचार अपने घर में बेरोक टोक चाहता हूँ, पर ऐसी संस्कृति के किसी झकोरे से मेरे पाँव उखड़ जाए, यह मुझे मंजूर नहीं।"

भूमंडलीकरण और सांस्कृतिक वर्चस्ववाद के इस युग में हमारे पाँव टिके रहेंगे यह कहना कठिन है क्योंकि मीडिया आज जो कुछ परोस रहा है उससे सांस्कृतिक संकरण का संकट पैदा हो गया। कहाँ तक वह सांस्कृतिक साम्राज्यवाद के विरुद्ध संघर्ष की चेतना जगाता उल्टे उन्हीं के अनुकूल वातावरण निर्माण में संलग्न है। वह हमारी संस्कृति के मिथकों, प्रतीकों, बिम्बों, रूपकों तथा आख्यानों को या तो विस्मृत करने पर तुला है अथवा उन्हें विकृत करने पर। वह इतना शक्तिशाली

है कि उसके सामने हज़ारों वर्ष का हमारा चिन्तन बेबस और लाचार लग रहा है। उसके प्रतिरोध का या तो हमारे पास साहस अथवा सोच नहीं है या हमें शुतुरमुर्ग बनकर जीने में ही कल्याण नज़र आता है।

भूमंडलीकरण और मीडिया तन्त्रवाद को वित्तीय साम्राज्यवादी संस्थानों से सम्पोषण मिल रहा है। इसमें विश्व बैंक, अन्तर्राष्ट्रीय मुद्रा कोष आदि का वर्चस्व है। इन्होंने विश्व का अर्थशास्त्र और समाजशास्त्र बदल दिया है। भूमंडलीकरण की वास्तविक शक्ति बहुराष्ट्रीय कम्पनियों के पास है। आर्थिक उदारीकरण के चलते जबसे इन कम्पनियों का प्रवेश भारत में हुआ है तब से कई तरह के परिवर्तन नज़र आ रहे हैं। इन्होंने बाज़ार पर अपना क़ब्ज़ा जमाया तथा स्थानीय उद्योगों को मन्दी की ओर धकेला। इसी के साथ इन्होंने हमारे घरों में घुसपैठ की। बाज़ार हमारे घर में प्रवेश कर चुका है। इसका दुष्परिणाम यह हुआ है कि हमारी नियति और नीति के केन्द्र में 'अर्थ' आ गया है। हमारे सामाजिक सरोकारों की दुनिया तीव्र गति से बदली है। आत्मकेन्द्रीयता ने मानवीय सम्बन्धों को क्षीण किया है। अर्थार्जन अथवा अर्थ दोहन में व्यस्त आज की पीढ़ी के पास माता-पिता अथवा बूढ़े-बुजुर्गों के लिए समय का अभाव है। वृद्धाश्रमों की संख्या में निरन्तर बढोत्तरी इसका प्रमाण है। भाई-भाई में मनमुटाव तथा सम्पत्ति को लेकर विवाद बढ़ा है। राम तथा भरत के आदर्श वाला हमारा समाज आज अपने ही सगे सम्बन्धियों के रक्त का प्यासा है। जीवन में विश्वास और स्नेह की कमी आयी है। पति-पत्नी के बीच दुर्लध्य खाई की वृद्धि के कारण बाल-मन भयभीत और दिग्भ्रमित है। सम्पन्न परिवारों की युवा पीढ़ी की भोग-लिप्सा से समाज आक्रान्त है। विलासिता में विवेक-व्यस्कता खो बैठी नयी पीढ़ी आत्म-दलन और आत्महन्ता की मनःस्थिति तक पहुँच चुकी है। धन लोलुपता अथवा धन की अधिकता ने हमारे समाज का चेहरा और चरित्र बदलकर रख दिया है। एक समय था जब सन्तोष रूपी धन को अपनाने पर जोर दिया जाता था और ईश्वर से यह प्रार्थना की जाती थी कि 'साईं इतना दीजिए जामे कुटुम समाय' लेकिन आज असन्तोष की असीमता में सब कुछ स्वयं हड़प जाने की हड़बड़ी में उचित-अनुचित करणीय अकरणीय का विवेक ही नहीं रह गया है। एक ओर भ्रष्टाचार के मार्ग पर चलकर नव धनाढ्यों का अपार आर्थिक साम्राज्य फल-फूल रहा है तो दूसरी ओर रोटी, कपड़ा, मकान की चिन्ता में मनुष्यता का आर्त क्रन्दन ध्वनित हो रहा है। इन दोनों अतिवादियों की जननी बहुराष्ट्रीय कम्पनियाँ हैं। इन कम्पनियों ने भूमंडलीकरण की प्रक्रिया में मनुष्य को एक उपभोक्ता

से अधिक कुछ नहीं समझा। यद्यपि उनने उपभोक्ता की सर्वोच्चता का नारा दिया, अनेक लोक लुभावन वादे किये लेकिन उनकी नीति सदैव स्व-हित साधना की रही। इसके लिए उन्होंने जो आर्थिक-जाल बिछाया उसके कारण आर्थिक असन्तुलन में मानवता का कराहता स्वर किसी भी संवेदनशील को व्यथित करने के लिए काफ़ी है लेकिन एक सच्चाई यह भी है कि बाज़ारवाद के इस भयानक काल-खण्ड में संवेदना के लिए स्थान ही कहाँ रह गया है। संवेदन हीनता से उपजी अमानवीयता का ग्राफ अगर निरन्तर ऊपर चढ़ रहा है तो इसके मूल में कहीं न कहीं बहुराष्ट्रीय कम्पनियों का माया जाल है। जहाँ व्यक्ति सिर्फ़ उपभोक्ता है और उसकी कोई अपनी मन-मर्जी नहीं है। वह मात्र एक ख़रीददार है। उसे वही ख़रीदना पड़ रहा है जो कम्पनियाँ बेच रही हैं। संस्कृति के नाम पर भी उन्हें वही ओढ़ना-बिछाना है जो मीडिया प्रस्तुत कर रहा है।

उत्तर आधुनिकतावादियों के विमर्श में प्राचीनता और परम्परा की ग्रहणशीलता के आग्रह को भले ही रूढ़िवादिता की दृष्टि से देखा गया हो लेकिन यह भी विस्मृत नहीं किया जा सकता कि आधुनिकता की पीठिका परम्परा ही है। वैसे भी हमारे भारतीय चिन्तन में परम्परा और नवीनता को लेकर बहुत द्वन्द्व नहीं रहा है। प्राचीनता को सदैव सर्वोत्तम मानने और नवीनता को उपेक्षित करने की परिपाटी हमारे यहाँ नहीं रही है। इन दोनों को समन्वय, सामन्जस्य और अन्तरण की व्यवस्था में साधने की कोशिश की जाती रही है। इसीलिए उसमें एक प्रकार का लचीलापन विद्यमान रहा है। यही कारण है कि हमारी संस्कृति बाह्य आघातों से न कभी टूटी और न कभी हारी बल्कि अपने अनुकूलन-गुण के कारण विभिन्न परिस्थितियों में अक्षुण्ण बनी रही। समय के प्रवाह में परिस्थितियाँ बदलीं किन्तु मूल स्वरूप कभी विनष्ट नहीं हुआ 'यूनान मिस्र, रोमां सब मिट गये जहाँ से/कुछ बात है कि हस्ती मिटती नहीं हमारी।' लेकिन आज मीडिया की आँधी हमारा सब कुछ उड़ा ले जाना चाहती है। जिन मज़बूत स्तम्भों पर हमारी संस्कृति का अवलम्बन था उनकी चूलें हिलने लगी हैं। उपभोक्तावादी संस्कृति की चुम्बकीय शक्ति इतनी प्रबल है कि हमारा मन मस्तिष्क उसी की गिरफ्त में है। दर्पण में झिलमिलाते बिम्ब को वास्तविक मान उसकी ग्राहयता के लिए हमें किसी भी हद तक जाना स्वीकार्य है। हम वह सब कुछ प्राप्त करने के लिए आतुर और लालायित हैं जो हमारे अपने जीवन के यथार्थ से कोसों दूर है। ऐसे में अगर मीडिया यथार्थ को फैंटेसी और फैंटेसी को यथार्थ में बदलने की कला में निष्णात हो तब उसकी ओर आकृष्ट होना अत्यन्त स्वाभाविक है। ज्याँ बोद्रिया ने जीवन

में मीडिया के हस्तक्षेप को इन शब्दों में रूपायित किया है। "मीडिया शब्द, दृश्य और अर्थ को भग्न करके उन्हें पुननिर्मित करता है ताकि इच्छित प्रभाव उत्पन्न किया जा सके। मीडिया हमारे और अपक्व यथार्थ के बीच मध्यस्थता करता है और वह मध्यस्थता हमारे लिए यथार्थ को अधिक से अधिक अपदस्थ करती है। इस पुनर्रचना की प्रक्रिया में मीडिया अनुमानों, परिकल्पों एवं सम्भाव्य दृश्यों के द्वारा दर्शकों को विशेष विचारों के स्वीकार के लिए उत्प्रेरित करता है। इस प्रकार वह समाज और व्यवस्था में हस्तक्षेप करता है तथा उत्प्रेरणा की प्रक्रिया को उत्साहित करता है।" सुप्रसिद्ध कन्नड़ साहित्यकार वेणुगोपाल ने अपने आलेख 'प्रेमचन्द और समकालीन राजनीति' में आपातकाल की एक घटना का उल्लेख किया है। यह आधुनिक मीडिया के चरित्र का खुलासा करने के लिए काफ़ी है "बात तब की है, जब राजकपूर की 'बॉबी' फ़िल्म का हल्ला था। 'दिनमान' में उन्हीं दिनों एक रपट छपी थी। एक विदेशी विचारक ने यह फ़िल्म देखी तो हॉल से निकलने पर कहा 'ऐ फेंटास्टिक पॉलिटिकल फ़िल्म'। उनके भारतीय यजमान और दूसरे सुनने वाले हैरान-परेशान कि बॉबी और पालिटिकल फ़िल्म! सोचा गया कि शायद विदेशी होने के कारण फ़िल्म उनकी समझ में नहीं आयी होगी, तब उन्हें कहा गया 'यह फ़िल्म तो नयी उम्र के एक छोकरे और छोकरी की इश्कियाँ दास्तां है, इसमें पॉलिटिकल क्या है?' तो विदेशी विचारक मुस्कराकर बोले इससे बढ़कर पॉलिटिकल और क्या होगा कि जिस उम्र में पूरी दुनिया के छोकरे छोकरियाँ 'यूथ पावर' और 'स्टूडेंट पावर' के नाम से हड़कंप मचाये हुए हैं, उस उम्र में इस फ़िल्म के हीरो-हीरोइन सिर्फ़ कमरे में बन्द होकर चाबी खो देने में लगे हैं। इससे ज़्यादा ख़तरनाक पॉलिटिक्स और क्या होगी?" यह भटकाव नहीं तो और क्या है?

पूँजी और प्रौद्योगिकी के अन्तहीन विस्तार को साहित्यकारों का एक वर्ग मानवीय अस्मिता पर एक बड़ा संकट मानता है। ज़ाहिर है साहित्य 'बेहतर मनुष्य' और 'बेहतर समाज' की संकल्पना को मूर्तित देखने का आकांक्षी है और इसीलिए वह पूँजी के एक ही स्थान पर संचय को कदापि उचित नहीं मानने की अपनी पक्षधरता व्यक्त करता रहता है। मीडिया पूँजीवाद प्रेरित है। वह ज्ञान को सूचनाओं तक समेट देने में ही अपनी अस्मिता की सार्थकता समझता है। विमर्श के नाम पर वह तन्त्र-मन्त्र खेल और सिनेमा जगत की उन घटनाओं को अपनी क्रियाविधि में शामिल करता है जिनसे किसी न किसी रूप में पूँजी के अनन्त विस्तार की योजना सफल होती है। उसकी कार्य-प्रणाली बाज़ार को विस्तार देने

में ही अपनी सिद्धि मानती है। इसमें हिन्दी मीडिया भी शामिल है। मीडिया के मालिकों की नज़र सदैव मुनाफा कमाने पर टिकी रहती है। अधिकतम मुनाफे के लिए विशालतम बाज़ार ज़रूरी है। बाज़ार वादी नैतिकता के अनुसार हर वह कार्य वरेण्य है जिसमें अधिकाधिक लाभ की सम्भावना है। इसीलिए मीडियाकारों में व्यावसायिक कौशल को एक अनिवार्य योग्यता के रूप में शामिल किया जाना बाज़ारवादी मनोवृत्ति की पूर्णता का एक अभिन्न अंग है। उनके लिए नयी आचार संहिताओं का गढ़ा जाना भी इसी उद्देश्य की पूर्ति का साधन है। मालिकों की महत्वाकांक्षाओं की पूर्ति के लिए मीडियाकारों का पूँजीवादी व्यवस्था के हाथों का खिलौना बनने से परहेज नहीं करना भी बाज़ारवादी नैतिकता का ही हिस्सा है। इन्हीं परिस्थितियों ने मीडिया और साहित्य की वह जुगलबन्दी ख़त्म कर दी जो पहले एक दूसरे के साहचर्य के बिना अधूरी थी। साहित्यकार पत्रकार हुआ करते थे और पत्रकार साहित्यकार लेकिन अब ऐसा संयोग अत्यन्त दुर्लभ है। दोनों की दिशाएँ अलग हो गयी हैं। साहित्य सोच का परिष्कारक है और मीडिया रूचि का फिर भला दोनों लय-ताल बद्ध कैसे रह सकेंगे? मीडिया पर कारपोरेट संस्कृति का असर भी उनके रास्ते अलग करने का एक कारक है। आज मीडिया की जो छवि है उसे लेकर कई तरह के प्रश्न उठ रहे हैं। प्रायः यह कहा जा रहा है कि उसने मानव-विवेक का हरण किया है। सामूहिक जीवन को छिन्न-भिन्न किया है। सत्ता प्रतिष्ठानों के अन्याय, अत्याचार को सौम्य बनाकर तथा बोध एवं संवदेना को नष्ट कर बाज़ारवाद और उपभोक्ता संस्कृति को विकसित किया है। वह जिस रास्ते पर गतिमान है उसका गन्तव्य मानव-हित कदापि नहीं है। वह मनुष्य को जिज्ञासु तो बनाता है लेकिन ज्ञानी बनाने की दृष्टि उसके पास नहीं है। सूचना से ज्ञान की गहरायी का बोध कभी नहीं हो सकता। मानवीय संवेदना का विकास मार्ग भी उससे प्रशस्त नहीं होता जबकि साहित्य संवेदना के धरातल पर ही अपनी समस्त ऊर्जा का विकास करता है। संवेदना साहित्य की पूँजी है लेकिन मीडिया संवदेनहीन होकर ही बाज़ार की नैतिकता में अपनी सफलता का विधान रचता है। बाज़ार में वही दीर्घ काल तक चल सकता है जिसमें बाज़ारी शक्तियों के साथ अनुकूलन की क्षमता हो। बाज़ार की प्रतिस्पर्धा में सांस्कृतिक-क्षरण को बढ़ावा देने में भी मीडिया की बड़ी भूमिका है।

वस्तुपरकता और प्रामाणिकता के साथ ही मीडिया से यह अपेक्षा की जाती है कि उसमें नैतिकता और उत्तरदायित्व वहन करने का बोध भी हो। मीडिया के लिए संकट तब उत्पन्न होता है जब एक ओर सत्यता तथा वस्तुपरकता

और दूसरी ओर मूल्य तथा नैतिकता आमने-सामने विपरीत पंक्तियों में खड़े नज़र आते हैं। इसी समय मूल्यों का संघर्ष शुरू होता है। फिर यह प्रश्न उठना स्वाभाविक है कि किस मूल्य को प्राथमिकता दी जाए? कौन सा मूल्य परम मूल्य है अथवा अन्तिम सत्य की कसौटी पर कौन सा मूल्य खरा है। वह भी तब जब भौतिकवादी दृष्टि में हर पदार्थ/वस्तु अथवा क्रिया विधि के सकारात्मक और नकारात्मक पक्ष होते हैं। उदाहरणार्थ कुछ की दृष्टि में आतंकवाद पर अंकुश लगाने के लिए फांसी का दण्ड उचित है तो कुछ की दृष्टि में मानवाधिकारों के हनन का प्रश्न है। ऐसे में मीडिया के समक्ष सबसे बड़ी कठिनाई यह है कि वह किसकी पक्षधरता को औचित्य की कसौटी पर खरा माने? वह याकूब मेनन की फांसी को सही मानकर उस पर अधिक फोकस करे अथवा आधी रात में सर्वोच्च न्यायालय का दरवाज़ा खटखटाने वाले कुछ वकीलों/बुद्धिजीवियों द्वारा मानव अधिकारों के हनन की दलीलों पर अपना ध्यान केन्द्रित करे। निश्चित रूप से ऐसा क्षण अग्नि परीक्षा का है। तटस्थ रहकर वस्तुपरकता के पक्ष में खड़ा होना मीडिया का धर्म है लेकिन बाज़ार मीडिया को तटस्थ रहने कहाँ देता है? पक्ष बन जाना उसकी नियति भी है और बाज़ार की आवश्यकता भी। यही विवशता उसे सत्य के मार्ग से विचलित करती है। उसकी सच और यथार्थ की छवि धूमिल हो जाती है। अर्थार्जन ही मुख्य ध्येय बन जाता है। उसे न मानवीय मूल्यों के संरक्षण की चिन्ता रहती है और न ही विरूपित हो रही संस्कृति के खतरों से लोगों को सावधान करने की सुधि रहती है। यहाँ यह स्मरणीय है कि मीडिया के कर्त्तव्य-विधान में जागरण भाव अनिवार्य रूप से शामिल है लेकिन वह युवा पीढ़ी को जगाने की अपेक्षा मदहोश करने की भूमिका में अधिक दिखाई देता है। इससे भी सांस्कृतिक संकट उत्पन्न होता है।

सांस्कृतिक प्रभुत्ववाद के विस्तार में हिन्दी मीडिया की भूमिका बहुत हद तक एक सहायक की है। अमेरिका अथवा यूरोप के समृद्ध एवं शक्तिशाली देश भारत की संस्कृति पर अपना प्रभुत्व जमाने के लिए हर तरह से सचेष्ट हैं। उनकी गिद्ध दृष्टि हमारी संस्कृति को विनष्ट करने के लिए आतुर रही है। किन्तु इसमें सफलता प्राप्त होते न देख उन्होंने अपनी प्रभुता के आतंक से हमारी संस्कृति पर धाक जमाने का कोई अवसर हाथ से जाने नहीं दिया है। उनके इस उद्देश्य की पूर्ति में अर्थतन्त्र, मीडिया, ज्ञान-विज्ञान तथा प्रौद्योगिकी की भूमिका रही है। सूचना-संचार के हथियारों से युक्त शक्तिशाली प्रभुत्ववादी संस्कृति अपने सांस्कृतिक आक्रमणों द्वारा भारत जैसे देशों की संस्कृतियों का गला घोटने का

प्रयास कर रही है और हम मुकाबला करने की अपेक्षा आत्म-रक्षा के छिट-फुट प्रयासों को आत्म मुग्ध भाव से देखने में लीन हैं। कहा जाता है कि अगर किसी समाज और संस्कृति को विनष्ट करना हो तो सर्वप्रथम उसकी भाषा को नष्ट कर दिया जाए। अंग्रेजों ने हमारी भाषा को नष्ट करने का एक भी दाँव नहीं छोड़ा लेकिन अनेक अवरोधों, भीतरघातों के बावजूद हमारी भाषाएँ जीवित हैं और हमारी संस्कृति भी। वर्तमान परिदृश्य खतरों से खाली नहीं है। अगर हम सिर्फ़ हिन्दी जाति और उस पर मंडरा रहे संकटों की ओर ध्यान केन्द्रित करें तो पायेंगे कि हमारे नेताओं ने वोट बैंक के लिए धर्म के आधार पर हिन्दी और उर्दू का विभाजन किया। हिन्दी से मैथिली को अलगाया और आज भोजपुरी को अलगाने की कोशिश जारी है। हमारी हिन्दी संख्याबल के आधार पर ही राजभाषा के आसन पर विराजमान है तथा विश्व स्तर पर उसे चीनी और अंग्रेजी के बाद का स्थान प्राप्त है। संख्या बल घटा तो उसकी प्रतिष्ठा पर भी आँच आयेगी। यह तो एक पहलू हुआ जिसकी ओर मीडिया का ध्यान ही नहीं है। इसके विपरीत वह स्वयं भी हिन्दी को विरुपित करने, हिन्दी को हिंग्लिश बनाने की साजिश रच रहा है। देशी भाषाओं/बोलियों को नौकरों तथा लुच्चे लफंगों की बोली सिद्ध करने में हिन्दी मीडिया का बड़ा योगदान है। इसके विपरीत अंग्रेजी बोलने वालों को आभिजात्य की श्रेणी में बिठाने का काम मीडिया ने ही किया है। इससे हमारी सांस्कृतिक छवि को जो आघात पहुँच रहा है उसकी ज़िम्मेदारी तय होनी चाहिए। अगर हमारी भाषाएँ जीवित रहीं तो हमारी संस्कृति पर किसी भी बाह्य संस्कृति का प्रभुत्व स्थापित नहीं हो सकेगा।

संस्कृतियों की विविधता को ध्वस्त कर उन्हें समरूप बनाने की साजिशें तेज हुई हैं। इसमें भूमंडलीकरण और मीडिया की भूमिका प्रमुख है। बहुराष्ट्रीय विज्ञापन उद्योग नवता के नाम पर परम्परागत जीवन शैली को निर्मूल करने के अनेक उपायों पर कार्य कर रहा है। महानगरों का आभिजात्य वर्ग और उपग्रह-प्रसारण सांस्कृतिक समरूपता की प्रक्रिया में निर्णायक की भूमिका निभा रहे हैं। इसका परिणाम यह हुआ है कि दिक्काल की सीमाएँ समाप्त हो रही हैं और मनुष्य अपनी सनातन स्मृतियों से वंचित होने की ओर अग्रसर है। ज़ाहिर है सनातन के बोध के बिना हम सांस्कृतिक मरुस्थल में ही प्रवेश कर सकते हैं। कुछ लोगों को परम्परा का अनुपालन सांस्कृतिक विकास में बाधक लगता है लेकिन वे यहाँ भूलते हैं कि परम्परा और जडिमा में अन्तर है। जो जीवन मूल्य और भाव-बोध जड़ हो गये हैं वे विकास की प्रक्रिया में गतिशील नहीं होते और

उनका स्वयं पतन हो जाता है लेकिन जो समय के साथ निरन्तर गतिमान हैं वे मानव-जीवन की थाती हैं और अगर उन्हें विनष्ट करने की साजिश होती है तब फिर क्या कहना? अस्सी के दशक तक दूरदर्शन से प्रसारित होने वाली सामग्री राष्ट्रीय गरिमा और सांस्कृतिक महिमा की झांकी होती थी लेकिन विदेशी चैनलों के प्रसारण से उत्पन्न प्रतिद्वन्द्विता के फलस्वरूप जो सामग्री दर्शकों के सामने परोसी जाने लगी है उसमें अपनी परम्परागत जीवन-शैली से कटने, जीवन-दर्शन से विमुख होने तथा बाह्य जीवन-मूल्यों एवं संस्कारों को धारण करने के प्रेरक तत्व अधिक हैं। इससे एक ऐसा मध्य वर्ग पैदा हुआ है जो आवश्यकता से अधिक धन संग्रह की व्याधि से पीड़ित है। यह वर्ग एक ओर सुख और विलासिता का सम्पोषक है तो दूसरी ओर येन केन प्रकारेण धनार्जन के लिए आतुर। हिन्दी मीडिया पश्चिमी संस्कृति की धनलोलुपता और कामुकता को अपने कार्यक्रमों में भरपूर स्थान दे रहा है। मीडिया द्वारा गढ़ी गयी छवियों से नयी पीढ़ी को भ्रमित करने की साजिश चल रही है। उसका सौन्दर्यबोध तथा मूल्य बोध बदल रहा है। विज्ञापनी संस्कृति की ओर उसका इतना झुकाव है कि उससे एकाकार होने में उसे गर्व का अनुभव होता है। उसे यह ज्ञात नहीं है कि वह अपनी इस क्रिया विधि से विज्ञापन उद्योग की जड़ों को मज़बूत कर रहा है जो लगातार उसे अँधेरे की ओर धकेलने में लगा है। विज्ञापनी संस्कृति कितनी ख़तरनाक है उसे रेमण्ड विलियम्स के इस कथन से समझा जा सकता है—"विज्ञापन केवल वस्तुओं को बेचने की ही कला नहीं है। यह एक दिग्भ्रमित समाज की संस्कृति का सच्चा अंग है। मुझे इस बात के प्रमाण मिले हैं कि बीसवीं शती के आरम्भ में ही अमेरिका के ज़्यादातर भागों में यही हो रहा था। सन 1920 तक तो अमेरिका की एक विशाल पीढ़ी दिग्भ्रमित हो चुकी थी जो लंकियन क्लबों (Luncheon Clubs) की सदस्य थी। उसके भ्रान्त सदस्य उपनगरीय शयनकक्षों की तलाश में लिस्टॉ और अल्टीयर के चक्कर लगाने लगे थे।" इस कथन में दिया गया आंकड़ा एक शताब्दी पहले का है। तब इलेक्ट्रॉनिक मीडिया और साइबर स्पेस की कोई भूमिका नहीं थी लेकिन आज इनकी सशक्तता और प्रभाव का अनुमान कर विज्ञापनी संस्कृति से उपजी भयावहता महसूस की जा सकती है। विज्ञापन उद्योग अपने प्रच्छन्न घोषणा पत्र में सांस्कृतिक वर्चस्व अथवा सांस्कृतिक समरूपीकरण का किया गया वायदा पूरा करता नज़र आ रहा है। वह इस बात की वकालत करता है कि पारम्परिक जीवन-शैली न केवल दोषपूर्ण है बल्कि, अवैज्ञानिक भी है। नवीनतम प्रौद्योगिकी द्वारा निर्मित नये उत्पादों को अपनाने से जमाने की दौड़

में पीछे नहीं रहा जा सकता। उसकी बातों की सच्चाई की परख किये बिना हम उसके उत्पादनों के पीछे भाग रहे हैं। यह प्रवत्ति हमारे समाज और संस्कृति के लिए अत्यन्त घातक है।

मनोरंजन के नाम पर बाज़ारवाद के सिद्धान्तों से अनुप्राणित हिन्दी मीडिया तथ्य हीन, हिंसक और सेक्स से भरपूर चीज़ों को परोस रहा है जो हमारे सांस्कृतिक परिवेश के अनुकूल कदापि नहीं है फिर भी मीडिया द्वारा प्रचारित-प्रसारित चकाचौंध वाली संस्कृति को अपनाने में नयी पीढ़ी गर्व का अनुभव करती है। उसे होली में उड़ते गुलाल और वासन्ती बयार में उतनी रूचि नहीं रह गयी है जितनी 'वेलेंटाइन डे' की मस्ती में क्लबों और पार्टियों में उत्तेजक संगीत की धुनों पर झूमने में। यह टी.वी. द्वारा दर्शायी गयी विज्ञापनी संस्कृति से एकाकार होने का परिणाम है। भूमंडलीय मीडिया का वर्चस्ववादी स्वरूप अपने माया जाल में फंसाकर हमारी युवा पीढ़ी को दिग्भ्रमित कर रहा है। वह ऐसा वातावरण निर्मित कर रहा है जिसमें हमारे युवा यथार्थ को फैंटेसी और फैंटेसी को यथार्थ मान अपनी सांस्कृतिक उत्कृष्टता को नज़रअन्दाज़ कर पाश्चात्य संस्कृति के पीछे बहुत तेजी से भाग रहे हैं। यदि उनके दिशा-भ्रम को तोड़कर अपनी सांस्कृतिक विरासत के प्रति सम्मान-भाव नहीं जगाया गया तो भूमंडलीय मीडिया शक्तिशाली देशों के सांस्कृतिक वर्चस्व की स्थापना के अपने उद्देश्य में अवश्य सफल हो जायेगा। अतः इस षड्यन्त्र के विरुद्ध सबको जागना और जगाना होगा तथा हिन्दी मीडिया को बाज़ारवाद से मुक्त होकर भारतीय संस्कृति के संरक्षण और विकास में अपनी महत्वपूर्ण भूमिका निभानी होगी।

साहित्य में बाज़ारवाद

भूमंडलीकरण और बाज़ारवाद के युग में बाज़ार 'घर' में घुस आया है। इससे साधन सम्पन्नता तो आयी है लेकिन विसंगतियों ने भी अपने पाँव कम नही पसारे हैं। एक समय था जब कबीर बाज़ार में खड़े होकर कह रहे थे–"जो घर जारे आपना चले हमारे साथ।" उस समय उनका उद्देश्य जो भी रहा हो किन्तु आज के सन्दर्भ में 'घर' बचाना बहुत ज़रूरी है क्योंकि 'बाज़ार' का प्रबल आक्रमण 'घर' पर ही हुआ है। आत्मीयता, बन्धुता, स्नेह, मर्यादा, आदर्श और सम्बन्धों की उष्णता पर गाज गिराने में इसने कोई कसर नहीं छोड़ी है। पिता-पुत्र, भाई-बन्धु, पति पत्नी के सबधों में बढ़ती दरारें इसका प्रमाण है। स्वच्छन्द आचरण, सांस्कृतिक और नैतिक मूल्यों की धज्जियाँ उड़ा रहा है। ऐसे परिवेश में साहित्य की भूमिका महत्वपूर्ण हो जाती है। ज़ाहिर है साहित्य 'जीवन की आलोचना' है और 'संवेदना उसकी पूँजी'। बाज़ारवाद के युग में जिस उपभोक्तावादी संस्कृति का जन्म हुआ है उसमें मानवीय संवेदनायें निरन्तर क्षीण होती ज़ा रही हैं। घर में घुस आये बाज़ार ने अपना पहला निशाना इसी को बनाया है।

बाज़ारवाद में प्रधान तत्व पूँजी है। सारी व्यवस्थायें उसी को आधार बनाकर अपनी दिशा तय करती हैं। इसमें नीति, न्याय और जीवन-मूल्यों की परिभाषाएँ समय-सापेक्षता में बनती बदलती रहती हैं। बाज़ार व्यवस्था में 'माल' की तरह कविता मात्र 'पाठ' मान ली गयी है। 'शब्द' पर संकट गहराने लगा है। उसकी ताक़त पर प्रश्नचिह्न लग रहे हैं। 'आखर अनन्त' में संगृहीत 'शब्द के लिए बुरा वक़्त' शीर्षक कविता में डॉ. विश्वनाथ प्रसाद तिवारी की यह चिन्ता अस्वाभाविक नहीं है– "बहुत बुरा वक़्त है यह/शब्द के लिए मैं चाहता हूँ/कि जब मैं कहूँ आग तो जलने लगे शहर/जब मैं कहूँ प्यार/तो बच्चे सटा दें अपने नर्म-नर्म गाल/मेरे होठों से/कैसे सम्भव होगा यह/मैं नहीं जानता/मगर मेरे कवि मित्रों/सोचो

इस पर/कि कैसे सम्भव होगा यह।" 'शब्द' पर आये इस संकट के लिए विश्व स्तर पर अनेक समाजवादी व्यवस्थाओं के विघटन, भूमंडलीकरण मुक्त बाज़ार, अर्थव्यवस्था के नाम पर बहुराष्ट्रीय निगमों के आधिपत्य, राजनैतिक स्तर पर पनपी विकृतियों तथा जनता की पहलकदमी में आये दिशा भ्रम को उत्तरदायी ठहराया जा सकता है। 'उत्तर आधुनिकतावाद' और यहाँ तक कि 'विसंरचना' ने साहित्य का जो हश्र किया है उसी का परिणाम है कि आज तथ्यों की विकलता संवेदनाओं में सन्दिग्धता भरकर मानवीयता पर प्रश्नचिह्न लगा रही है। क्षीण हो रही संवेदनाओं के कारण साहित्य की भूमिका भी सन्देहों के घेरे में है। आज साहित्य अध्ययन न लोगों की आवश्यकता है और न ही साहित्य के लिए उन्हें अवकाश है। जबकि साहित्य भावना के धरातल पर 'बेहतर मनुष्य' और 'बेहतर समाज' की संकल्पना को साकार करने में समाज का मददगार बनता है किन्तु आज की उपभोक्तावादी संस्कृति ने साहित्य के समक्ष अनेक चुनौतियाँ खड़ी कर दी है।

साहित्य में बाज़ारवाद अपनी जड़ें मज़बूत कर चुका है। लेखक को अपनी रचना बाज़ार के अधीन करनी पड़ी है। 'सतंन को कहाँ सीकरी सो काम' वाली उक्ति अब उचित और प्रासंगिक नहीं रह गयी है क्योंकि सारे सन्त 'सीकरी' पहुँचने के लिए न केवल लालायित हैं। बल्कि जुगाड़बाजी में भी संलिप्त हैं। काव्य प्रयोजन 'यशसे' की अपेक्षा 'अर्थकृते' पर अधिक केन्द्रित होता जा रहा है। पुरस्कार/सम्मान पाने के लिए हर तरह के हथकंडे अपनाये जा रहे हैं। बाज़ारवाद में व्यावसायिकता ही एक मात्र मूल्य है। साहित्य में भी व्यावसायिकता का समावेश हुआ है। चूँकि रचनाकार की अनदेखी हो रही है। शाश्वत, कालजयी और महान रचनाओं का अभाव होता जा रहा है। ज़ाहिर है ख़रीदी बेची जाने वाली चीज़ें 'यूज एण्ड थ्रो' के सिद्धान्त पर अपना अस्तित्व क़ायम करती हैं। उत्पादन का उन्माद निरन्तर बढ़ता है जिससे गुणवत्ता और कलात्मकता बाधित होती है। बाज़ार व्यवस्था में मनुष्य की दुर्गति की ओर ध्यान आकर्षित करते हुए आक्टोवियो पाज ने कहा था—"जिस समाज में अधिक उपयोग के लिए, अधिक से अधिक उत्पादन का उन्माद बढ़ता है, वह विचारों, भावनाओं, कला, प्रेम, मित्रता तथा मनुष्य को भी उपयोग की वस्तु बना देता है। वहाँ हर चीज़ ख़रीदी जाती है उसका उपभोग होता है और अन्त में वह कूड़ेदान में फेंक दी जाती है।" साहित्य में बाज़ारवाद के प्रवेश के फलस्वरूप रचना की भी लगभग यही दुर्दशा है। साहित्य का हाशिये की ओर खिसकना शुभ संकेत नहीं है बल्कि खतरे की

घंटी है। यह चुनौती है उनके लिए जो साहित्य को समाज का दर्पण मानते हैं। आचार्य रामचन्द्र शुक्ल ने सभ्यता के जिन आवरणों से कवि कर्म कठिन होने की आशंका व्यक्त की थी वे आवरण अब एक नये परिदृश्य और एक नये रूप में चुनौती बने हैं। अगर इन चुनौतियों के प्रति शुतुरमुर्ग की तरह आँखे बन्द करके रहा गया तो साहित्य के साथ-साथ मनुष्य का भी भला नहीं होगा।

'ग्लोबल विलेज' के माध्यम मे मार्शल मेकलुहान ने जो कल्पना की थी वैसी अवधारणा 'भारतीय चिन्तन' में 'वसुधैव कुटुम्बकम्' के रूप में सदियों से विद्यमान रही है किन्तु दोनों की निष्पत्ति, प्रयोग और दर्शन में बुनियादी अन्तर है। 'वसुधैव कुटुम्बकम्' मानवतावादी चिन्तन है जिसका आधार मानव-कल्याण, आध्यात्मिक विकास, तथा मनुष्य-मनुष्य के बीच स्नेह, सौख्य, सौहार्द्र की स्थापना है जबकि 'ग्लोबल विलेज' का जन्म सूचना और औद्योगिक क्रान्ति के परिवेश में होने के कारण बाज़ार पोषित अवधारणा को प्रमुखता देने वाला है। बाज़ारवादी व्यवस्था में क्रेता-विक्रेता, वस्तु और उपभेक्ता, शोषक और शोषित का सम्बन्ध विकसित होता है जिसमें मानवीय संवेदनाओं की दृढ़ता के लिए कोई प्रयत्न नहीं होता। दोहन और शोषण की भित्ति वाला दर्शन मानवतावादी कैसे हो सकता है? उसकी दृष्टि में हर चीज़ 'वस्तु' है जिसका चरम लक्ष्य बिक्री है। 'बिकाऊ माल' के प्रति विक्रेता का क्या सम्बन्ध होता है—इसे बताने की ज़रूरत नहीं है। बेचनेवाला 'वस्तु' को बेचने के लायक बनाता है। उसके लिए विज्ञापन छपवाता है। उन सभी तरह के हथकंडों को अपनाता है जिनसे 'वस्तु' की अधिकाधिक बिक्री हो सके। विक्रय की प्रतिद्वन्द्विता में बाज़ार संवेदनाओं को कुन्द और भोथरा बनाता है। वह भावनाओं को भी 'वस्तु' की तरह देखता-परखता है।

लेखक और पाठक के बीच एक महत्त्वपूर्ण कड़ी होता है—प्रकाशक। बाज़ारवाद का सबसे अधिक असर इसी पर पड़ा है। प्रकाशन जगत सिर्फ़ व्यवसाय की भाषा को समझ रहा है। लेखक येन-केन प्रकारेण पुस्तकें छपवाने के लिए आतुर है और उधर प्रकाशक इस आतुरता को भुनाने में जुटा है। रॉयल्टी की बात तो दूर प्रकाशकों में मोटी रकम लेकर किताबें छापने का चलन बढ़ा। इससे कई बार महत्त्वपूर्ण पुस्तकें भी छपने से वंचित हो जाती हैं। अथवा लेखक की गाढ़ी कमाई पर चूना लगाकर छपती हैं। यह प्रवृत्ति रचना-कर्म को उदासीन और हतोत्साहित करती है। जहाँ तक नये प्रकाशकों की बात है तो वे नये लेखकों के शोषण में लीन हैं और प्रतिष्ठित प्रकाशक नामधारी लेखकों की तलाश में जुटे हैं। यह व्यावसायिकता का असर है कि पाठय-पुस्तकें, कुंजियाँ,

सहायक पुस्तकें ज़्यादा छप रही हैं—साहित्यिक कम। किताबें मँहगी हैं इसलिए साहित्य का विद्यार्थी उन्हें ख़रीदकर पढ़ना नही चाहता। कमीशन का मायाजाल नीचे से ऊपर तक फैला है। पुस्तकें सरकारी पुस्तकालयों में डंप होने के लिए विवश हैं। पुस्तकों का विमोचन कार्यक्रम भी व्यावसायिक हो गया है। विमोचन, प्रदर्शन और आत्म विज्ञापन के रास्ते मिथ्या प्रशंसा बटोरने के एक साधन के रूप में इस्तेमाल होने लगा है। रचना नहीं रचनाकारोन्मुखी विमोचन समारोहों से साहित्य का कितना भला होगा यह तो समय ही बतायेगा किन्तु यह ज़रूर है कि प्रकाशक और लेखक के बीच अवस्थित बाज़ारवाद अपने लक्ष्य में सफल है।

एक समय में साहित्य जगत में यह मज़ाक आम तौर पर प्रचलित था कि स्वयं कवि, सम्पादक, कम्पोजीटर और प्रकाशक के अलावा साहित्य का पाँचवा पाठक कौन है? आज यह हक़ीक़त बनता जा रहा है। रचनाकार की भावनाओं और संवेदनाओं को पाठक तक पहुँचाने के बीच में जिन तत्त्वों की सक्रिय भागीदारी होनी चाहिए—वे बाज़ारवाद के आधार स्तम्भ व्यावसायिकता में इतने लिप्त हैं कि उन्हें न तो रचनाकार की संवेदना की परवाह है और न ही पाठक की। पाठक भी अर्थ तन्त्र में उलझकर रह गया है। इस तरह व्यवसायी मनोवृत्ति ने साहित्य का जितना अनर्थ किया है— उसकी भरपाई में काफ़ी वक़्त लगेगा।

आज बाज़ारवाद ने विपणन को एक कला के रूप में विकसित किया है। इसके प्रभाव से साधारण को श्रेष्ठ और उत्कृष्ट को निकृष्ट सिद्ध किया जा सकता है। उपभोक्ता को पहले लुभाने और बाद में उसे धोखा देने की प्रवृत्ति विपणन कला है। इस कला का उपयोग भी साहित्य में खूब हो रहा है। गम्भीर लेखन की अपेक्षा गुदगुदाने वाले मनोरंजनपूर्ण तमाशायी और भीड़ जुटाऊ रचनाकारों की बाढ़ का आना बाज़ार की ही देन है। सस्ती लोकप्रियता बटोरने के लिए मंचीय रचनाकार जो हथकंडे अपना रहे हैं वे श्रोताओं की आँखों पर धोखे की पट्टटी की तरह हैं। उसमें कलात्मकता का अभाव सहदय को 'रसो वै सः' की अवस्था में पहुँचाने से रोकता है जबकि साहित्य का मुख्य कार्य चित्तवृत्तियों का परिष्कार है। यदि रचनाकार दर्शकों पाठकों की मन-दशाओं का परिशोधन करने में अक्षम है तो उसकी रचनाधर्मिता किस काम की? मंच से केवल ताली बजवा लेना ही यदि कवि-कर्म की इतिश्री है तो ऐसी रचना की कालजयता का प्रश्न कहाँ उठता है? क्षणिक तुष्टीकरण की नीति पर रचा जाने वाला साहित्य दीर्घजीवी कैसे हो सकता है? साहित्य का निरन्तर परिधि की ओर खिसकना अपने आप में एक खतरा है। इस सम्भावित खतरे के लिए साहित्यकार भी कम

उत्तरदायी नहीं हैं। पहले रचना रचनाकार की स्वतः स्फूर्त प्रेरणा अथवा संवेदना के भीतरी दबाव का परिणाम हुआ करती थी।' आह से उपजी रचना पाठक के हृदय तक पहुँचती थी। उसकी सराहना और प्रशंसा में हृदय के भीतरी तन्तुओं की भूमिका होती थी किन्तु अब ऐसा नहीं है। रचना बाज़ार की 'माँग और पूर्ति' के अनुसार अपने पथ पर चलने के लिए विवश है। इसीलिए वह न तो मर्म को छूती है और न ही उसमें कालजयता आती है। पहले 'शब्दों' को जड़ने वाले रचनाकार उत्तम कोटि के रचनाकार माने थे किन्तु अब जड़ने की फुर्सत किसे है? उतना धैर्य कहाँ है? अब जीवन में क्षण-बोध का एक अलग और बिल्कुल नया चिन्तन विकसित हुआ है। भागम भाग, आपाधापी, अनथक श्रम, अधिकाधिक उत्पादन, श्रम विहीन लाभ, व्यर्थताबोध, असीम असन्तोष और लोभ आदि उसी की उपज हैं। इन सबका असर रचना-कर्म पर पड़ना स्वाभाविक है। यहाँ यह स्मरणीय है कि रचनाकारों की संख्या में निरन्तर वृद्धि हुई है। हज़ारों की संख्या में कवि, कथाकार निबन्धकार, आलोचक अपनी लेखनी चला रहे हैं लेकिन स्तरीयता के निकष पर उनका कोई स्थान नहीं हैं। साहित्य के लिए जिस साधना की अपेक्षा होती है उसकी ओर ध्यान दिये बिना लिक्खाड़ बनने की प्रवृत्ति ने साहित्य की बड़ी दुर्दशा की है। माना कि रचनाकार प्रतिभा सम्पन्न है किन्तु उसके साथ-साथ 'व्युत्पत्ति' और 'अभ्यास' की भी ज़रूरत पड़ती है लेकिन रातो रात अमर हो जाने की उद्दाम लालसा को इतना धैर्य कहाँ है कि वह बहुपठित और बहुश्रुत होकर अभ्यास कार्य में प्रवृत्त हो। कविता में छन्दों का अभ्यास अब ज़रूरी नहीं रह गया है। गद्य की कोई भी चार पंक्ति कविता कही जायेगी तो उसे कैसे गुनगुनाया जायेगा? फिर वह 'लोक' से जुड़ेगी कैसे? बिना 'लोक' से जुड़े उसमें कालजयता कहाँ आयेगी? माना कि वह किताब की शोभा बढ़ायेगी लेकिन जब रचनाकार बाज़ारवाद की गिरफ्त में आकर आपाधापी और भागमभाग की ज़िन्दगी जी रहा है तो पाठक/श्रोता भी इनसे मुक्त कहाँ है? उसे भी कहाँ फुर्सत है पन्ना पलटने की, किताब पढ़ने की। पठनीयता में आये ह्रास के लिए आज कई तत्त्वों को ज़िम्मेदारी लेनी होगी। बाज़ार के साथ साथ रचनाकार को भी इस उत्तरदायित्व को स्वीकारना होगा।

साहित्य प्रिंट मीडिया से पहले 'श्रुति' परम्परा में जीवित था। प्रिंट मीडिया से जुड़कर साहित्य की पहुँच व्यापक और विस्तृत हुई। जैसा कि मार्शल मैक्लूहान ने 'मीडियम इज द मैसेज' अर्थात 'माध्यम ही सन्देश है' कहकर 'माध्यम' की भूमिका और उसके प्रभावों की चर्चा की थी और इस बात पर जोर दिया था

कि नये जनसंचार माध्यम, पुरानों को नष्ट नहीं, नवीन करते हैं, बदलते हैं। इस दृष्टि से यह कहा जा सकता है कि प्रिंट मीडिया ने साहित्य की सुरक्षा और अक्षुण्णता को बनाये रखने के लिए पुरानी पद्धति को नवीनता प्रदान कर साहित्य को जन-जन तक पहुँचाने में अपनी महत्त्वपूर्ण भूमिका निभायी। एक समय था जब प्रिंट मीडिया ने हिन्दी साहित्य का एक बड़ा पाठक वर्ग तैयार किया था। लोक-विमुख रीतिकालीन साहित्य की प्रतिक्रिया से उत्पन्न जन सापेक्ष नवजागरण कालीन साहित्य को विभिन्न पत्र पत्रिकाओं के माध्यम से व्यापक प्रतिष्ठा और लोक व्याप्ति दिलाने में उसका बहुत बड़ा योगदान था। सामन्ती परिवेश की रूचि अभिरूचि और आस्वादन को जनाभिरूचि में परिणत करने में प्रेस के अवदान को अस्वीकार नहीं किया जा सकता। रचनाकार को एक व्यापक पाठक समुदाय मिला और उसके तथा पाठक के बीच की दूरी ख़त्म हुई। पठनीयता का आलम यह था कि किसी ख़ास रचना के लिए पाठकों को प्रेस के सामने पंक्तिबद्ध भी होना पड़ता था किन्तु आज यह क्या हो गया? प्रेस (प्रिंट मीडिया) साहित्य के प्रति अपनी वही भूमिका क्यों नहीं निभा पा रहा है? उसके सरोकारों में बदलाव क्यों और किसलिए आया है? इस पर चिन्तन करते हुए हम पाते हैं कि वह बाज़ार ही है जो 'सबहिं नचावत राम गोसाई'। आज व्यावसायिकता के मकड़ जाल में उलझे समाचार पत्रों की दृष्टि में साहित्य और साहित्यकारों के लिए कोई मान मूल्य नहीं रह गया है। उनकी नज़र में अपराध, हत्या आत्महत्या, बलात्कार, मार-पीट, छेड-छाड़, चोरी डकैती, लूट-पाट, तन्त्र-मन्त्र, मायानगरी की घटनायें जीवन से संवाद करती घटनायें हैं इसलिए वे उन्हें छापने में जितनी रूचि और रस लेते हैं उतना रचनात्मक लेखन के लिए नहीं। यहाँ तक कि साहित्यिक सांस्कृतिक घटनायें भी सुर्खियाँ नहीं बन पातीं। बड़े से बड़े साहित्यिक आयोजनों एवं उनमें भाग ले रहे शीर्षस्थ साहित्यकारों के चिन्तन/उद्गारों/व्याख्यानों के लिए अख़बारों में जगह नहीं बची है। इस स्थिति का कारण अर्थ-तन्त्र और बाज़ारवाद है। यह आशंका गणेश शंकर विद्यार्थी को बहुत पहले थी—"इस देश में भी समाचार पत्रों का आधार धन हो रहा है। धन से वे निकलते हैं, धन ही के आधार पर वे चलते हैं और बड़ी वेदना के साथ कहना पड़ता है कि उनमें काम करने वाले बहुत से पत्रकार भी धन ही की अभ्यर्थना करते हैं। कुछ ही समय पश्चात् यहाँ के समाचार पत्र भी मशीन के सदृश हो जायेंगे और उनमें काम करने वाले पत्रकार केवल मशीन के पुर्जे।" (विष्णुदत्त शुक्ल की पुस्तक पत्रकार कला से)।

बाज़ार अपने साथ लोभ, भोग सुख की चौंधियाती रोशनी का समुद्र लाया

है जिसके उफनते ज्वार में नग्नता, मद्यता और विलासिता का उन्मादी नर्तन है। विभिन्न दृश्य श्रव्य माध्यमों द्वारा परोसी जा रही सामग्री इसी पृष्ठभूमि की उपज है। अनेक रचनाकारों पर बाज़ार का इतना व्यापक और गहरा प्रभाव पड़ा है कि उनकी रचनाओं में भी सनसनी और उत्तेजना पैदा करने वाले तत्त्व निरन्तर बढ़ रहे हैं। इससे साहित्य का स्वास्थ्य विकार ग्रस्त हुआ है। जो खुद अस्वस्थ हो वह दूसरों का 'विरेचन' कैसे करेगा? चित्तवृत्तियों के परिष्कार में अक्षम साहित्य समाज के लिए हितकारी कैसे हो सकता है? नव स्फूर्ति और नव चेतना का संचार करने, जीवन में व्याप्त आशा-निराशा, सफलता-असफलता की अभिव्यक्ति द्वारा कर्त्तव्याकर्त्तव्य के बोधन में मदद पहुँचाने तथा जीवन और समाज के अन्तसूत्रों को जोड़ने में ही साहित्य की सार्थकता है और यदि बाज़ारवाद के कारण वह अपनी इस भूमिका का निर्वाह नहीं कर पाता तो यह चिन्ता का विषय हो सकता है किन्तु निराश होने की ज़रूरत नहीं है क्योकि विषम झंझावातों में भी साहित्य-दीप हारना नही जानता।

कविता और काव्य-चिन्तन

आचार्य महावीर प्रसाद द्विवेदी का नाम आते ही एक सामान्य पाठक के सामने उनकी भाषा परिष्कारक की मूर्ति खड़ी नज़र आती है। यह सच है कि उन्होंने अव्यवस्थित, व्याकरण विरुद्ध और ऊटपटांग भाषा को परिमार्जित कर एक व्यवस्थित रूप दिया। हिन्दी गद्य और पद्‌य को अनुशासन में लाने का कार्य किया। हिन्दी की जातीय अस्मिता की पहचान करायी। खड़ी बोली को जीवन-संग्राम की भाषा बनाया। भाषा सम्बन्धी नया प्रतिमान प्रस्तुत किया और हिन्दी में नवीन विचारधारा, नवजागरण और स्वाधीन चिन्तन का आलोक-पर्व उपस्थित किया लेकिन इससे एक युगनायक की सम्पूर्ण तस्वीर नहीं बनती। उसकी पूर्णता के लिए उनके सम्पूर्ण अवदान को उसमें सम्मिलित करना होगा। उनकी काव्य-प्रतिभा और काव्य-दृष्टि को भी महत्ता के साथ शामिल करना होगा।

कवि के रूप में आचार्य द्विवेदी को वह समादर नहीं मिला जो उनके कवि-व्यक्तित्व के लिए अपेक्षित है। उनकी काव्य-कृतियाँ—'काव्य-मंजूषा' 'कविता कलाप', 'हिन्दी काव्यमाला' 'काव्य-सुमन' 'कान्यकुब्ज', 'अबला विलाप' भाषा-भाव शैली की दृष्टि से कमज़ोर नहीं हैं लेकिन विद्वत् समाज में उनकी चर्चा का न होना या बहुत कम होना अखरता है। कहना न होगा कि द्वि वेदी जी के मन में कविता के प्रति बचपन से ही अनुराग था और पिंगलशास्त्र के अध्ययन तथा अभ्यास के बाद वे अपने को महाकवि भी मानने लगे थे—"बचपन से मेरा अनुराग तुलसीदास की 'रामायण' और ब्रजवासी दास के 'ब्रजविलास' पर हो गया था। फुटकर कविता भी मैंने सैकड़ों कण्ठस्थ कर लिए थे। हुंशंगाबाद में रहते समय भारतेन्दु हरिश्चन्द्र के 'कविवचन सुधा' और गोस्वामी राधाचरण के एक मासिक पत्र ने मेरे उस अनुराग की वृद्धि कर दी। वहीं मैंने बाबू हरिश्चन्द्र कुलश्रेष्ठ नाम के एक सज्जन से पिंगल का पाठ पढ़ा।

फिर क्या था, मैं अपने को कवि ही नहीं, महाकवि समझने लगा।" (2 मई 1933 को नागरी प्रचारिणी सभा, काशी द्वारा 'अभिनन्दन ग्रन्थ प्रदानोत्सव' के अवसर पर दिया गया वक्तव्य)।

आरम्भ में द्विवेदी जी की काव्य-भाषा ब्रजभाषा थी। मराठी और संस्कृत साहित्य के प्रभाव से उनका पदविन्यास भी कुछ कुछ उन भाषाओं जैसा ही था। नागरी प्रचारिणी पत्रिका में प्रकाशित 'नागरी, तेरी यह दम' कविता ब्रजभाषा में ही रचित है। संस्कृत छन्द विधान में 'अयोध्या को विलाप' शीर्षक उनकी कविता भी ब्रजभाषा में ही लिखी गयी है–

प्रकार जासु नभ मण्डल में समाने।
प्राचीर जासु लखि लोकप छू सकाने॥
जाकी समस्त सुनि सम्पति की कहानी।
नीचे नवाय सिर देवपुरी लजानी॥

ब्रजभाषा में शृंगार और भक्ति काव्य-रचना की एक समृद्ध परम्परा रही है लेकिन द्विवेदी जी ने जीवन-यथार्थ की कविता की ओर अपना ध्यान केन्द्रित किया। वैसे शृंगार ख़ासकर नायिका-भेद वर्णन से उन्हें काफ़ी चिढ़ थी जिसका इजहार उन्होंने अपने 'नायिका-भेद' शीर्षक लेख में किया है। नायिका-भेद वर्णन को तो वे वाक् शक्ति का दुरुपयोग ही मानते थे–"इस विस्तृत विश्व में ईश्वर ने इतने प्रकार के मनुष्य, पशु, पक्षी, वन, निर्झर, नदी, तड़ाग आदि निर्माण किये हैं कि यदि सैकड़ों कालिदास उत्पन्न होकर अनन्त काल तक उन सबका वर्णन करते रहें तो भी उनका अन्त न हो। फिर हम नहीं जानते और विषयों को छोड़कर नायिका-भेद सदृश अनुचित वर्णन क्यों करना चाहिए। इस प्रकार की कविता करना वाणी की विगर्हणा है।" (साहित्य सिद्धान्त विमर्श-सम्पादक रीतारानी पालीवाल, पृष्ठ सं. 112-13)। यहाँ यह धातव्य है कि द्विवेदी जी न केवल शिष्ट और मर्यादित साहित्य की वकालत कर रहे हैं बल्कि कवियों को कविता का विषय भी सुझा रहे हैं। कहना न होगा कि वे केवल साहित्य स्रष्टा ही नहीं बल्कि साहित्यकार निर्माता भी थे। उन्होंने रचनाकारों की एक ऐसी पीढ़ी तैयार की जिनका अनुदान हिन्दी साहित्य के लिए मील का पत्थर है। मैथिलीशरण गुप्त, अयोध्या सिंह उपाध्याय 'हरिऔध', रामनरेश त्रिपाठी, गया प्रसाद शुक्ल 'सनेही' आदि न जाने कितने ही रचनाकार उनके मार्गदर्शन से कृतार्थ हुए। गुप्त जी ने उनकी कृतज्ञता भी ज्ञापित की है– 'करते तुलसी दास

ज़ी कैसे मानस नाद/महावीर का यदि उन्हें मिलता नहीं प्रसाद।" (साकेत)। इतना ही नहीं काव्य में उपेक्षिता उर्मिला को गुप्त जी ने जो प्रतिष्ठा दी उसकी प्रेरणा भूमि आचार्य द्विवेदी ही थे। उन्होंने भारतीय संस्कृति का महिमा-वितान, गौरवमय अतीत का पुनराख्यान, विश्वबन्धुत्व, और मानवतावाद की पताका फहराकर द्विवेदी जी के आदर्शों-सिद्धान्तों, मान्यताओं और मूल्यों को ही स्थापित करने का प्रयत्न किया है।

द्विवेदी जी गगन बिहारी उन्मुक्त उड़ान भरने वाली कविता लिखने के पक्ष में नहीं थे। उनका मानना था कि अपने आस-पास और देखे-सुने को ही कविता का वर्ण्य विषय बनाया जाना चाहिए। अपने 'कवि और कविता' निबन्ध में उन्होंने लिखा है– कविता यदि यथार्थ में कविता है तो सम्भव नहीं कि उसे सुनकर कुछ असर न हो। कविता से दुनिया में आज तक बड़े-बड़े काम हुए हैं।

कविता में कुछ न कुछ झूठ का अंश ज़रूर रहता है। असभ्य अथवा अर्द्धसभ्य लोगों को यह अंश कम खटकता है, शिक्षित और सभ्य लोगों को बहुत। ...संसार में जो बात जैसी दीख पड़े कवि को उसे वैसी ही वर्णन करना चाहिए।" (हिन्दी, साहित्य का इतिहास, रामचन्द्र शुक्ल, नागरी प्रचारणी सभा, काशी, ग्यारहवाँ संस्करण, पृष्ठ सं. 467)। द्विवेदी जी ने काव्यारम्भ से ही यथार्थ चित्र खींचने में अपनी प्रतिभा का सदुपयोग, किया है। 'भारत दुर्भिक्ष' एवं 'त्राहि नाथ त्राहि' कविताओं में जीवन का यथार्थ प्रकट हुआ है। एक उदाहरण यहाँ प्रस्तुत है जिसमें भूख का दारुण दृश्य उपस्थित है–

> गलि गलि कंगाल पेट पर हाथ दोऊ धरि धावै
> अन्न-अन्न पानी पानी कहि शोर प्रचंड मचावैं।
> बालक, युवा, जरठ, नारी, तर, भूख-भूखकहि गावैं
> अविरल अश्रुधार आँखिन ते वा. प्लट कहावैं।

संवेदना कविता की पूँजी है। इसीलिए कवि को अत्यधिक संवेदनशील जीव माना गया है। जिसमें जितनी संवेदना की गहराई और उदात्ता होगी उसकी कविता उतनी ही जन के निकट होगी। महावीर प्रसाद द्विवेदी एक भावुक एवं सहृदय रचनाकार हैं। इसीलिए उनकी संवेदना के विस्तार में वह हर प्राणी वर्ण्य विषय है जो दुःखी, पीड़ित, उपेक्षित, तिरस्कृत, अपमानित, विवश, अक्षम, लाचार है। यही भावना समाज सुधार की प्रेरणा देती है। मनुष्यता के विकास का मार्ग प्रशस्त करती है। दुर्भिक्ष के कारण आम आदमी की पीड़ा ने द्विवेदी जी को

बहुत पीड़ित किया था। इसीलिए वे काफ़ी व्यथित मन से दुर्भिक्षं पीड़ित जन का करुण वन्दन इस रूप में प्रकट करते हैं–

लोचन चले गये भीतर कह, कंटक सम कच छाए
कर में खप्पर लिये अनेकन जीरण पर लपटाए।
मांस विहीन हाड़ की ढेरी, भीषण भेष बनाए
मनहुँ प्रबल दुर्भिक्ष रूप बहु धरि विचरत सुख पाए।

अंग्रेजी साम्राज्य ने देश को हर तरह से विनष्ट किया था। उनके काल में अनेक तरह की विपदाओं का सामना लोगों को करना पड़ा था। अकाल और महामारी से जनता त्रस्त और बेहाल थी। भुखमरी तथा चिकित्सकीय सुविधाओं के अभाव के कारण लाखों लोगों को मरते हुए देखकर द्विवेदी ज़ी बहुत दुखी और खिन्न थे। वे ही क्यों अभाव और कुव्यवस्था से किसी का भी हृदय फट सकता है–

हे रघुराम! लाज भारत की आज रहै किहि भाँति
अति विकराल काल की भीषण भेरी सुनी न जाती।
नाती पूत मीत ममता तजि भए सुजाति कुजाति
हाहाकार सुनत लोगन के काकी फटै न छाती।

भारत की दुर्दशा और दुःख दारिद्र्य से मुक्ति हेतु महावीर प्रसाद द्विवेदी ने जन-जागरण और देश भक्ति सम्बन्धी कई कवितायें लिखी हैं। स्वाधीनता आन्दोलन में स्वदेशी वस्तुओं के व्यवहार और विदेशी वस्तुओं के बहिष्कार की भूमिका महत्वपूर्ण रही है। स्वदेशी वस्तुओं के व्यवहार की प्रतिज्ञा सबसे पहले भारतेन्द्र बाबू हरिश्चन्द्र ने की। उनका यह प्रतिज्ञा-पत्र 23 मार्च सन् 1874 ई. की 'कवि वचन सुधा' में प्रकाशित है। महावीर प्रसाद द्विवेदी और उनके समकालीनों ने भी स्वभाषा, स्वराज्य और स्वदेशी पर जोरदार ढंग से लिखा है। स्वदेशी के उपयोग और विदेशी वस्तुओं के बहिष्कार की अपील करते हुए महावीर प्रसाद द्विवेदी ने अपनी 'सरस्वती' पत्रिका में लिखा है–

स्वदेशी वस्त्र को स्वीकार की जै
विनय इतनी हमारी मान लीजै
समय करके विदेशी वस्तु त्यागो
न जाओ पास उससे दूर भागो।

कविता को ब्रजभाषा की काव्य रुढ़ियों, नायक-नायिका भेद, भोंडी रसिकता, लम्पटता, शृंगारिकता, ऊहात्मकता आदि से मुक्ति दिलाने के प्रयास में रत महावीर प्रसाद द्विवेदी ने स्वयं भी ब्रजभाषा में काव्य-रचना करना छोड़ खड़ी बोली को काव्य-सृजन की भाषा बना लिया था। उन्होंने भाषा की सहजता, सरलता को सम्प्रेषण के अनिवार्य अंग के रूप में स्वीकार किया लेकिन संस्कृतनिष्ठ क्लिष्ट शब्दों में निहित चारूता की उपेक्षा भी नहीं की। ऐसा माना जाता है कि खड़ी बोली हिन्दी में लिखी 'प्लेगस्तवराज' द्विवेदी जी की पहली रचना है। यह गद्य में लिखी हुई हिन्दी की भी पहली कविता मानी गयी है। यह गद्य कविता उनके कविता-संग्रह 'काव्य-मंजूषा' में संग्रहीत है। इस कविता को 19 मार्च 1900 ई. के 'भारत मित्र' में प्रकाशित करने के उपरान्त सम्पादक बालमुकुन्द गुप्त ने इसकी प्रशंसा में लिखा था–"जितने लेख आपने 'भारत-मित्र' में लिखे, उस सब में यही हमें पसन्द आया और इसी की बाहर से भी प्रशंसा हुई।" सम्पादक और पाठक को पसन्द आने वाली द्विवेदी जी की कविता 'प्लेगस्तवराज' की कुछ पंक्तियाँ यहाँ दृष्टव्य हैं–

'हे प्रलयंकर प्लेग! आपके दया तो छू ही नहीं गयी
निर्दयता में आप नाना साहेब के भी नाना हैं
जरा जरा से बच्चों को आप बिना माँ-बाप कर डालते हैं
जिनका द्विरागमन तक नहीं हुआ, ऐसी अल्पवयस्का
बालाओं को आप विधवा कर डालते हैं।'

यहाँ यह ध्यातव्य है कि उपर्युक्त कविता को 'भारत-मित्र' के सम्पादक बालमुकुन्द गुप्त ने लेख कहकर सम्बोधित किया था। कविता का आवरण गद्यात्मक है भी। तो क्या इसे कविता नहीं माना जाना चाहिए? इस प्रश्न का उत्तर स्वयं महावीर प्रसाद द्विवेदी जी के पास मिलेगा। जुलाई 1901 की 'सरस्वती' में उनका एक लेख 'कवि-कर्त्तव्य' नाम से प्रकाशित हुआ है जिसमें उन्होंने यह माना है कि कविता गद्य और पद्य दोनों में हो सकती है। कविता का लक्षण जहाँ कहीं पाया जाए, चाहे पद्य में चाहे गद्य में, वही कविता है। उनका यह भी कहना था कि 'अर्थ-सौरस्य ही कविता का प्राण है।' यदि यह है तो छन्द-अलंकार के बिना भी कविता की सार्थकता है। दिसम्बर 1903 ई. की 'सरस्वती' में प्रकाशित 'कविता' शीर्षक लेख में भी उन्होंने कविता की परिभाषा में लगभग यही बात कही है– "अन्तःकरण की वृत्तियों के चित्र का नाम कविता

है। जब मनोभाव शब्दों का स्वरूप धारण करते हैं, वही कविता है। चाहे वह पद्यात्मक हो, चाहे गद्यात्मक।" रसवादी आचार्य रामचन्द्र शुक्ल को महावीर प्रसाद द्विवेदी जी की काव्य-भाषा के अत्यधिक गद्यवत (Prosaic) हो जाने में इतिवृत्तात्मकता और मन को बाँधने की क्षमता का अभाव दिखाई दिया—"उनकी (महावीर प्रसाद द्विवेदी) अधिकतर कविताएँ इतिवृत्तात्मक (Matter of fact) हुईं। उनमें वह लाक्षणिकता, वह चित्रमयी भावना और वक्रता बहुत कम आ पाई जो रस संचार की गति को तीव्र और मन को आकर्षित करती है। 'यथा', 'सर्वथा', 'तथैव' ऐसे शब्दों के प्रयोग ने उनकी भाषा को और भी अधिक गद्य का स्वरूप दे दिया।" (हिन्दी साहित्य का इतिहास, आचार्य, रामचन्द्र शुक्ल, नागरी प्रचारिणी सभा, काशी, ग्यारहवाँ संस्करण, पृष्ठ सं. 563)। यहाँ यह ध्यातव्य है कि आचार्य शुक्ल भले ही द्विवेदी जी की कविता में रसमयता और अभिव्यंजना की वक्रता अदि का अभाव देखते हैं। लेकिन आचार्य द्विवेदी की अपनी एक काव्य-दृष्टि थी और जिसे वे कविता में चरितार्थ होते देखना चाहते थे। इसका उदाहरण उनकी वह कविता है जिसमें उन्होंने अपने समय की कविता से खिन्न होकर अपनी मनोव्यथा प्रकट की थी—

सुरम्यरूपे, रसराशि-रंजिते
विचित्र-वर्णाभरणे! कहाँ गयी?
अलौकिकानन्द विधायिनी महा
कवीन्द्रकान्ते, कविते! अहो कहाँ?
मांगल्य-मूलमय वारिद-वारि-वृष्टि॥

महावीर प्रसाद द्विवेदी जी को अपने समय के रचनाकारों से भी शिकायत थी। भाषा और भाव दोनों के सम्बन्ध में वे चाहते थे कि कविगण सहजता अपनायें। कृत्रिमता कविता को पाठक से दूर करती है। उनका मानना था कि 'कविता के लिए कविता करना एक तमाशा है।' (जनवरी, 1911 ई. की 'सरस्वती' में प्रकाशित उनके लेख 'कवि का कर्त्तव्य' से उद्धृत)। वे 'कविता कविता के लिए नहीं बल्कि कविता जीवन के लिए' सिद्धान्त के मानने वाले थे। उनकी राय में एक श्रेष्ठ कवि में रचना धर्मिता सहज होती है न कि अभ्यास जन्य। जोड़-तोड़ कर कविता बनाने को वे कवि-कर्म नहीं मानते थे। अपने समय के रचनाकारों की इस प्रवृत्ति पर व्यंग्य करते हुए उन्होंने लिखा—

भला बुरा छपवाये सिद्ध
धन न सही नाम ही प्रसिद्ध
नाटक उपन्यास लिखने में जरा न जो सकुचाते हैं।
जिनके नाव कूद का सार
बंगला भाषा का भंडार
वे ही महामहिम विद्वज्जन ग्रन्थकार कहलाते हैं।
इधर-उधर से जोड़-बटोर
लिखते हैं जो तोड़ मरोड़
इस प्रदेश में वे ही पूरे ग्रन्थकार कहलाते हैं।

यहाँ यह स्मरणीय है कि आचार्य द्विवेदी ने साहित्यानुशासन बनाने की दिशा में एक सम्पादक के रूप में जो कार्य किया उसकी कोई तुलना नहीं। उन्होंने रचनाकारों को न केवल नवीनतम ज्ञान-विज्ञान से अनुप्राणित साहित्य-सृजन के लिए प्रेरित किया बल्कि पाठकों के मानसिक स्तर और रुचि संवर्धन का भी ध्यान रखा। यही कारण है कि सन् 1903 से 1920 तक 'सरस्वती' में वे सभी विषय पाये जा सकते हैं जो देश की गौरव-गरिमा, अतीत-दर्शन, समन्वय-सामंजस्य, सभ्यता-संस्कृति की महानता और प्रसार, कलाओं से सम्बन्धित प्राचीन विवरण, प्राच्य-पाश्चात्य दार्शनिक मतवाद, प्राकृतिक सौन्दर्य, राजनैतिक आर्थिक मुद्दे, अकाल-अभाव, ग़रीबी-शोषण आदि से सम्बद्ध थे। उन्होंने राष्ट्रीय भावना-पुरादर्शवाद और विश्व गुरु भारत की जयगाथा को भी उसमें शामिल किया। नव्य सांस्कृतिक चेतना, नारी के प्रति सम्मान, मानवतावादी विचार, लोक-जीवन के विविध रंगों से रंगकर 'सरस्वती' को जिस शिखर पर पहुँचाया उसी का परिणाम है कि द्विवेदी जी और यह पत्रिका एक दूसरे के पर्याय बनकर उपस्थित होते हैं। उन्होंने इसके माध्यम से जागतिक मुद्दों पर वाद-विवाद-संवाद की सम्भावनाओं की भी तलाश की। असहमतियों के बावजूद नवीनता के आग्रह को अस्वीकार नहीं किया तो मूल्य पोषित पुरातनता के मोह से परहेज भी नहीं किया। उनकी दृष्टि में अब स्वभाषा का महत्त्व माँ से भी अधिक था और इसीलिए उन्होंने अपने समकालीन रचनाकारों से स्वभाषा में लिखने का आग्रह किया—

माता है जैसी पूज्य सुनो हे भाई,
भाषा है उसी प्रकार महामुददाई।

माता से पूज्य विशेष देश भाषा है,
मिथ्या यह हमने वचन नहीं भाखा है।
माता से जग के बीच जन्म मिलता है,
भाषा से सब व्यवहार सदा चलता है।
इससे ही उसकी कीर्ति विज्ञ गाते हैं।
तत् सेवाकर आनन्द अमित पाते हैं।
इसलिए स्वभाषा भक्ति देश हितकारी,
कर भली, भाँति हूजिये पुण्य अधिकारी।

द्विवेदी जी दूसरी भाषा सीखने के प्रति असहिष्णु नहीं थे। उनका मानना था कि आवश्यकता, अनुकूलता, अवसर और अवकाश होने पर एक नहीं अनेक भाषाएँ सीखकर ज्ञानार्जन करना चाहिए। ज्ञान कहीं भी मिलता हो उसे ग्रहण करने में भलाई है किन्तु जहाँ तक सृजन की बात है तो वह स्वभाषा में ही होना चाहिए। 'साहित्य की महत्ता' शीर्षक लेख में उन्होंने लिखा है—"अपनी भाषा का साहित्य ही स्वजाति और स्वदेश की उन्नति का साधक है। विदेशी भाषा का चूड़ान्त ज्ञान प्राप्त कर लेने और उसमें महत्वपूर्ण ग्रन्थ रचना करने पर भी विशेष सफलता नहीं प्राप्त हो सकती और अपने देश को विशेष लाभ नहीं पहुँच सकता। अपनी माँ को निःसहाय, निरुपाय और निर्धन दशा में छोड़कर जो मनुष्य दूसरे की माँ की सेवा शुश्रूषा में रत होता है उस अधम की कृतघ्नता का क्या प्रायश्चित होना चाहिए, इसका निर्णय कोई मनु, याज्ञवल्क्य या आपस्तम्ब ही कर सकता है।" (साहित्य सिद्धान्त विमर्श, सम्पादक, रीतारानी पालीवाल, पृष्ठ सं. 109)। इससे यह स्पष्ट है कि द्विवेदी जी भारतेन्दु बाबू हरिश्चन्द्र की तरह निजभाषा की उन्नति में ही सब कुछ की उन्नति देखते थे। वे नागरी लिपि के समर्थक और उसकी सतत् प्रगति के आकांक्षी थे। वे चाहते थे कि हिन्दी भाषी देवनागरी का ही प्रयोग करें किन्तु ऐसा न होते देख उनका मन बहुत दुखी हुआ था। उन्होंने अपनी खिन्नता नागरी प्रचारिणी पत्रिका में प्रकाशित 'नागरी तेरी यह दशा' कविता में इस प्रकार प्रकट की है—

श्रीयुक्त नागरि! निहारि दशा तिहारी,
होवै विषाद मन माहि अतीव भारी।
हा हन्त लोग कत मातु तुम्हैं बिसारी,
सेवैं अजान उरदू उर माहि धारी।

'कालिदास की निरंकुशता' शीर्षक अपने लेख में आचार्य द्विवेदी ने कवियों की कुकरमुत्ता उपज पर काफ़ी तीखा व्यंग्य किया है "आज कल हिन्दी के कवियों ने बड़ा जोर पकड़ा है। जिधर देखिये उधर कवि ही कवि, जहाँ देखिये वहाँ कविता ही कविता। कवि बनाने के कारखाने दिन-रात जारी हैं। कोई कहता है हमारा काव्य-भास्कर ही कवि बनाने के लिए एकमात्र साधन है, कोई कहता है हमारे पिंगल के प्रसाद से गाँव-गाँव में कवि हो सकते हैं। शायद इन्हीं लोगों के उद्योग का फल है जो हिन्दी में आजकल इतने कवियों का एक ही साथ प्रादुर्भाव हो गया है पर इन कविता-कुबेरों के प्रादुर्भाव से सरस हृदय सज्जन बहुत तंग हो रहे हैं।" आज तो स्थिति और भी भयावह है। कवि और कविता के गिरोह हैं। मंच पर चुटकुलेबाजों का आधिपत्य है। छन्द, लय, तुक-ताल के बिना गद्य कविता गम्भीर कविता मानी जा रही है, जिसमें न पठनीयता है और न पाठकों को जोड़ने की कमनीयता। रसनीयता तो वैचारिकता के भारी आवरण में सिसकने के लिए विवश है। अर्थ-लय और अनुभूति की प्रामाणिकता में रसिक जन गोते लगा रहे हैं। कवियों की बाढ़ है लेकिन श्रोता नहीं हैं। गम्भीर कविता को हृदयंगम करने वाले नहीं हैं। कवियों को शब्द-ज्ञान नहीं। अर्थवत्ता की सूक्ष्म पहचान नहीं। अभिमान हिमालय से भी बड़ा और प्रशंसा पाने का आकांक्षी-हृदय-सागर से गहरा है। ऐसे में द्विवेदी जी की काव्य-पंक्तियों का स्मरण स्वाभाविक है—

शब्द-शास्त्र है किसका नाम?
इस झगड़े से जिन्हें न काम
नहीं विराम-चिह्न तक रखना जिन लोगों को आता है

x x x x

इस प्रदेश में वे ही पूरे ग्रन्थकार कहलाते हैं।

द्विवेदी जी की ख्याति काव्य-पथ प्रदर्शक की रही है। उन्होंने काव्य-विषय, काव्य-भाषा, छन्द-विधान आदि पर अपने सुचिन्तित विचार प्रकट कर अपने, समकालीन कवियों का मार्ग-दर्शन किया। कवियों के कर्त्तव्य-बोधन के लिए 'कवि-कर्त्तव्य' निबन्ध लिखा तो 'कवि और कविता' निबन्ध में इन दोनों की उपयोगिता और सीमा रेखा पर प्रकाश डाला। कवियों को कविता की मध्ययुगीन मानसिकता त्यागकर आधुनिक युग-धर्म के निर्वाह की प्रेरणा दी। उन्होंने यह स्पष्ट किया कि—"स्त्रियों के भेद-वर्णन से कोई लाभ नहीं, हानि अवश्य है, और

बहुत भारी हानि है। फिर हम नहीं जानते, क्या समझकर लोग इस विषय के इतने पीछे पड़े हुए हैं।" (साहित्य सिद्धान्त विमर्श, सम्पादक, रीता रानी पालीवाल भाग-एक, पृष्ठ 112)। इसी 'नायिका-भेद' शीर्षक निबन्ध में द्विवेदी जी आगे लिखते हैं—"इस प्रकार की पुस्तकों में लिखा क्या रहता है। लिखा रहता हैं परकीया (परस्त्री) और वेश्याओं की चेष्टा और उनके कलुषित कृत्यों के लक्षण और उदाहरण। परकीया के अन्तर्गत अविवाहित कन्याओं के पाप-आचरण की कथा।.........परकीयाओं के द्वारा कबूतर के बच्चे की जैसी कूजित के मिष, पुरुषों के आह्वान की कहानी रहती है। कहीं कोई नायिका अँधेरे में यमुना के किनारे दौड़ी जा रही है, कहीं कोई चाँदनी में चाँदनी ही के रंग की साड़ी पहनकर घर से निकल, किसी लता-मण्डप में बैठी हुई किसी के मार्ग की प्रतीक्षा कर रही है, कहीं कोई अपनी सास को अन्धी और अपने पति को विदेश गया बतलाकर द्वार पर आये हुए पथिक को रात भर विश्राम करने के लिए प्रार्थना कर रही है, कहीं कोई अपने प्रेम-पात्र के पास गयी हुई सखी के लौटने में विलम्ब होने से कातर होकर आँसुँओं की धारा से आँखों का काजल बहा रही है। यही बातें विलक्षण उक्तियों के द्वारा, इस प्रकार पुस्तकों में विस्तारपूर्वक लिखी गयी हैं। सदाचरण का सत्यानाश करने के लिए क्या इससे भी बढ़कर कोई शक्ति हो सकती है? युवकों को कुपथ पर ले जाने के लिए क्या इससे भी अधिक बलवती और कोई आकर्षण युक्ति हो सकी है? हमारे हिन्दी साहित्य में इस प्रकार की पुस्तकों का आधिक्य होना हानिकारक है।" (वही, पृष्ठ 113)। 'साहित्य की महत्ता' शीर्षक अपने निबन्ध में द्विवेदी जी लिखते हैं—"याद रखिये, विकृत भोजन से जैसे शरीर रुग्ण होकर बिगड़ जाता है, उसी तरह विकृत साहित्य से मस्तिष्क भी विकारग्रस्त होकर रोगी हो जाता है। मस्तिष्क का बलवान और शक्ति सम्पन्न होना अच्छे साहित्य पर ही अवलम्बित है।" (वही, पृष्ठ 108)। इससे स्पष्ट है कि द्विवेदी जी हिन्दी कविता में व्यापक परिष्कार के आकांक्षी थे ताकि समाज का परिष्कार हो सके।

इस तरह आचार्य महावीर प्रसाद द्विवेदी ने अपनी कविता और काव्य-चिन्तन द्वारा हिन्दी में नवयुग की शुरुआत की किन्तु उनका यह अवदान अभी भी गम्भीर विमर्श का हिस्सा नहीं है जिस पर ध्यान देने की ज़रूरत है। पुनर्मूल्यांकन की आवश्यकता है।

सारा संघर्ष मानव-मुक्ति का है

जीवन और कविता में संघर्ष के पर्याय बने मुक्तिबोध की काव्य-चेतना का लक्ष्य मानव-मुक्ति है। वे मनुष्य की हर तरह से मुक्ति चाहते हैं। असमानता, असन्तोष, विवशता, लाचारी, भूख, भय, शोषण, दुःख-दारिद्रय के अन्धकार को मिटाने हेतु सदैव तत्पर दीखते हैं। उनमें मानवीय जटिलताओं, अन्तर्विरोधों और वस्तु जगत के मूल सम्बन्धों की गहरी परख और पहचान की क्षमता है। उन्हें मानव की दुर्दशा का कारण भी ज्ञात है। इसीलिए वे यह जानने के इच्छुक हैं कि "मेरे सभ्य नगरों और ग्रामों में/सभी मानव/सुखी, सुन्दर, शोषण मुक्त/कब होंगे।' यह प्रश्न इसलिए कि मुक्ति आसान नहीं है और मुक्ति के रास्ते अकेले में मिलते भी नहीं हैं। इसके लिए हथेली पर विवेक की अग्नि प्रज्ज्वलित करनी पड़ती है। मुक्तिबोध की कविताओं में अगर 'अँधेरा' बहुत है तो 'चिनगारी', स्वर्ण स्फुल्लिंग, 'अंगारी मुस्कराहट, ज़िन्दा बिजली', 'शबनमी चमक' जैसे शब्दों की अवृत्ति भी काफ़ी है। इससे कवि के भीतर की अग्निधर्मिता प्रकट होती है। उसी के आलोक में वह ज़िन्दगी की सच्चाईयों का अन्वेषण करता है और अन्धेरे के नाश के लिए प्रयत्नशील भी होता है। यहाँ यह ध्यातव्य है कि मुक्तिबोध का कवि व्यक्तित्वान्तरण द्वारा सामान्य जन से तादात्म्य स्थापित करता है। इसलिए उसकी अंगारी चेतना आम आदमी के भीतर की अंगारी चेतना है जो मुक्ति पथ पर अग्रगामी होकर क्रान्तिकारी बनती है। मुक्ति का कोई भी पक्ष संघर्ष रहित नहीं हो सकता इसीलिए कवि की अंगारी चेतना संघर्ष की रास्ता दिखाती है। उसका आत्म-संघर्ष वर्ग संघर्ष का रूप ले लेता है। भीतर का संघर्ष बाहर के संघर्ष से सम्बद्ध हो जाता है।

मुक्तिबोध व्यक्ति की वास्तविकता के अंकन द्वारा सामाजिक यथार्थ का उद्घाटन करते हैं। यही कारण है कि उनका काव्य-नायक वाचक अथवा 'मैं' है जो व्यक्तित्वान्तरण द्वारा अपने को वर्गापसरित करता है जिसमें 'मैं' 'मैं'

नहीं रहता बल्कि शोषित, उपेक्षित, सर्वहारा, सामान्य जन से उसका तादात्म्य हो जाता है। इस तरह वह काव्य-नायक (वाचक अर्थात मैं) व्यक्ति से समाज तक की यात्रा करता है किन्तु स्वयं के विलोपन द्वारा नहीं बल्कि व्यक्तित्वान्तरण द्वारा मैं अपनी अधूरी दीर्घ कविता में/उमगकर/जन्म लेना चाहता फिर से/कि व्यक्तिवान्तरित होकर/नये सिरे समझना और जीना/चाहता हूँ सच।" श्रीकान्त वर्मा ने 'चाँद का मुँह टेढ़ा है' कविता-संग्रह की भूमिका में लिखा है—"मुक्तिबोध ज़िन्दगी में एक-एक स्नायु के तनाव को एक बार जीवन में और दूसरी बार अपनी कविताओं में जीते थे।" इससे स्पष्ट है कि मुक्तिबोध ने अपने भोगे हुए यथार्थ को, आत्म-जीवन, आत्म-चिन्तन, आत्म-ग्लानि को अपनी कविताओं में प्रकट किया और इस आत्म-संघर्ष की अभिव्यक्ति के लिए फैंटेसी का सहारा लिया। उन्होंने अपनी एक अधूरी कहानी में लिखा है—"यह जहालत की दुनिया है। असली दुनिया तो तिलिस्म है, जिसमें जान का खतरा है तो राजकुमारी भी हैं, जिसमें अँधेरा है तो दिलभरी रोशनी भी है।" यह दिवा स्वप्न मुक्तिबोध की कविताओं का वैशिष्ट्य है। वे अत्यधिक कल्पनाशील कवि माने जाते हैं तो इसलिए कि उनकी कविताओं में स्वप्नजीवी अन्तर्लोक का प्रकटीकरण सर्वाधिक है। उनकी कल्पना फैंटेसी का रूप धारण कर आती है जिसमें जीवन का यथार्थ झलक उठता है। उनका मानना है कि सही कविता वह है जो यथार्थ तत्व और यथार्थ रचना-दृष्टि से जुड़कर मानव-जीवन से अपने को सम्बद्ध करती है। मुक्तिबोध के अन्तर्मन की विरसता, अभावों का अथाह सागर, जीवन का बेगानापन, उपेक्षा, असन्तोष, असफलता, भटकाव, अलगाव आदि की सामूहिक अभिव्यक्ति उनकी फैंटेसियों की आधारभूमि है। उनकी फैंटेसी में एक अद्भुत नगरी का चित्र इस भाँति उभरता है—"इस नगरी में चाँद नहीं है, सूर्य नहीं है, ज्वाल नहीं है/सिर्फ़ धूएँ के बादल-दल हैं। और धुंआते हुए पुराने हवा महल हैं/ लाख-लाख घूमती चिनगियाँ हैं मुतफन्नी/इस नगरी के प्रहरी पहने हैं धुंए के लम्बे चोगे/साजिश के कुहरे में डूबी।" मुक्तिबोध की अन्य कविताओं में भी साजिश का कुहरा दृष्टिगत होता है। इसे भेदने के लिए वे बेचैन दीखते हैं।

'अँधेरा मुक्तिबोध की कविता में बार बार आता है। 'चाँद का मुँह टेढ़ा है' कविता 'नगर के बीचो-बीच/आधी रात से शुरू होती है। 'अँधेरे में' कविता का प्रारम्भ 'ज़िन्दगी के .....कमरों में अँधेरे से होता है। चाहे 'ब्रह्मराक्षस' कविता हो या 'दिमाग़ी गुहान्धकार का ओरांगउटांग' अथवा 'चम्बल की घाटी' अँधेरा विद्यमान है। तिलिस्मी खोह का शिलाद्वार वृक्षों के अँधेरे खोह से ढंका हुआ

है। अँधेरे में रात का पक्षी चीख़ता है। रात्रि का जुलूस निस्तब्ध नगर के मध्य रात्रि के अँधेरे में चलता है। अँधेरे में अँधेरा है। अँधियारे में काले सियार घूम रहे हैं। सागर के तिमिर तले तमाकार पानी है। तिमिर-विवर में अशान्त नागिन पड़ी है। इस तरह फैंटेसी के माध्यम से मुक्तिबोध जिस 'अँधेरे' को बार-बार अभिव्यक्त करते हैं वह ज़िन्दगी के भीतर और बाहर दोनों ओर का अँधेरा है। यह कभी रूपक और कभी प्रतीक के रूप में व्यक्ति और समाज की दुर्दशा का उद्घाटन करता है तो कभी भयावह वातावरण का। कवि की निजी आभ्यन्तर ग्रन्थियाँ और बहिः समस्यायें भी अपने आप प्रकट होती चलती हैं। दुश्चिन्ता की फैंटेसी बनी ज़िन्दगी में जब व्यर्थताबोध, आत्मग्लानि, भय, निराशा और अवसाद का भाव पैदा होगा तब कविता में श्याम रंग की अधिकता होगी ही। मुक्तिबोध जीवन-जगत के यथार्थ को ही 'अति श्याम रंग फैंटेसी' के रूप में प्रस्तुत करते हैं—"जहाँ की काली गलियों की/अति श्याम रंग फैंटेसी/अंट-शंट अँधेरे, धुँधलका/मैला पानी, गन्दी सांस, उबास/सभ्यता की संडास कि चोरी और मुचलका/राख, भाग्य का फेर/चौड़े, भांडे, मैले बर्तन पड़े ढ़ेर के ढेर/काले कराह/मलते पीले मटमैले बालक निःसहाय/जा घुसो उन्हीं मे तडित प्राय/तुम हाथ लगाओं, बर्तन मलो बहुत तेजी से/गलो हृदय में/उनकी स्याह निराश आँखो में आंजो/बर्तन मांजो/उतर जाँय सब मोटे छिलके/घिनी सभ्यता के।" मुक्तिबोध सभ्यता की खोल में छिपे शोषण के बाघनख की प्रभावात्मकता जानते हैं और इसीलिए वे घिनी सभ्यता के मोटे छिलके उतारने की बात कहते हैं। यह इसलिए भी कि उन्होंने सभ्यता के चेहरे पर छिपे चेचक के बड़े बड़े दाग़ देखे हैं। संस्कृति के सुवासित आधुनिकतम वस्त्रों के अन्दर की नग्न बर्बर देह देखी है। सूखा हुआ रोबीला पंजर देखा है। यह अकारण नहीं है कि उनकी कविता में चाँद की रोशनी ऐयारी है जो पुलों के नीचे बैठकर मछलियाँ फँसाने का काम करती है। कवि को यह मालूम है कि सत्य के स्थान पर अपने को स्थापित करने वाले और तथ्य के स्थान पर अपने रहस्य को प्रतिष्ठित करने वाले लोगों के पास जो बड़े-बड़े नाखून और बाघनख हैं उनका शिकार कोई अभागा आम आदमी ही होगा—"कैसे सत्य हैं/ढांक रखना चाहते हैं बड़े-बड़े नाखून/किसके लिए हैं वे बाघनख/कौन अभागा वह।" आदमी के भीतर और बाहर की दुनिया, कथनी और करनी में एकरूपता का न होना मुक्तिबोध को चिन्तित करता है। उनका मानना है कि आदमी जो दिखता है उसके भीतर एक और आदमी है और वह ठीक वही नहीं है जो सामने है। भय इसी आदमी से

है—"भीतर जो शून्य है/उसका एक जबड़ा है/जबड़े में मांस काटकर खाने के दाँत हैं।"

आर्थिक उदारीकरण और घर में घुस आये बाज़ार के वर्तमान युग में अगर मुक्तिबोध जीवित होते तो उनकी नसों पर कितना बल पड़ता इसका अन्दाज़ा सन साठ में प्रकाशित उनके निबन्ध 'काव्य—एक सांस्कृतिक प्रक्रिया' के इस अंश से लगाया जा सकता है—"आज का कवि एक असाधारण, असामान्य युग में रह रहा है। वह एक ऐसे युग में है, जहाँ मानव सभ्यता सम्बन्धी प्रश्न महत्वपूर्ण हो उठे हैं। समाज भयानक रूप से विषमताग्रस्त हो गया है। चारों और नैतिक ह्रास के दृश्य दिखाई दे रहे हैं। शोषण और उत्पीड़न पहले से बहुत अधिक बढ़ गया है। नोच-खसोट, अवसरवाद, भ्रष्टाचार का बाज़ार गर्म है। कल के मसीहा आज उत्पीड़क हो उठे हैं।" इसीलिए उनकी कविता में ऐसे बालक हैं जो शोषक वीर्य बीज से जन्म के कारण दो सिर और चार पैर वाले राक्षस के समान लगते हैं। ऐसे आदमी हैं जिनके चेहरे पीले और शरीर पर घाव ही घाव हैं, ऐसी नारियाँ हैं जो गर्भावस्था में भी वजनदार घड़ों को उठाती हैं तथा गृहस्थी चलाने के लिए जी तोड़ परिश्रम करती हैं। कहना न होगा कि पूँजीवाद रक्तजीवी व्यवस्था है जिसका महल श्रम की सांसों तथा शोषण की ईटों से निर्मित होता है। इसी व्यवस्था में निराला को भी आदमी बैल घोड़ा नज़र आया था—"मानव जहाँ बैल घोड़ा है।"

मुक्तिबोध ने 'चाँद का मुँह टेढ़ा है' कविता में पूँजीवादी व्यवस्था के भीतरघात को बड़ी बारीकी से प्रस्तुत किया है। 'चाँद' वस्तुतः पूँजीवाद का प्रतीक है इसलिए मुक्तिबोध बहुत सहजता से प्रश्नात्मक कविता की रचना कर देते हैं "डूबता चाँद कब डूबेगा क्योंकि इसके डूबे बग़ैर आम आदमी का कल्याण नहीं है। इसी कविता में मुक्तिबोध ने कबीर को याद किया है— "बुन रहे मस्त मौला कबीर/जन-जन के हित नूतन चादर।" कहना न होगा कि कबीर अपनी क्रान्तिकारी विचारधारा और मानवतावादी चिन्तन के लिए जाने जाते हैं। मुक्तिबोध ने 'भविष्य धारा' कविता में उनकी साखी 'जो घर जाणे आपणा चले हमारे साथ को नया अर्थ-सन्दर्भ दिया है—"तुम बाज़ार में खड़े/स्वयं जलती मशाल/औ पुकारते/जिसे फूँकना हो अपना घर/चले हमारे साथ।" इस तरह कबीर को कविताओं में याद करना अकारण नहीं हो सकता बल्कि कहीं न कहीं उनकी क्रान्तिदर्शी भास्वरता में मुक्तिबोध को अपनी क्रान्ति ज्वाला तीव्र करने की कामना अभीष्ट रही होगी।

पूँजीवादी व्यवस्था से त्रस्त, विषमता से पीड़ित, शोषण से ग्रस्त जन-मन की दुर्दशा देख मुक्तिबोध का हृदय करुणार्द्र और क्षुब्ध था। अभाव, असमानता, असफलता ने उनके मन-मस्तिष्क को विचलित किया था। उन्हें एशिया, यूरोप, अमरीका की गलियों की धूप एक जैसी दिखाई दी थी। कष्ट, दुःख, सन्ताप, और चेहरों पर पड़ी हुई झुर्रियों का रूप भी एक ही दिखाई दिया था। भूख, भय और भ्रष्टाचार के ताण्डव नृत्य ने स्वतन्त्रता, समानता और आर्थिक मुक्ति के सपने देखने वाली मुक्तिबोध की आँखों को इतना चौंधिया दिया था कि चारों ओर अँधेरा ही अँधेरा महसूस होने लगा। यह अँधेरा जितना गहराता गया कवि-मन संशय, संत्रास, कुण्ठा, अवसाद से उतना ही घिरता चला गया किन्तु अभिव्यक्ति के सारे खतरे उठाते हुए भी वह यह कहने से अपने को नहीं रोक सका– "कोई आग जल रही कहीं तो भी अन्तस्थ' कवि इस अन्तस्थ आग की महिमा को भली भाँति जानता है और यह भी कि भीतर की ज्वाला जितनी धधकेगी क्रान्ति की लपट उतनी ही तीव्र होगी। ज़ाहिर है–"ज़िन्दगी बुरादा तो बारूद बनेगी ही।" बारूद की भीषण लपट में जग-जीवन की असंगतियों, कुरूपताओं, विषमताओं और विद्रूपताओं के बचे रहने का कोई प्रश्न ही नहीं रहेगा। इसीलिए मुक्तिबोध अन्तस्थ आग की ज्वाला को भीतर ही भीतर धधकाये रखने की वकालत करते हैं।

मुक्तिबोध ने जीवन के आत्मज 'सत्य' को अपना सहचर बनाकर उसकी आस्थामयी पुकार सुनकर, सामान्य जन के उद्धार हेतु जिस क्रान्ति पथ का वरण किया वह निराला की क्रान्ति चेतना से कम गौरवशाली नहीं है बल्कि उनका आक्रोश, विद्रोह और सामाजिक दृष्टि का विस्तार निराला से भी कहीं अधिक दीप्तिमान और प्रखर है। उनकी कविताओं में 'सत्य' शिशु के प्रतीक के रूप में आया है। वे जिस सत्य-शिशु को अपने हृदय से चिपकाये रहे उसके जन्म की घोषणा उन्होंने 'तार सप्तक' में ही कर दी थी–"वह ज्ञान-लिप्सा-क्षितिज-सपना रे वही तुझमें अनेकों स्वप्न देगा/औ अनेकों सत्य के शिशु/नव-हृदय के गर्भ में द्रुत/आ चलेंगे।" 'ओ काव्यात्मन फणिधर' कविता में वह शिशु जोर-शोर के साथ रोता हुआ चित्रित है–"किसी ने आत्मज सद्योजात/वहाँ लाकर रखा, छोड़ा-त्यागा/शिशु रोता है वह जोर-शोर के साथ।" कवि को विश्वास है कि 'श्रम गरिमा का पी दूध/सत्य नवजात/विकसता जायेगा।" कुछ विद्वानों की राय में यह शिशु दायित्व-बोध का प्रतीक है तो कुछ के अनुसार क्रान्ति का। श्रम-गरिमा का दूध पीने के कारण उसका सम्बन्ध श्रमिक वर्ग से अवश्य जुड़ता

है। कहना न होगा कि मुक्तिबोध की सहानुभूति के केन्द्र में यह श्रमिक वर्ग ही है। उसे शोषण से बचाना उनका काम्य है। उनकी कविता शोषण विहीन समाज की स्थापना के लिए प्रतिक्रियावादी ताक़तों के ख़िलाफ़ जवाबी गदर बनती है। दीन-हीन, तापित-शोषित मानव की 'वेदना का स्रोत संगत, पूर्ण निष्कर्षों तलक पहुँचाने के लिए अपनी प्रतिबद्धता दर्शाती है। मनुष्य को उसके संकट, बेगानगी और विलगाव का बोध कराकर उसकी मुक्ति, परिष्कार और परिमार्जन का मार्ग सुझाती है। 'भूखे चूल्हे के भोले अंगारों में वह जीवन का 'सच' तलाशती है। कवि जानता है कि 'सत्य' अन्धकार में नहीं प्रकाश में मिलता है और साहित्य में प्रकाश ही प्रकाश। इसीलिए वह सत्य ढूँढने की प्रक्रिया के बारे में लिखता है—"साहित्य मनुष्य के आंशिक साक्षात्कारों के बिम्बों की एक मालिका तैयार करता है... साहित्य में प्रकाश ही प्रकाश है किन्तु हमें प्रकाश में सत्यों को ढूँढना है।" सम्भवतः इसीलिए 'चाहिए मुझे मेरा असंग बबूलपन' कविता में वह 'ग़लत के ख़िलाफ़ नित सही की तलाश में इतना उलझ जाता है कि ज़हर नहीं लिखने की स्याही पीने लगता है तथा सत्य को 'बहुत भव्य रम्य विशाल मृदु' कहकर सम्बोधित करता है। कवि जिस प्रकाश की बात कहता है वह उसके अन्तः सत्य का प्रकाश है और इसकी अभिव्यंजना के लिए वह 'अग्नि सरोवर, अंगारी धूप, स्वर्ण स्फुल्लिंग, अंगारचन्द, चिंगारी, ज़हरीली आग, रत्न विवर, विद्युन्मय, तेजस, किरण, ज्ञान, ओज आदि शब्दों का प्रयोग करता है। वह प्रकाशयुक्त ज्ञान को 'दुर्दान्त ज्ञान का मणि अशोक' कहता है। अन्धकार की गहरी पदभूमि पर आलोक रेखा खींचना मुक्तिबोध की काव्य-चेतना का महत्वपूर्ण आयाम है। 'एक साहित्यिक की डायरी' में उन्होंने लिखा भी है—"मुझे लगता है मन एक रहस्य लोक है, उसमें अँधेरा है। अँधेरे में सीढ़ियाँ हैं। सीढ़ियाँ गीली हैं। सबसे निचली सीढ़ी पानी में डूबी हुई है। वहाँ अथाह काला जल है। उस अथाह जल से स्वयं को ही डर लगता है। इस अथाह काले जल में कोई बैठा है, वह शायद मैं ही हूँ। अर्थात और एकदम स्याह अँधेरे पानी की सतह पर चाँदनी का चमकदार पट्टा फैला हुआ है, जिसमें मेरी ही आँखें चमक रही हैं, मानो दो मूंगिया पत्थर भीतर से उद्दीप्त हो उठे हैं।" अन्धकार, रहस्यमय गहन अन्धकार और उसके भय संकुल वातावरण में चकमती दो आँखों का बिम्ब मुक्तिबोध की प्रायः हर कविता में दृश्यमान है।

विषम और सन्तप्त सामाजिक व्यवस्था तथा पूँजीवादी शोषण-तन्त्र के विरुद्ध गहरा क्षोभ मुक्तिबोध की अधिकांश कविताओं में विद्यमान है। उनमें

धनपशुओं की पाशविकता, छल-छद्‌म तथा षडयन्त्र के प्रति प्रखर आवेश है। जन-जन की छाती पर बैठकर शासन के चाकू से विद्रोहिणी बुद्धि की त्रिकालदर्शी आँखों को काटकर निकाल लेने की आकांक्षा वाली पूँजीवादी शक्तियों के प्रति तीव्र आक्रोश है। यही आवेश और आक्रोश उनकी कविता में नारे का रूप भी ग्रहण करता है। 'हर चीज़ 'जब अपनी' की ये पंक्तियाँ नारा बनकर ही आयी हैं—"बराबरी का हक, बराबरी का दावा/नहीं तो मुठभेड़ और धावा" यही क्षोभ, आवेश, आक्रोश तथा विप्लवकारिणी प्रवृत्ति मुक्तिबोध की कविता को नयी कविता से किंचित अलग पहचान दिलाती है और यह विश्वास भी कि मुक्ति के मन को कोई छल नहीं सकता। भले ही साहित्यिक चुप और कविजन निर्वाक हो जाएं, चिन्तक, शिल्पकार, नर्तक मौन साध लें किन्तु जनता के अदम्य साहस और शक्ति के आगे पूँजीवादी शोषण तन्त्र को झुकना ही होगा। 'मुक्तिकामी पैरों की मोच की चीख़' कविता का यह सपना इसी बात की गवाही देता है—"सपने से आते हैं कि किसी दिन/पुराने मुहल्ले सब होंगे साफ़/भाप होकर काले दाग़ धरती के सब मिट जाएँगे/मानव धुकधुकी में।" इसी उम्मीद में मुक्तिबोध को यह लगता है—"काली पसली शोषक युग की सत्ता की छाती पर बैठी/गला दबाकर जनता जग की।" किन्तु यह इतना आसान नहीं है। इसके लिए सामूहिक और एकाग्र प्रयत्नों की ज़रूरत है क्योंकि मुक्ति के रास्ते अकेले में नहीं मिलते तथा जीवन मर-मर कर प्राप्त करना होता है।

उन्मुक्त मन की रागात्मकता एवं मंगलमयी जनपक्षधरता

यह मानते हुए भी कि 'कवि कितना भी कह डाले, लेकिन अनकहा अधिक रह जाता है' शिवमंगल सिंह 'सुमन' ने इतना कुछ और इतने रूपों में कहा है कि उनकी छवि एक विविधवर्णी एवं बहुआयामी कवि की है। उनकी कविता का आकाश अगर इन्द्रधनुषी आभा लिए हुए है तो इसलिए कि उसमें 'कालिदास की शेष कथा कहने का दायित्व-बोध है, 'हिमगिरि के उर का दाह दूर करने का संकल्प है, 'सर सरिता, नद, निर्झर भरने' तथा 'युग का नमक अदा करने' की सदिच्छा है, 'हर धमनी में गंगा-जमुना का प्रवाह' और 'श्वासों में मलय पवन लहराने की कामना है। इससे यह अन्दाज़ा लगाया जा सकता है कि सुमन की कविता की परिधि कितनी व्यापक और कितनी विस्तृत है। उसमें एक लम्बी कालावधि के भाव-बोधों की समाहिती है तो नित नवीनता से परिचालित होते रहने की अदम्य लालसा भी है। यहाँ यह स्मरणीय है कि सुमन जी का रचना-काल विभिन्न वादों एवं आन्दोलनों के उदय-अस्त का काल भी है। इसके बावजूद उनकी कविता किसी विशेष वाद अथवा विचारधारा तक सीमित नहीं है तो इसलिए कि उनकी कविता को कोई बन्धन स्वीकार नहीं है। उसे तो बस 'शिप्रा की तरह तरल सरल बहने' की आकांक्षा है। प्रगति और प्रवाह से ही उसकी प्रतिबद्धता है। सुमन ने यह स्पष्टतया कहा भी है—"मैं किसी विशेष चिन्तन धारा या वाद से न तो अपने को जोड़ता हूँ, न जोड़ना चाहता हूँ। यदि प्रवृत्ति की दृष्टि से देखा जाय तो मै मूलतः रोमांटिक हूँ—अपने सम्पूर्ण विद्रोही, स्वतन्त्र और रागात्मक अर्थों में। आगे चलकर मुझे प्रगतिवादी धारा का कवि कहा गया। वस्तुतः मैंने सशस्त्र क्रान्ति की राष्ट्रीयता के द्वार से प्रगतिवाद में प्रवेश पाया, फिर भी उसके वाद में मैं बँध नहीं पाया—या वह मुझे बाँध नहीं

पाया। इसलिए जैसे जैसे परिवेश बदलते गये, मैं सहज भाव से अपनी बात कहता गया।" (सुमन समग्र, खण्ड दो, पृष्ठ-5) यहाँ यह कहना अनावश्यक नहीं होगा कि सहजता में प्रस्फुटित सुमन जी की उन्मुक्त मन की रागात्मकता एवं मंगलमयी जनपक्षधरता का भास्वर विधान ही उनकी कविता का पाथेय है। इसे लेकर ही उन्होंने प्रेम-रोमांस तथा लोक चेतना के मार्ग पर दीर्घावधि तक यात्रा की है।

छायावादी रोमानियत और संस्कारशीलता से अपनी काव्य-यात्रा प्रारम्भ करने वाले शिममंगल सिंह 'सुमन' में उन्मुक्त मन की राग-भावना, उत्कंठा और व्यग्रता आजीवन बनी रही। यदि ऐसा नहीं होता तो कवि अपनी परवर्ती कविताओं में इनकी पुनरावृत्ति नहीं करता। रागात्मकता, जिज्ञासा, विस्मय और सम्भ्रम की जो धारा सुमन जी ने अपने प्रथम काव्य-संग्रह 'हिल्लोल' में प्रवाहित की थी, वर्षों बाद उसका अन्तः सलिला के रूप में 'पर आँखे नहीं भरी में प्रकट होना यह सूचित करता है कि कवि प्रेम, सौन्दर्य और मांसलता के आकर्षण से कभी मुक्त नहीं हुआ। मुक्ति उसके लिए सम्भव भी नहीं थी क्योंकि उसके मन मस्तिष्क पर जयशंकर प्रसाद की मादकता और कमनीयता, महादेवी की टीस और वेदना, निराला की स्वच्छन्दता और रोमांटिकता तथा पन्त की सुकुमारता और मसृणता का ऐसा अमिट प्रभाव अंकित था जो रह-रहकर अँगड़ाई लेता और कवि को उसी धारा में अवगाहन हेतु विवश करता था। इसी की परिणति है कि 'जीवन के गान' और 'विश्वास बढ़ता ही गया' के बाद सुमन जी' पर आँखे नहीं भरीं' की प्रेम और उन्माद की कविताएँ रचते हैं। उसे वे अपनी प्रणय-व्यंजना की बेलौस उपलब्धि बताते थकते भी नहीं हैं। (सन्दर्भ—सुमन समग्र, खण्ड दो, पृष्ठ 9)। ज़ाहिर है—'जीवन के गान' और 'विश्वास बढ़ता ही गया' में समष्टि की यात्रा के बाद कवि का व्यष्टि की ओर लौटना, जगती के सुख-दुख और संघर्ष-गान के पश्चात निजी मनोभावों की अभिव्यक्ति करना पाठक के मन में प्रश्न की सम्भावनाओं को जन्म तो देगा ही जिसका उत्तर सुमन ने इस रूप में दिया है—"मुझसे पूछा जा रहा है कि लोकोन्मुखी चेतना का मार्ग छोड़कर मैं सहसा प्रेम-रोमांस के इस पुराने मार्ग पर क्यों लौट आया? क्योंकि विषमता तो ज्यों की त्यों थी और समस्यायें समाप्त नहीं हुई थीं बल्कि और बढ़ रही थीं। यह तर्क कदाचित सही हो, परन्तु भारत वर्ष में नव स्वतन्त्रता का विहान एक विशिष्ट आनन्द और उल्लास का आह्लाद लेकर आया था। इसलिए मेरा कवि एक क्षण के लिए स्वप्नों को ही सत्य मान बैठा था। अतः क्रान्ति

के कारण रुकी दबी मूल प्रेम सौन्दर्य की आन्तरिक गूँज कविता की बाँसुरी से फूट पड़ने को विह्वल हो उठी थी।" (वही, पृष्ठ 10)। इसी में आगे वे यह भी कहते हैं कि "प्रेम-व्यंजना के बावजूद मेरे व्यक्तित्व में समानान्तर लोकोन्मुख साधना-सरस्वती की तरह अन्तवर्ती ही सही प्रवाहित हो रही और पूरे वेग से प्रवाहित हो रही थी।" उपर्युक्त इन दोनों कथनों का निष्कर्ष यह है कि सुमन की काव्य-सरिता रागात्मकता और लोकचेतना के दो उपकूलों के भीतर प्रवाहित हुई है। समय-समय पर अन्य भाव-लहरियों ने भी अपनी उपस्थिति से सबको चमत्कृत करने का प्रयास किया है। कभी उनमें इतनी प्रबलता और उत्तालता रही है कि उन्हें ही मुख्यधारा मान लेने का सम्भ्रम भी पैदा हुआ है।

शिवमंगल सिंह 'सुमन' के यहाँ नवीन पथ के अन्वेषण और अनुसन्धान की व्यग्रता और आकुलता इतनी तीव्र है कि उनमें अनुसरणात्मक प्रवृत्ति नहीं के बराबर है। यह उनकी उस साधना से सम्भव हुआ है जिसमें वे अपने जीवन के सुख-दुख, आशा-निराशा के क्षणों में प्राणों को मथकर शब्द-नवनीत निःसृत करते हैं। तभी लोकमंगल और साधना के स्वरों के साथ यौवन, सौन्दर्य और प्रेम के गीतों का संगम हो सका है। जीवन के यौवन-पट से प्रिय को झाँक लेने का आवेग उमड़ पड़ा है। मन की हिल्लोल तरंगायित हो उठी है। जोश, खुमारी और मस्ती के मार्ग पर चलने वाले को दुनिया चाहे जो भी नाम दे लेकिन वह तो अपने को दीवाना ही कहलाना पसन्द करता है। इसके अलावा उसका और कोई परिचय हो भी नहीं सकता–

"हम दीवानों का क्या परिचय?
कुछ चाव लिए, कुछ चाह लिए
कुछ कसकन और कराह लिए
कुछ दर्द लिए, कुछ दाह लिए

हम नौसिखिए, नूतन पथ पर चल दिए, प्रणय का कर विनिमय
हम दीवानों का क्या परिचय? (सुमन समग्र, खण्ड एक, पृ. 19)

युवामन की भावुकता और प्रणय की रागमयी अनुभूति की सहज अभिव्यक्ति के काव्य 'हिल्लोल' में सुमन ने मौज-मस्ती भरे प्रयोगशील व्यक्तित्व का जो परिचय दिया है उसे जान-समझकर भी दुनिया जब विस्मित होती है, कौतूहल और आश्चर्य प्रकट करती है तथा प्रणय-सिन्धु की अथाहता और प्रिय-मिलन की चाह की कुश-कण्टकों वाली राह की पीड़ा से अनजान बनती है तब कवि

यह पूछे बिना नहीं रहता—

> "मेरे इस दीवानेपन पर तुमको क्यों होती हैरानी,
> परिणाम यही होता जिसके उर में संचित आगी-पानी।"

(वही, पृष्ठ 39)

जीवन की हलचल में कवि अकेला है और उसे किसी की तलाश है। 'कोकिल कूजित मधुवन' में प्रेयसी के स्मित आनन की खोज उसकी छायावादी भावुकता की सूचक है। 'अपने हित ऑसू बरसाने वाले' को नहीं भूल पाने की कसक और पीड़ा है। उसके आरम्भिक काव्य-संसार में प्रेम की मादकता, विरह-मिलन की मधुर स्मृतियाँ, हृदय की पीड़ा और वेदना, अवसाद और उत्तप्त कामना, अनुनय और उपालंभ, इसरार और इकरार की अधिकता है। इतने के बावजूद उसकी कविता का चरित्र छायावादोत्तर गीतधारा ही नहीं छायावादी प्रेम-भावना से भी अलग है। कवि का कहना है—"हिल्लोल के कवि के रूप में मैं छायावाद की वायवीयता, रहस्यावरण और एक ख़ास क़िस्म की फन्तासी से भिन्न चल रही यथार्थ वादी रूमानी प्रवृत्ति से सम्बद्ध था।" (सुमन समग्र, खण्ड दो, पृष्ठ 6)। सुमन जी की कविता में अभिव्यक्त, प्रेम, सौन्दर्याकर्षण, साहचर्य, अनुनय, उपालंभ, व्यग्रता, आग्रह और आलोड़न छायावादी अमूर्तता और रहस्यमयता की अपेक्षा मानवीय मांसलता एवं ऐन्द्रियता तथा मस्ती और आवेग लिये हुए हैं। उसमें व्यक्तिवादी मानसिकता उतनी नहीं है जितनी फक्कड़ाना प्रवृत्ति। इसी आधार पर सुमन जी यह उद्घोष कर सके हैं—'हम भेदभावमय जगती के सब भेद मिटाने वाले हैं। उन्हें सुख-संसार की अपेक्षा भी नहीं है— 'मुझको न सुख-संसार दो'। वे महाकवि सुमित्रानन्दन पन्त की भाँति अब प्रिया के श्यामल कुन्तल में उलझने से भी अपने को मुक्त रखना चाहते हैं—'सुन्दरि मुझको बन्दी न करो/अपने कुंचित कच जालों में। ज़ाहिर है रोमांस, खुमारी, मादकता और कमनीयता का कवि जग-जीवन का संघर्ष देखता है। घात-प्रतिघात, पीड़ा और कष्ट का अनुभव करता है। जग की पीडायें उसे व्यथित और बेचैन करती हैं। यही कारण है कि प्रेयसी से स्नेह की आकांक्षा और अभिलाषा के क्षणों में भी वह जग की व्यथा-कथा कहना नहीं भूलता—

> "जग-पीड़ा अन्तर्निहित किए
> बन दुखी हृदय की हूक उठूँ
> तेरे उपवन का पंछी मैं

जब जग-मधुवन में कूक उठूँ
तब मेरी कूक-हूक में तुम अपना संगीत मिला देना
इतना तो नेह निभा देना।"

(सुमन समग्र, खण्ड—एक, पृष्ठ 26)

'हिल्लोल' का प्रणयी कवि अपनी यौवनाकांक्षा और चिर अतृप्ति की भूमि से थोड़ा खिसकते हुए जब दलित-शोषित मानवता के उद्धार की बात करने लगता है तब उसकी काव्य-रचना की नयी दृष्टि का आभास मिलना शुरू हो जाता है। 'हिल्लोल' की ही परवर्ती कविताओं में उसकी उद्दाम प्रणयानुभूति चिर शोषितों के साथ संवेदना और सहानुभूति के रूप में परिवर्तित दृष्टिगत होती है। उसकी कविता दुखी, असहाय और उपेक्षितों-वंचितों का स्वर बनना चाहती है। उसकी वाणी आशा और आह्लाद का सन्देश सुनाना चाहती है। उसकी प्रेम-विरह की आग अभावग्रस्त जीवन में प्रकाश पर्व के रूप में प्रज्ज्वजित होने के लिए मचलती नज़र आती है। ऐसे क्षणों में उसे प्रेम की चाह का कोई स्वर नहीं सुनाई पड़ता। प्यार और पीड़ा की आह की ध्वनि धीमी पड़ जाती है—'जग-जीवन के संघर्षण में नहीं सुनाई पड़तीं चाहें/धीमी सी पड़ गयी प्रिये हैं, प्यार और पीड़ा की आहें।" (वही, पृष्ठ 54)। चिर शोषित-दलित और असहायों पर हो रहे अत्याचारों के दमन-दलन हेतु वह जिस विस्तृत पथ पर चलना चाहता है वह अत्यन्त कण्टकाकीर्ण और कठिनाई भरा है। साहसी और दृढ़व्रती ही उस पर चल सकता है। अकेले के लिए वह मार्ग और भी जोखिम भरा है इसलिए वह प्रिया के संग-साथ की अपेक्षा रखता है। वह उसे साहसी बनकर साथ निभाने का आमन्त्रण देता है—

"विस्तृत-पथ है मेरे आगे उस पर ही मुझको चलना है
चिर शोषित असहायों के संग अत्याचारों को दलना है,
साहस हो तो आओ तुम भी मेरा साथ निभा दो थोड़ा
अगर नहीं तो अब तो मैंने उस जीवन से ही मुख मोड़ा।"

(वही, पृष्ठ सं. 55)

यहाँ शिवमंगल सिंह 'सुमन' जिस जीवन से मुख मोड़ने का संकेत दे रहे हैं वह निश्चित ही प्रेम और रोमांस का जीवन है। समय बदल रहा है। देश-काल में परिवर्तन की आहट सुनाई दे रही है। क्रान्ति-क्रान्ति की प्रतिध्वनि से सारी धरती गूँज उठी है। नव निर्माण की चिनगारी घर-घर सुलगने लगी है। कवि इस

जन-जागरण से प्रसन्न होकर पूछ बैठता है—

"टूटी-फूटी झोपड़ियों से
उठता यह कैसा कोलाहल?
क्या पतित-पददलित युग-युग के
कुछ आज हो उठे हैं चंचल?
जल-थल-अम्बर में फैल रहा
यह कैसा हाहाकार प्रबल?
किसका विनाश करने निकला
यह इन्कलाब का दावानल?

(सुमन समग्र, खण्ड एक, पृष्ठ 76)

यहाँ शिवमंगल सिंह 'सुमन' का जनक्रान्ति से समर्थन के रूप में प्रगतिवादी काव्य-चेतना का स्वर स्पष्ट सुनाई पड़ता है। 'हिल्लोल' की 'जागरण' शीर्षक अन्तिम कविता से ही वे गगनचारी काल्पनिक भावनाओं तथा रागात्मक अनुभूतियों को गौण स्थान देते हुए जीवन और जगत की वास्तविकता में प्रवेश करते हैं। वे व्यक्तिवादिता से ऊपर उठकर समाज की नयी शक्तियों के साथ एकात्मकता का अनुभव करते हैं। 'हिल्लोल' के काल में जहाँ उन्हें बस यह चेतना प्राप्त हुई थी कि—"देखो वे नंगे भिखमंगे/आए हैं नूतन वेष लिए/अब तक की जर्जर जगती में/नवयुग का नव-सन्देश लिए।" तथा श्रमिक वर्ग के सामूहिक संघर्ष में ही मानव-स्वतन्त्रता का मूल मन्त्र मानते हुए भी उन्होंने उससे अपना सम्बन्ध बस इतना ही जोड़ा था कि—"आओ उठो देरी न करो/उनका स्वागत करना होगा/सुख-शान्ति, स्नेह, समभावों से/जग का अंचल भरना होगा।" वहीं अपने दूसरे काव्य-संग्रह 'जीवन के गान' तक आते-आते उनमें संघर्ष का एक अंग होने तथा उसमें सक्रियता के साथ भाग लेने की प्रवृत्ति का विकास दिखाई देने लगता है। शिवमंगल सिंह 'सुमन' ने स्वयं इस बात को स्वीकार भी किया है— "जीवन के गान' में मुझे इतनी चेतना और मिली है कि मैं भी इस संघर्ष का एक अंग हूँ और उसमें सक्रिय भाग लेने के लिए, उसका अभिन्न अंग बनने के लिए मैं सजग हो उठा हूँ और यह उद्‌गार कि 'मेरा पथ मत रोको रानी' 'आज कवि कैसी निराशा', 'विद्रोह करो, विद्रोह करो' उस संघर्ष में कूद पड़ने के पहले के संकल्प-विकल्पों के द्योतक हैं। प्रत्यक्ष है कि अभी मेरी वाणी उस संघर्ष को सक्रिय स्वरूप नही प्रदान कर सकी है, अतएव 'जीवन के गान का अन्तिम

गीत है– 'अभी कहाँ मैं गा पाया हूँ अपने जीवन गान'। अब तक तो यह एक गायक की स्वर-साधना मात्र थी, वास्तविक गायन की तो अब प्रतीक्षा करनी चाहिए। संघर्ष की गत्यात्मक वास्तविकता के जीवन-चित्र तो अब मैं उपस्थित करने का प्रयत्न करूँगा।" (सुमन समग्र-खण्ड एक 'जीवन के गान' कुछ कहना आवश्यक था इसलिए, पृष्ठ 383) सचमुच उसके बाद के अपने काव्य-संग्रहों 'प्रलय-सृजन', 'विश्वास बढ़ता ही गया' आदि में उन्होंने कल्पना और स्वप्न लोक से नीचे उतरकर यथार्थ की धरती पर जो अपने पाँव रखे तो उनकी गत्यात्मकता का केन्द्र संघर्षशीलता ही थी। उन्हें सागर की अपार शक्ति का बोध तो था ही माँझी के हाथों की ताक़त का भी बोध था जिसके बल पर वह सातों समुद्र पार करता रहा है इसीलिए वे तूफ़ानों की ओर पतवार घुमाने की बात कहते हैं–

"सागर की अपनी क्षमता है
पर माँझी भी कब थकता है
जब तक साँसों में स्पन्दन है
उसका हाथ नहीं रूकता है
इसके ही बल पर कर डाले
सातों सागर पार
तूफ़ानों की ओर
घुमा दो
नाविक!
निज पतवार।" (वही, पृष्ठ 183)

छायावादोत्तर काल स्वतन्त्रता संघर्ष की तीव्रता का काल भी है। राष्ट्रीय भावनाओं का उत्कर्ष यहाँ कुछ ज़्यादा ही दृश्यमान है। शिवमंगल सिंह 'सुमन' के 'हिल्लोल' का अनगढ़ भावुक युवामन जब 'जीवन के गान' में प्रवृत्त होता है तब उसकी काव्य-चेतना में राष्ट्रीयता की भावना का उफान बहुत जोर मारता है। उनकी रूमानी भावना गाँधी से होती हुई सशस्त्र क्रान्ति तक जा पहुँचती है। उनके मन-मस्तिष्क पर गाँधी का प्रभाव कोई बहुत बड़ी निशानी बनाता उसके पहले ही वे चन्द्रशेखर आज़ाद, भगत सिंह आदि की क्रान्तिकारी विचारधारा में अवगाहन करते दृष्टिगत होते हैं। उनका रूमानी आरम्भ अन्ततः राष्ट्रीयता में विनिमज्जित हो जाता है जिसे वे एक स्वाभाविक मनोवैज्ञानिक प्रक्रिया मानते हैं–"मेरे मन पर सबसे पहले गाँधी का प्रभाव पड़ा था, लेकिन इससे पहले कि

वह प्रभाव मेरी कवि-चेतना का अंग बन कविता में उतरता, मुझे सशस्त्र क्रान्ति की लपटों ने विमोहित कर लिया।..... मेरी रुमानी विह्वलता का इस बाहरी क्रान्ति में परिवर्तन एक स्वाभाविक मनोवैज्ञानिक प्रक्रिया थी।" (सुमन समग्र, खण्ड दो, पृष्ठ 7) यहाँ यह ध्यातव्य है कि सुमन जी ने मैथिलीशरण गुप्त, सोहन लाल द्विवेदी अथवा माखनलाल चतुर्वेदी मार्का राष्ट्रीय कवितायें अधिक नहीं लिखीं क्योंकि उनका झुकाव गाँधी की अपेक्षा मार्क्स की ओर अधिक था। मार्क्स का वैज्ञानिक भौतिकवाद और नयी व्यावहारिक दृष्टि तथा भगत सिंह की क्रान्तिकारी विचारधारा उनकी राष्ट्रीय भावनाओं को दिशा देने के लिए उपयुक्त प्रतीत हुई थीं। साम्यवादी भावधारा की अभिव्यजंना वाली कविताओं (प्रगतिवादी) को ही उन्होंने राष्ट्रीय कविता मानी है—"मैं प्रगतिवादी रचनाओं को सच्चे अर्थ में राष्ट्रीय मानता हूँ। क्योंकि ये भी जनकल्याण की भावना से ही आन्दोलित थीं। मार्क्सवादी परिवेश में उनका अन्तर्राष्ट्रीयता से विरोध हो ही नहीं सकता अन्तर केवल इतना था कि जहाँ एक ओर राष्ट्रीय कविताएँ वर्ग-भेद, ऊँच-नीच आदि को भूलकर केवल आज़ादी के प्रति अस्पष्ट विद्रोह की व्यंजना करती थीं वहीं प्रगतिवाद, साम्राज्यवाद के साथ साथ पूँजीवाद के विरुद्ध जिहाद बोलने का दम भरता था। यह भी स्मरणीय है कि प्रगतिवाद की एक वैश्विक भूमिका भी थी। इसलिए कई बार उसकी व्यापक भावना में राष्ट्रीयता अन्तर्निहित होती थी। लोगों ने केवल आज़ादी के लिए लिखी रचनाओं को ही प्रायः राष्ट्रीय कहा। मनुष्यता के परिपार्श्व में लिखी वर्ग संघर्ष की कवितायें जिनमें भले ही साम्राज्यवादियों के विरुद्ध शंखनाद हो—प्रगतिवादी कविताएँ कही गईं। यह तो आलोचकों के द्वन्द्व युद्ध की बात है कि किसमें पूर्वापर विवेक अधिक था, लेकिन इतना अवश्य कह सकता हूँ कि प्रगतिवाद का लक्ष्य बिना किलोलपेट के राष्ट्र-कल्याण और लोक-कल्याण था।" (वही, पृष्ठ-17)। 'प्रलय-सृजन' और 'विश्वास बढ़ता ही गया' जैसे काव्य-संग्रहों में सुमन जी की राष्ट्र और लोक-कल्याण की भावनाओं ने ही मूर्त रुप लिया है। विषमता की कहानी को ध्वंस कर देना ही उनका लक्ष्य बन गया है—

"चाहता हूँ ध्वंस कर देना विषमता की कहानी
हो सुलभ सबको जगत में वस्त्र, भोजन, अन्न, पानी।

(सुमन समग्र, खण्ड-एक, पृष्ठ 219)

प्रगतिवादी कविता धरती और जन की कविता है। मनुष्य इस कविता का विषय भी है और विचार भी। उसी के दुख-दर्द, ग़रीबी, भुखमरी, शोषण,

यातना पीड़ा, हताशा, निराशा, उपेक्षा आदि को मिटाकर समतामूलक समाजवादी व्यवस्था की स्थापना प्रगतिवादी कविता का लक्ष्य है। सुमन जी ने जब अपने समय के समाज की विषमता देखी, वर्ग-भेद और जाति-भेद देखा, ग़रीबी और भुखमरी देखी तब वे अपने युग को ही कोसते हुए नज़र आये—"लाचारी है आख़िर मैंने ऐसे युग में जन्म लिया है/जहाँ सभी ने रूप सुधा को छोड़ गरल का पान किया है।" ऐसे में "यौवनमद में कौन हुआ मदहोश नहीं है" कहने वाला कवि शोषितों, असहायों की पक्षधरता में क्रान्ति चेतना को स्वर देते हुए यह कहने लगता है—"और कभी प्रतिध्वनित करेगी मधुगायन स्वर लहरी मेरी/ आज चाहती दुनिया सुनना मेरी वाणी में रणभेरी।" मनुष्यता के परिपार्श्व में वर्ग-भेद और साम्राज्यवाद के विरुद्ध शंखनाद की ज़रूरत इसलिए है कि "यहाँ मानव-मानव में समता का व्यवहार नहीं है/हाहाकारों की दुनिया में सपनों का संसार नहीं है।" अभी तक प्रेम में असफलता, मिलन-विरह की आशंका, सौन्दर्याकर्षण के प्रति मुग्धता का भाव रखने वाला कवि यथार्थ की धरती से परिचित होकर आत्मसंघर्ष और वैचारिक उद्वेलन को आन्तरिक और अनुभूत सत्य के साथ एकाकार करता है और अन्तर्विरोधों से मुक्त हो लोकचेतना और सैद्धान्तिकता को रचनात्मक धरातल पर जीता है। अपने आवेश और अनमनेपन को इन शब्दों में प्रकट करता है—

"आज जो मैं इस तरह आवेश में हूँ अनमना हूँ
यह न समझो मैं किसी के रक्त का प्यासा बना हूँ
सत्य कहता हूँ पराये पैर का काँटा कसकता
भूल से चींटी कहीं दब जाय तो भी हाय करता।।"

(सुमन समग्र, खण्ड एक, पृष्ट 219)

धरती जिनकी है और जो धरती की फ़सल हैं उन्हीं की धरती छीन ली गयी है। उन्हें सर्वहारा बना दिया गया है। पूँजीपतियों ने अपने शुभ-लाभ के चक्कर में उनका हृदय तक चूस लिया है—

"पर जिन्होंने स्वार्थवश जीवन विषाक्त बना दिया है
कोटि-कोटि बुभुक्षितों का कौर तलक छिना लिया है
लाभ-शुभ लिखकर जमाने का हृदय चूसा जिन्होंने
और कल बंगालवाली लाश पर थूका जिन्होंने।" (वही)

इसीलिए कवि जर्जर-कंकालों पर वैभव का प्रासाद खडा करने वालों को कोसता है, भूखों के मुख से कौर छीनने वालों को लज्जित और अपमानित करता है, रक्त पात कर अमृत पीने वालों को धिक्कारता है तथा जिनके कारण यह सुन्दर धरती रहने लायक नहीं रह गयी उनकी छाया तक छूना हराम मानता है। ऐसे धनपशुओं तथा अत्याचारियों को वह शाप देकर छोड़ देने के मूड में नहीं है बल्कि बददुआ और हाय से ऊपर उठ उन्हें ललकारने तथा बदला लेने की मनस्थिति में है– "शाप न देंगे हम/बदला लेने की आन हमारी/बहुत सुनाई तू ने अपनी/आज हमारी बारी/आज ख़ून के लिए ख़ून/गोली का उत्तर गोली/हस्ती चाहे मिटे/न बदलेगी बेबस की बोली।" (वही, पृष्ठ 246)। अब उसने विप्लव का गान ही अपनी कविता का लक्ष्य निर्धारित कर लिया है जिस पर चलते हुए कवि को प्रिया का स्नेह भी स्वीकार्य नहीं है–"मेरा पथ मत रोको रानी"। समाज सापेक्ष सत्ता के प्रगतिशील भावबोधों के उभार के समय प्रेयसी का स्नेहाकर्षण कहीं बाधा न उत्पन्न करे इसलिए वह उससे यह आग्रह करता है कि उसके निश्वासों में विप्लव के विद्युत कण भरकर उसके जीवन को स्वरित करे–

"कितने स्वप्निल अभिसार किए
कितनों को उर में लिपटाए
नकली मदिरा की मस्ती के
मैंने भी गीत बहुत गाये
प्रेयसि, मेरी निश्वासों में विप्लव के विद्युत कण भर दो
मेरे स्वर में जीवन भर दो।" (वही, पृष्ठ 127)

यथार्थ के दुर्निवार सत्य का साक्षात्कार और स्वीकार की मानसिकता में ही सुमन जी ने 'प्रलय-सृजन' की रचना की है। प्रलय शोषित जनता के पक्ष में और सृजन भी उसी के पक्ष में। यही कारण है कि यहाँ संघर्ष का स्वर केन्द्रीय स्वर है। हँसिया हथौड़ा, मज़दूर-किसान, शोषित-पीडित से सम्बन्धित शब्दावली की भरमार है। 'कंकड़-पत्थर', 'चल रही उसकी कुदाली', 'गुनिया का यौवन', 'मास्को अब भी दूर है' 'स्तालिनग्रेद, 'चली जा रही है बढी लाल सेना', 'कलकत्ते का अकाल' आदि कवितायें मानवता के पक्ष में बयान हैं। समकालीन यथार्थ के चित्र के साथ परिवर्तन की आकांक्षा 'विश्वास बढ़ता ही गया' की कविताओं में भी विद्यमान है। 'मिट्टी की बारात' में भी उन्हें क्रान्ति की अनिवार्यता महसूस हुई है–"अनिवार्य क्रान्ति लगती मुझको, फिर मत कहना/कवि ने सोते शार्दूलों

को भड़काया था।" (सुमन समग्र, खण्ड दो, पृष्ठ 210)। इस क्रान्ति के बल पर ही सुमन जी को यह विश्वास है–

"कभी हमारी भी धरती पर
सुख-समता के फूल खिलेंगे
गली-गली जगमगा उठेगी
स्नेह भरे दीपक छलकेंगे
नयनों की पुतली में झलकेगी प्रकाश की लाली"

(सुमन-समग्र, खण्ड-एक, पृष्ठ 244)

इस तरह यह कहा जा सकता है कि शिवमंगल सिंह 'सुमन' यौवन-राग और जन-कल्याण के कवि हैं। फिर उनका मूल्यांकन चाहे किसी वाद के घेरे में रखकर किया जाय अथवा वाद निरपेक्ष रुप में। हाँ यह अवश्य है कि वे किसी विचाराधारा के बन्धन में नहीं बँधे जिसका उल्लेख उन्होंने बार-बार अपनी टिप्पणियों, लेखों और साक्षात्कारों में किया है। प्रगतिवाद से उनका जुड़ाव रहा लेकिन मार्क्सवादी उन्हें अपना मानने से परहेज करते रहे क्योंकि उन्हें परम्परा और भारतीयता का गायक पसन्द नहीं था। जबकि सुमन जी ने व्यापक परिप्रेक्ष्य में मानवता के संरक्षण और सम्पोषण की पक्षधरता व्यक्त की है। देशानुराग और लोक कल्याण को अपनी कविता का विषय बनाया है। प्रेम का आँचल पकड़े रहना भी उनकी नियति और प्रवृत्ति रही है।

रागात्मक आभिजात्य एवं आस्थावादी जीवन-सौन्दर्य

सौन्दर्य और प्रेम की कोमल-कमनीय भावना से कविता का आरम्भ करने वाले धर्मवीर भारती का साहित्य-चिन्तन ज्यों-ज्यों आगे बढ़ता गया त्यों-त्यों उसमें मानव-महिमा की प्रतिष्ठा, मानवीय मूल्यों की खोज तथा प्रत्येक क्षण को अर्थवान बनाने की कामना बलवती होती गयी। सहज मन से जीवन जीने तथा तन्मयता के क्षणों में डूबकर सार्थकता पाने की उनकी वैयक्तिक संवेदना में समष्टि-चिन्तन का आप्लावन आकर्षण की विराट लीला भूमि पर आस्था के सौन्दर्य के साथ हुआ। 'अन्धायुग' में आस्था की खोज तथा 'कनुप्रिया' में सार्थकता की प्रश्नाकुल जिज्ञासा में रागात्मक आभिजात्य का प्रस्फुटन 'ठंडा लोहा' की प्रणयाकुल आत्मसमर्पणमयी अनुभूतियों का ही परवर्ती विकास था। अपने निजी सुख-दुःख और संघर्षों को ही जन व्यापी सच्चाई के प्रति अर्पित करने के प्रयास में कवि ने नवीन पथ का निर्माण किया-"मैं अपना पथ बना रहा हूँ। ज़िन्दगी से अलग रहकर नहीं, ज़िन्दगी के संघर्षों को झेलता हुआ, उसके दुख-दर्द में एक गम्भीर अर्थ ढूँढता हुआ और उस अर्थ के सहारे अपने को जन व्यापी सच्चाई के प्रति अर्पित करने का प्रयास करता हुआ।" (ठण्डा लोहा, भूमिका, पृ. 2)। कहना न होगा कि भारती का काव्य जिस पथ से गुज़रा है उसमें पहली गली रूपासक्ति और उद्दाम यौवन के मांसल गीतों की है जबकि दूसरी आन्तरिक संघर्ष में अपने अहं को विगलित करते हुए ध्वंस और निर्माण, आस्था और अनास्था, अस्तित्व और अनस्तित्व के बीच जीवन के सार्थक तत्वों की रचनात्मक तलाश की है। कवि की तीसरी गली का छोर जनवादी भूमिका में मानवतावादी चेतना तक जाता है जबकि उनका चौथा चरण उनके जीवन-दर्शन और चिन्तन के अनुरूप गीत नाट्यात्मक प्रबन्ध कृतियों में प्रकट होता है। इस तरह धर्मवीर भारती के

सृजन-पथ का विकास रागात्मक आभिजात्य एवं आस्थावादी जीवन-सौन्दर्य के रूप में हुआ है।

धर्मवीर भारती की आरम्भिक कवितायें जो 'दूसरा सप्तक' या 'ठण्डा लोहा' में प्रकाशित हुईं उनमें उनकी निजी कोमल अनुभूतियों की सशक्त प्रतिध्वनि है। 'ठण्डा लोहा' की अधिकांश कविताओं में रूपासक्ति, ऐन्द्रियता आत्मसमर्पण और स्वप्नमयता की विद्यमानता कवि की सहज संवेदनशील और भावाकुल हृदय की परिणति है। 'तुम्हारे चरण', 'उदास मैं उदास तुम', 'डोले का गीत' 'फागुन की शाम', 'बादलों की पाँत', 'फीरोज़ी होठ', 'गुनाह का गीत', 'कच्ची साँसों का इसरार', 'मुग्धा' आदि कविताओं में कैशोर्यावस्था की प्रणयानुभूति एवं उद्दाम काम भावनाओं का प्रतिफलन हुआ है। 'जाफरानी तन', 'गर्म होठों का स्पर्श', 'लहराते टेसू', 'चुम्बन की लहरें' कवि को मदोन्मत होने से भला कैसे रोक सकती हैं? सोलह मधुमासों की धड़कनें, गंगा-यमुना जैसा यौवन का उफान, अल्हड़ मन मुग्धा भला किसको नहीं मोहती? नशीली डीठ और लजीले सैन का जादू भला किस पर नहीं चलता? यही कारण है कि भारती जी फिरोज़ी होठों पर अपनी ज़िन्दगी लुटाने के लिए तत्पर रहते हैं भले ही निर्मल तारूण्य गुनाहों से मैला पड़ जाय (गुनाहों से कभी मैली पड़ी बेदाग़ तरूणाई) कायिक सौन्दर्य के प्रति उनके मन में इतनी आसक्ति और मोह है कि वे गुलाबी पाँखुरी पर तिरती सुरमई आभा, शरमायी हुई नरगिसों की पाँत जैसी चितवनें, सुहागन लाज में लिपटे शरद की धूप जैसे तन एवं धूप सदृश खिलते यौवन के समक्ष विवश हैं और उन्हें वासना का विष भी अमृत सदृश लगता है—"मुझे तो वासना का/विष हमेशा बन गया अमृत/बशर्ते वासना भी हो तुम्हारे रूप से आबाद/मेरी ज़िन्दगी बरबाद।" (ठंडा लोहा, पृष्ठ 18) इतना ही नहीं उन्हें रूप और वासना के बिना जीवन के अनुमाप की कल्पना भी असम्भव लगती है।

"अगर मैंने किसी के होठ के पाटल कभी चूमे
अगर मैंने किसी के नैन के बादल कभी चूमे
महज इससे किसी का प्यार मुझको पाप कैसे हो?
महज इससे किसी का स्वर्ग मुझ पर शाप कैसे हो?
किसी की गोद में सर धर
घटा घनघोर बिखराकर अगर विश्वास सो जाए,
धड़कते वक्ष पर मेरा अगर व्यक्तित्व खो जाए,

न हो यह वासना तो ज़िन्दगी की माप कैसे हो?
किसी के रूप का सम्मान मुझ पर पाप कैसे हो?"

(ठंडा लोहा, पृ. 22)

प्रेम कवितायें लिखते हुए भी भारती जी छायावादी कवियों की भाँति किसी प्रकार का गोपन-भेदन नहीं रखते। शरीरी प्रेम उनका प्रियराग है। वे प्रेम को एक नया अर्थ सन्दर्भ देते हैं जिसमें मुक्त प्रवाह है, उन्मुक्त सागर की छलकन और मुस्कान है। प्रणय के वासनामय होने की स्थिति में भी अपराध भावना नहीं है। समाज-भय भी नहीं है। स्त्री-पुरुष के कायिक आकर्षण की एक सहज, प्रकृत और स्वस्थ संवेग रूप में स्वीकृति है। उसमें आत्मा और शरीर का भरपूर संयोग है। वह जितनी ही पूर्णता से मन की आराधना है उतनी ही सम्पृक्ति से तन का अभिनन्दन है। इसीलिए रूप चिन्तन में भी पावनता का समावेश है–

प्रातः सद्यः स्नात
कन्धों पर बिखेरे केश
आँसुओं में ज्यों
धुला वैराग्य का सन्देश
चूमती रह-रह
बदन को अर्चना की धूप
यह सरल निष्काम
पूजा-सा तुम्हारा रूप।"

(वही, पृष्ठ 5)

प्रणय भारती जी के लिए पूजा है। आराधना है। रोमानियत के अनुरूप प्रकृति के उपादानों को प्रयुक्त करते हुए वे अपनी प्रियतमा के पाँवों को 'शरद के चाँद', लहर पर नाचते ताजे कमल', 'दो मासूम बादल', 'सोनजुही की पंखुरियों पर पले दो मदन के बान', 'बेहोश नाज़ुक और मृदुल तूफ़ान', 'दुबकी और सहमी हुई दो पूर्णिमायें' आदि कहने के बाद अन्त में ये कहना नहीं भूलते कि ये सुकुमार चरण मात्र आराधना के लिए हैं–

"ये शरद के चाँद–से उजले धुले-से पाँव
मेरी गोद में!
ये लहर पर नाचते ताजे कमल की छाँव

मेरी गोद में!
ये हवायें शाम की, झुक झूमकर बरसा गयीं
रोशनी के फूल हरसिंगार से
अर्चना की धूप-सी तुम गोद में लहरा गयीं
देवताओं के नयन के अश्रु से धोयी हुई
चुम्बनों की पाँखुरी के ये जवान गुलाब
मेरी गोद में!
सात रंगों की महावर से रचे महताब
मेरी गोद में!
ये बड़े सुकुमार, इनसे प्यार क्या
ये महज आराधना के वास्ते।"

कायिक सौन्दर्य की आराधना में लीन भारती जी की पावन आत्म समर्पणमयी वैष्णव भावना में चुम्बन भागवत पर रखी बाँसुरी की अनुभूति कराता है—"रख दिये तुमने नज़र में बादलों को साध कर/आज माथे पर, सरल संगीत से निर्मित अधर/आरती के दीपकों की झिलमिलाती छाँह में/बाँसुरी रखी हुई ज्यों भागवत के पृष्ठ पर।" (चुम्बन, दूसरा सप्तक, पृ. 198)। तो प्रिया के तुलसी दल जैसे पावन होठों से स्पर्शित कवि की अलबेली वाणी से वेदों की ऋचायें और गीता के मंजुल श्लोक निःसृत होते हैं—

जिस दिन थे तुमने फूल बिखेरे माथे पर
अपने तुलसी-दल जैसे पावन होठों से
मैं महज तुम्हारे गर्म वक्ष में शीश छुपा
चिड़िया के सहमे बच्चे-सा
हो गया मूक
लेकिन उस दिन मेरी अलबेली वाणी में
थे बोल उठे
गीता के मंजुल श्लोक, ऋचायें वेदों की।" (वही, पृ. 189)

रूपासक्ति और उद्दाम प्रणय भावना भी भारती जी की संस्कारजन्य वैष्णवी वृत्ति के कारण उदात्त और पवित्र बन गयी है। आवेगजन्य प्रणयानुभूति के क्षणों में भी वे सौन्दर्य को शील से तथा रोमैण्टिक भावबोध को परम्परा से जोड़कर नवीनता की सृष्टि करते हैं। गहरी भावमग्नता और मौलिकता, प्राकृतिक जीवन

की सहजता और स्वाभाविकता, वासना की उष्णता और संयम की पवित्रता, लोक-जीवन की मर्यादा और अल्हड़ता में रची-बसी आरम्भिक कविताओं में उल्लास और उमंग है तो आँसू और उदासी भी है। टूटन, घुटन, अनमनापन के बीच 'उन्मन मन की एक अजब सी अलस उदासी' कभी भारती जी को निष्क्रियता की ओर ले जाने में तत्पर दिखती है तो कभी 'माथे पर दुख का धुँधलापन' आत्मबोध जगाने का प्रयत्न करता है। 'ठंडा लोहा' शीर्षक कविता ही कवि की उस मनः स्थिति की सूचक है जहाँ स्वप्न, संगीत और संघर्ष की ऊष्मा से रहित व्यक्तित्व में निष्क्रियता का समावेश स्वाभाविक है। यह भारती जी का रचनात्मक वैशिष्ट्य है कि दर्द-सन्नाटा, अपमान-उपेक्षा में भी उनका गीतकार ज़िन्दा रहा है और वे 'कुचली पाँखुरियों की दर्दीली आवाज़ें' सुनने तथा 'हिचकियों का व्यापार' करने से कभी विरत नहीं हुए। प्रणय की ऊर्जस्वलता ने गहन निराशा के क्षणों में भी उन्हें मार्ग दिखाया। उन्हें सहारा दिया। उनकी शक्ति और संबल बनकर जमाने से दो-दो हाथ करने की प्रेरणा दी। उन्हें यह विश्वास दिलाया कि वे अकेले नहीं हैं। उनके साथ कोई है—"इसलिए हालांकि मेरे पाँव थककर चूर/मेरी कल्पना मजबूर/मेरी मंजिलें भी दूर/किन्तु फिर भी चल रहा हूँ मैं/कि कोई और मेरे साथ/नीली झील की/गहराइयों से बात कर चल रहा है।" यह जीवन्तता और सौन्दर्य के प्रति आकांक्षा-उल्लास ही है कि प्रिया की उदासी में भी कवि को सुन्दरता ही दीखती है।

"तुम कितनी सुन्दर लगती हो
जब तुम हो जाती हो उदास
ज्यों किसी गुलाबी दुनिया में
सूने खण्डहर के आस-पास
मदभरी चाँदनी जगती हो।"

फिरोज़ी होठों में उलझना और गुनाहों का गीत गाना जहाँ संवेदनशील भावुक किशोर कवि-मन की स्वाभाविक प्रक्रिया है वहीं निर्द्धन्द्ध अभिव्यक्ति की ईमानदारी भारती जी की कविता का नित्य धर्म है। 'दूसरा सप्तक' के वक्तव्य में उन्होंने यह स्वीकारा भी है—

"भारती कवितायें कम लिखता है लेकिन जब लिखता है तो अपनी रूचि की और अपने ईमान की।" यही कारण है कि उनकी रोमैण्टिक कविताओं में भी अनुभूति की सच्चाई मिलती है। उनकी ईमानदारी ही परवर्ती रचनाओं में जनवाद की भूमिका तैयार करती है और तब उन्हें यह प्रतीत होता है कि सबसे

प्रिय कवितायें वे हैं जो गटर में पड़े शराबियों, हथौड़ा चलाते लोहारों और धूल में खेलते बच्चों की भोली आँखों में झलकती हैं। विपन्न किन्तु श्रम-संघर्ष में लीन आम आदमी के प्रति भारती जी के मन में करुणा और सहानुभूति तथा आज़ादी से मोहभंग की अवस्था में उपजी अनास्था के संकेत उनकी 'ठडा लोहा' की कविताओं में ही दृष्टिगत होने लगते हैं। यहीं से बाहर की व्यापक सच्चाई उनकी काव्ययात्रा का एक नया मोड़ बनती है—"किशोरावस्था के प्रणय, रूपासक्ति और आकुल निराशा से एक पावन आत्मसमर्पणमयी वैष्णव भावना और उसके माध्यम से अपने मन के अहम को शमन कर अपने बाहर की व्यापक सच्चाई को हृदयंगम करते हुए संकीर्णताओं और कट्टरता से ऊपर एक जनवादी भावभूमि की खोज मेरी इस छन्द यात्रा के यह प्रमुख मोड़ रहे। (ठडा लोहा, पृष्ठ 2)। यहाँ से आगे कवि जिस भाव-भूमि में प्रवेश करता है उसकी उपज 'सात गीत वर्ष' की रचनायें हैं जिसमें पीड़ा, कुण्ठा यानी पराजित पीढ़ी की पूरी मनःस्थिति साकार हो उठी है। चन्द्रकान्त वांदिवडेकर का मानना है—"सात गीत वर्ष' में 'ठण्डा लोहा' का वह उन्मुक्त, मादक, मांसल प्रणय जीवन की वास्तविकता में पिघल गया है। वैसे इसके कुछ चिह्न ठंडा लोहा में भी मिलते हैं। अब कविताओं में वह बहाव, वह उन्मुक्त गति और बेहोशी नहीं है। कवि के प्रौढ़ व्यक्तित्व ने स्वर को संयत किया है, शब्दों के निर्माण में अधिक कलात्मक स्वचेतना और जागरूक शिल्प विषयक बोध का प्रत्यय मिलता है। आत्म प्रकाशन का महत्त्व इस समय भी है। परन्तु कवि अल्प कथन और संयत स्वर (अण्डर टोन) का महत्त्व जान गया है। आवेगमय बिम्ब विस्फोट की अपेक्षा महत्वपूर्ण बिम्बों को प्रभावपूर्ण ढंग से नियोजित करने की कला में सिद्धहस्त हो गया है। नयी कविता की शिल्प विषयक जागरूकता ने कवि को यह कलात्मक बोध दिया है।" (धर्मवीर भारती-व्यक्तित्व और कृतित्व, पृष्ठ 23) ज़ाहिर है कि नयी कविता अपने समय की समस्त जटिल संवेदनाओं से उलझती हुई जीवन-साक्षात्कार की कविता है। 'ठण्डा लोहा' और 'सातगीत वर्ष' का समवेत निष्कर्ष भारती जी को नयी कविता के शीर्ष कवि के रूप में उपस्थित करता है तो इसका कारण जीवन की जटिलताओं से साक्षात्कार ही है। उनमें युगबोध और इतिहास-बोध का सफल सामंजस्य है। इसी आधार पर उन्हें लगता है कि आज के आदमी की पसलियों को अजगर से प्रश्नों ने जकड़ लिया है "अन्दर ज़हरीले अजगर जैसे प्रश्न चिन्ह/एक-एक पसली को जकड़-जकड़ लेते।" (सात गीत वर्ष, पृष्ठ 11) ऐसा होने के पीछे युगीन विद्रूपता कारण है—

"हम सबके दामन पर दाग़
हम सबकी आत्मा में झूठ
हम सबके माथे पर शर्म
हम सबके हाथों में टूटी तलवारों की मूठ।"

(सात गीत वर्ष, पृष्ठ 42)

प्रमथ्यु गाथा, टूटा पहिया, बाणभट्ट और वृहन्नला शीर्षक कविताएँ 'सात गीत वर्ष' की प्राण हैं। इनमें अतीत के माध्यम से वर्तमान की विसंगतियों और विडम्बनाओं को कलात्मक ढंग से प्रस्तुत किया गया है। प्रमथ्यु जन साधारण का पक्षधर है जिसने द्युपितर के महलों से उनके लिए अग्नि चुराई लेकिन वे ही लोग उसके प्रति कृतज्ञता ज्ञापन करने के स्थान पर उसके कठोर दण्ड के चटखारे लेते हैं। उनके इस व्यवहार से प्रमथ्यु दुखी होकर सोचता है कि बिना संघर्ष और बलिदान के मिल जाने वाली मुक्ति जनसाधारण को और उच्छृंखल तथा अनुत्तरदायी बनाती है—"बिना पीड़ा के मिल जाने वाली अग्नि/माँजती नहीं है/और पशु ही बनाती है।" फिर भी उसे विश्वास है कि—"ये जो जन हैं, साधारण जन हैं/उनमें से एक-एक के अन्दर/मूर्च्छित प्रमथ्यु कहीं बन्दी है/अवसर जिसे मिला कहीं साहस कर पाने का/कोई तो ऐसा दिन होगा/जब मेरे ये पीड़ा सिक्त स्वर/उसके मन को बेध मूच्छित प्रमथ्यु को जगायेंगे/उस दिन/हाँ, उस दिन/अकेला मैं रहूँगा नहीं/सबके हृदयों में मैं जागूँगा—मैं प्रमथ्यु।" (वही, पृष्ठ 28) 'टूटा पहिया' अपने मिथकीय संयोजन में उपेक्षित, तिरस्कृत और गर्हित समझे जाने वाले का महत्त्व स्थापन है। कवि की इस बात में आस्था है कि जिस प्रकार चक्रव्यूह में फँसे अभिमन्यु ने रथ के टूटे पहिये को हाथों में ग्रहण कर ब्रह्मास्त्र से लोहा लिया था उसी प्रकार दलित और गर्हित भी सच्चाई को आश्रय दे सकता है—

"मैं रथ का टूटा पहिया हूँ
लेकिन मुझे फेको मत
इतिहास की सामूहिक गति
सहसा झूठी पड़ जाने पर
क्या जाने
सच्चाई टूटे हुए पहियों का आश्रय ले।"

(वही, पृष्ठ 93)

नयी कविता में 'लघु मानव' की प्रतिष्ठा का मुद्दा बहुत प्रबलता के साथ उभरा। मानव व्यक्तित्व की प्रतिष्ठा के सन्दर्भ में लक्ष्मीकान्त वर्मा ने 'नयी कविता के प्रतिमान' में लिखा है—"वर्तमान युग की सबसे बड़ी दुर्घटना यह है कि बहुधा सम्पूर्ण मानव सन्दर्भ से इस 'लघुता' के महत्त्व को हटा दिया जाता है और तब बिना इसको स्वीकार किए सारे तर्क-वितर्क का परिणाम यह होता है कि समस्त मानवीय अनुभूति को एक ऐसी दिशा में ले जाया जाता है, जिसमें या तो प्रभु काचमत्कार हो या फिर महामानव या विशिष्ट मानव या सुपरमैन की ऐसी प्रशस्ति हो जिसके समक्ष मानवीय संवेदनायें बौनी लगें, यथार्थ के प्रति जागरूक मानव-शक्ति स्वार्थरत लगे और मनुष्य स्वयं अपने छोटेपन पर अपने समस्त विवेक और स्वाभिमान का समर्पण करके और उस देवमूर्ति के समक्ष श्रद्धानत होकर वापस चला आये।" कदाचित यही कारण है कि धर्मवीर भारती मनुष्य को बौना मानते हैं लेकिन उसकी शक्ति-समर्थ्य को वामन जैसा बताना नहीं भूलते—

"हर मनुष्य बौना है लेकिन
मैं बौनों में बौना ही बनकर रहता हूँ
हारो मत, साहस मत छोड़ो
इससे भी अथाह शून्य में
बौने ने ही तीन पगों में धरती नापी।"

(वही, पृष्ठ 141)

धर्मवीर भारती ने सांस्कृतिक अथवा पौराणिक मिथकों को नया अर्थ-सन्दर्भ देकर मानव की आधुनिक पीड़ा, समस्या और जटिलता को बड़ी सक्षमता से प्रस्तुत किया है। 'वृहन्नला भी युगीन यथार्थ सन्दर्भों को उजागर करने वाली उनकी एक सशक्त रचना है। इतिहास-पुरुषों को कठघरे में खड़ा करती हुई बृहन्नला कहती है—"व्यास लिखेंगे कि/अन्यायी दुर्योधन जब हमला बोला था विराट नगरी पर/मैंने भी अपना प्रदर्शित किया था शौर्य/कैसा लगेगा तुम्हें/जब तुम यह जानोगे कि यह तो लिखाया था मैंने ही/सुबह-शाम जा-जाकर/दुख की गाथा गा-गाकर/पावों में पड़-पड़ व्यास के।" आज के बुद्धिजीवी, कवि, कलाकार कितना आत्म केन्द्रित और स्वार्थी हो गये हैं, इसे केन्द्रित कर भारती जी ने 'बाणभट्ट' की रचना की है। यह उन कवियों/कलाकारों पर तीखा व्यंग्य है जिनके शब्द/रंग कूटनीतिज्ञों, बधिकों और श्रेष्ठीजन के यहाँ बिक गये हैं। उनकी आत्मा बन्धक हो गयी है—

"सत्य है कूटज्ञों, बधिकों, नगर-सेठों, वेश्याओं के आगे
बिके हुए शब्दों की यह क्रीड़ा
सत्य है राजा हर्षवर्धन के हाथों से मिला हुआ
पान का सुगन्धित एक लघु बीड़ा
(चाहे वह जूठा हो
पर उस पर लगा हुआ वर्कदार सोना
हाय बाणभट्ट! हाय
तुमको भी, तुमको भी आख़िर यही होना था)

(वही, पृष्ठ 88)

भारती जी की कविता का मुख्य स्वर यद्यपि व्यंग्य का नहीं है तथापि युगबोध एवं एक सजग रचनाकार होने के कारण उन्होंने समसामयिक जीवन और समाज में व्याप्त विसंगतियों, विडम्बनाओं तथा विद्रूपताओं पर करारा प्रहार किया है। साम्राज्यवादी मनोवृत्तियाँ पहले भी अपनी महत्वाकांक्षाओं की पूर्ति के लिए तरह-तरह के हथकंडे अपनाती रही हैं। घोड़े पर बैठकर अथवा तराजू लेकर दूसरों को पराधीन बनाने की उनकी अभिलाषा की सफलता में उनके द्वारा किये गये दुष्प्रचारों की भूमिका भी कम महत्वपूर्ण नहीं रही है। आज रंगीन फ़िल्में दिखाकर, रोटी का लालच दिलाकर, मुखौटा और आत्म विज्ञापन द्वारा लगभग वही कार्य किया जा रहा है जिसे आक्रान्ता पहले से ही करते आये हैं। भारती जी इन छद्म वेशधारियों से सतर्क और सावधान रहने की सलाह देते हैं—"ढंग है नया/लेकिन बात यह पुरानी है/घोड़ों पर रखकर या थैली में भरकर/वे जंजीरें केवल जंजीरें ही लाए हैं/और भी पहले वे कई बार आये हैं।" (वही, पृष्ठ 85)। वर्तमान समय में स्थिति और भी अधिक भयावह है। भूमंडलीकरण और बाज़ारवाद के इस युग में सांस्कृतिक वैभव को नष्ट कर पराधीन बनाने की योजना पहले से कहीं अधिक द्रुतगामी है। सांस्कृतिक वर्चस्ववाद का खतरा सम्पूर्ण भूमंडल पर व्याप्त है। समसामयिक जीवन की कुरूपता, हताशा, निराशा, आशंका, भय, टूटन-घुटन, क्रोध, घृणा, संघर्ष और तनाव आदि की अभिव्यंजना के लिए भारती जी की दृष्टि महाभारत कालीन परिदृश्य पर गयी है। द्वितीय विश्वयुद्ध की भयावहता और महाभारत की युद्ध-विभीषिका में उन्हें काफ़ी कुछ साम्य दिखाई देता है। विश्वयुद्ध के परिणाम स्वरूप मानव समुदाय में परिव्याप्त निराशा, अनास्था और कुण्ठा को विगलित करने के उद्देश्य से रामधारी सिंह 'दिनकर' ने 'कुरुक्षेत्र' की रचना की थी तो भारती जी 'अन्धायुग' काव्य-नाटक लिखते हैं। दोनों ही

कृतियों में अतीत और वर्तमान को अपने-अपने ढंग से प्रस्तुत किया गया है। भारती जी ने 'अन्धायुग में न तो अतीत को यथावत स्वीकार किया है और न ही वर्तमान जीवन की भयावह विभीषिका की प्रतिक्रिया से उत्पन्न खण्डित दृष्टि का ही समर्थन किया है बल्कि दोनों के तटस्थ एवं सम्यक् मूल्यांकन/विश्लेषण से आधुनिक मानवीय मूल्यों का अनुसन्धान किया है। अतीत और वर्तमान के सम्यक् संश्लेष से उन्होंने सम्भावना सम्पन्न भविष्य का संकेत देने की कोशिश की है। अन्धों के माध्यम से ज्योति की कथा कही है– "पथभ्रष्ट, आत्महारा विगलित/अपने अन्तर की अन्ध गुफाओं के वासी/यह कथा उन्हीं अन्धों की है/या कथा ज्योति की है–अन्धों के माध्यम से।" भारती का आस्थावान मन अन्धकार के महासागर में आलोक की किरण खोजने के लिए व्याकुल है। उनकी इस व्याकुलता का कारण है–मर्यादा का उल्लंघन–"टुकड़े-टुकड़े हो बिखर चुकी मर्यादा/दोनों ही पक्षों ने तोड़ा है/पाण्डव ने कुछ कम, कौरव ने कुछ ज़्यादा।" अन्धायुग में घुसने का कारण बताते हुए उन्होंने लिखा है–"कुण्ठा, निराशा, रक्तपात, प्रतिशोध, विकृति, अन्धापन इनसे हिचकिचाना क्या? इन्ही में तो सत्य के दुर्लभ कण छिपे हुए हैं तो इनमें क्यों न निडर धसूँ।" (अन्धा युग, पृष्ठ 3)। युद्धों के भयावह, विध्वंसक परिणामों से दुनिया अपरिचित नहीं है। उसने हाल ही में हिरोशिमा-नागसाकी का महाविनाश देखा है। भारती जी का हृदय भी इससे करुणा-विगलित हुआ है जिसकी प्रतिध्वनि 'अन्धायुग' में मानव के भविष्य-चिन्तन में सुनाई पड़ती है–

> "यदि यह लक्ष्य सिद्ध हुआ ओ नर पशु!
> तो आगे आने वाली सदियों तक
> पृथ्वी पर रसमय वनस्पति नहीं होगी
> शिशु होंगे विकलांग और कुण्ठाग्रस्त
> सारी मनुष्य जाति बौनी हो जाएगी।"

(वही, पृष्ठ 95)

मानव-मंगल की कामना से व्याकुल भारती जी की आस्थावान मूल्यान्वेषी दृष्टि केवल चिन्ता ही नहीं चिन्तन भी करती है। 'अन्धा युग' में युयुत्सु का प्रश्न कि 'रक्षा कैसे होगी अन्धेयुग में मानव-भविष्य की' (वही, पृष्ठ 127) का उत्तर देते हुए वृद्ध याचक कहता है–"जो अन्धा नहीं है, विकृत नहीं है, वही मानव भविष्य को बचायेगा।" यह केवल कृष्ण से ही सम्भव है क्योंकि–"सिर्फ़ कृष्ण में साहस है सुलझाने का/वह है भविष्य का रक्षक, वह है अनासक्त।"

सृजनशील, मर्यादित, साहसी और रसमय मानव-कर्मों में कृष्ण की ही जीवन्तता और सक्रियता दृश्यमान होगी—"मेरा दायित्व वह स्थिति रहेगा/हर मानव मन के उस वृत्त में/जिसके सहारे वह/सभी परिस्थितियों का अतिक्रमण करते हुए/नूतन निर्माण करेगा पिछले ध्वंसों पर/मर्यादा युक्त आचरण में/नितनूतन सृजन में/निर्भयता के/साहस के/ममता के/रस के/क्षण में/जीवित और सक्रिय हो उठूँगा मैं बार-बार।" (वही, पृष्ठ 130)। इस तरह युगीन परिवेश की निराशा और अनास्था के बीच 'अन्धायुग' आशा और आस्था की रचना है।

भारतीय साहित्य के लिए राधा-कृष्ण का प्रणय-प्रसंग अत्यन्त महत्वपूर्ण वर्ण्य विषय रहा है। इसी पौराणिक प्रसंग को धर्मवीर भारती ने नयी संवेदना के साथ 'कनुप्रिया' में अभिव्यक्त किया है। इसमें राधा-कृष्ण के माध्यम से राग-सम्बन्धों को वैचारिक पृष्ठभूमि देने की कोशिश की गयी है जिससे पुराने मूल्यों की अवमानना के साथ प्रेम के नये मूल्यों का अन्वेषण हो सके। 'अन्धा युग' में कृष्ण के माध्यम से आस्था की खोज है तो 'कनुप्रिया में सार्थकता का प्रश्न बार-बार उभरा है। राधा का कृष्ण से पूछा गया यह प्रश्न—"सार्थकता है क्या बन्धु?/मान लो कि मेरी तन्मयता के गहरे क्षण/रँगे हुए अर्थहीन आकर्षक शब्द थे/तो सार्थक फिर क्या है कनु?" (कनुप्रिया, पृष्ठ 73) वर्तमान जीवन-सन्दर्भों को बहुत गहराई तक प्रतिबिम्बित करता है। राधा-कृष्ण के प्रेम पूर्ण संवेदनों के माध्यम से स्त्री-पुरुष सम्बन्धों को आधुनिकता के धरातल पर उपस्थित करने में भारती जी की मनोवैज्ञानिक समझ प्रशंसनीय है। कनुप्रिया का कृष्ण से सार्थकता सम्बन्धी यह सवाल—"पर इस सार्थकता को तुम मुझे/कैसे समझाओगे कनु?/शब्द, शब्द, शब्द.../मेरे लिए सब अर्थहीन हैं/यदि वे मेरे पास बैठकर/मेरे रूखे कुन्तलों में उँगलियाँ उलझाये हुए/तुम्हारे काँपते अधरों से नहीं निकलते/" (वही) क्या आज की स्त्री का सवाल नहीं बन गया है? राधा को युद्ध की निरर्थकता का बोध है और इसीलिए जब वह यह सवाल करती है—"हारी हुई सेनाएँ जीती हुई सेनाएँ/नभ को कँपाते हुए युद्ध-घोष, क्रन्दन-स्वर/भागे हुए सैनिकों से सनी हुई/अकल्पनीय अमानुषिक घटनायें युद्ध की/क्या ये सब सार्थक हैं?" (वही, पृष्ठ 68) तब भारती जी की काव्य-चेतना का तार 'अन्धा युग' से जुड़ता हुआ दिखाई देता है। युद्ध और उसकी भयावहता की समस्या एक बार फिर उभारने के पीछे कवि का उद्देश्य यह सिद्ध करना रहा है कि इतिहास-निर्माण में असफलता, विरक्ति, विघटन, तनाव और नृशंसता से बचने के लिए रागात्मकता ज़रूरी है। कोमल भावनायें और संवेदनायें ही इतिहास को एक नया अर्थ देती हैं।

बेहतर मनुष्य और बेहतर समाज की आकांक्षा

गद्य-पद्य में समाभ्यस्त डॉ. योगेन्द्र नाथ शर्मा 'अरुण' की सर्वाधिक ख्याति उनके गीतों एवं कविताओं के कारण है। छायावादोत्तर काल से हिन्दी कविता के निरन्तर गद्यमय होते जाने की स्थिति में भी छन्द की ध्वजवाहकता के प्रतीक उनके गीतों और कविताओं ने जन मानस पर जो अमिट छाप छोड़ी है, उसकी कोई तुलना नहीं है। स्वर-लय, तुक-ताल और छन्द की साधना करने वाले डॉ. अरुण जी ने अपनी काव्य-कृतियों द्वारा यह प्रमाणित कर दिया है कि समकालीन छन्दमुक्तता की हवा के विपरीत चलकर भी न केवल सिद्धि प्राप्त की जा सकती बल्कि परम्परा की जड़ों को उच्छेदन से बचाया भी जा सकता है। कविता में समाविष्ट नीरस्ता से उपजी अपठनीयता की वर्तमान चुनौती को सरसता के समावेश से पठनीय बनाया जा सकता है। ज़ाहिर है वही कविता पाठक के मन-मस्तिष्क पर चिरकाल तक विराजती है। जिसमें रस बोध के साथ-साथ रसग्राहयता की शक्ति अन्तर्निहित होती है। स्मरणीयता में छन्दबद्धता की महती भूमिका होती है। यही कारण है कि डॉ. योगेन्द्र नाथ शर्मा 'अरुण' ने अपने को सर्वाधिक गीतों, दोहों और मुक्तकों में व्यक्त किया है ताकि उनकी पहुँच की परिधि व्यापक हो और वह पाठकों की जिह्वा पर एक लम्बी कालावधि तक सुशोभित हो। उनकी 'अरुण सतसई' इसी उद्देश्य की पूर्ति करती प्रतीत होती है। इसमें व्याप्त रस के छींटों से हृदय-कलिका तो खिलती ही है मस्तिष्क पर बेहतर मनुष्य और बेहतर समाज की आकांक्षा की भास्वरता भी दीप्तिमान हो उठती है।

इधर के वर्षों में कविता को गद्य के आवरण से मुक्ति दिलाने के प्रयासों में तीव्रता के कारण अनेक पुराने छन्दों की वापसी हुई है। रचनाकारों ने पंचशती, सप्तशती अथवा सतसई आदि रचकर 'दोहा' छन्द की ताक़त को फिर से आजमाया है। ज़ाहिर है दोहा लिखने के लिए कल्पना की समाहार

शक्ति और भाषा की समास शक्ति के साथ-साथ सूक्ष्म और व्यापक लोकानुभव होना चाहिए। जीवन-जगत के निरीक्षण-परीक्षण से स्वानुभव और व्यावहारिक दृष्टि का विकास होता है। शास्त्र-ज्ञान की अपेक्षा दुनिया को निकट से देखना, सुनना, गुनना, मथना यथार्थबोध के लिए बहुत आवश्यक होता है। डॉ. योगेन्द्र नाथ शर्मा 'अरुण' ने इन सभी से अपने अनुभव-जगत को विस्तृत और बहुआयामी बनाया है। इसीलिए 'अरुण सतसई' में जीवन के विविध पक्ष अनायास प्रतिबिम्बित होते चले गये हैं। मनमीत और प्रीति को व्याख्यायित करते दोहे, रिश्तों को बाँधते दोहे, मानव-धर्म का बोध कराते दोहे, परमात्म से आत्म को जोड़ते दोहे, प्रकृति की रम्यता में विचरते दोहे, नारी को नारायण ी बताते दोहे, राष्ट्रीयता का पाठ पढ़ाते दोहे, माता-पिता के सम्मान की शिक्षा देते दोहे, संसार की असारता और जीवन की क्षणभंगुरता का दर्शन कराते दोहे, कवि की अनुभव-विविधता और जीवन को समग्रता के साथ प्रस्तुत करने की ललक के रूप में देखे जा सकते हैं।

'अरुण सतसई' को 'आशा जीवन सार' कहा गया है। ज़ाहिर है डॉ. योगेन्द्र नाथ शर्मा 'अरुण' की स्वर्गीय पत्नी का नाम श्रीमती आशा है। जीवन में आशा का क्या महत्त्व है इसे कामायनीकार ने बहुत विस्तार के साथ 'कामायनी' में स्पष्ट किया है। यहाँ डॉ. अरुण ने अपने जीवन में अपनी पत्नी आशा के स्थान को निरुपित करने के साथ ही श्लिष्टता के आधार पर हर मनुष्य के जीवन में आशावादिता की अनिवार्यता पर जोर देने के लिए ही अपनी इस सतसई को 'आशा जीवन सार है' कहा है। इसमें सत्यता भी है। जिस प्रकार पत्नी अपनी विभिन्न भूमिकाओं द्वारा पति के जीवन में आये नैराश्यान्धकार को मिटाकर उसका मार्ग प्रशस्त करती है उसी प्रकार आशा-भाव भी जीवन को सहज, सुगम और उत्कृष्ट बनाता है। निराशा नकारात्मकता के द्व ारा मनुष्य को निष्क्रियता तथा पतनशीलता की ओर ले जाती है जबकि आशा सकारात्मक चिन्तन के साथ सक्रियता को बढ़ावा देकर शिखरत्व प्रदान करती है। डॉ. योगेन्द्र नाथ शर्मा 'अरुण' जी का मानना है कि आशा के साथ यदि हिम्मत हो तो लक्ष्य-भेद कठिन नहीं रहता—

"आशा नित मन में रहे, हिम्मत का हो साथ।
मंजिल पाएँगे सखे, रहे हाथ में हाथ॥ 94॥

डॉ. योगेन्द्र नाथ शर्मा 'अरुण' के सर्वाधिक दोहे 'प्रीति' पर हैं तथा

उसके बाद 'मनमीत' पर। वैसे तो साहित्य में प्रीति पर ढेरों लिखा गया है। हर रचनाकार ने अपने ढंग से प्रेम की अवधारणा, स्वरूप निर्धारण और उसके महत्त्व को रेखांकित किया है। प्रेम में समर्पण, आत्म लय और अहम्-त्याग पर जोर दिया है। डॉ. अरुण ने भी लगभग उसी ज़मीन पर 'प्रीति' का संधान और विश्लेषण किया है। उनका मानना है कि प्रेम का ज्ञान पुस्तकाधारित नहीं है—"पुस्तक ढेरों पढ़ गये, कभी न जानी प्रीत" (दोहा सं. 90)। दिल से दिल की बात होने पर ही प्रेम जागृत होता है। मनमीत मिलता है और मन गीत गाने लगता है—

"दिल से दिल की बात हो, दिल में जागे प्रीत।
मिले अगर मनमीत तो, मनवा गाए गीत॥ 60॥"

प्रणय के सर्वाधिक महत्त्वपूर्ण आलम्बन-आश्रय राधा और कृष्ण हैं जिन्हें विद्यापति, सूरदास, मीरा और न जाने कितने रचनाकारों ने अपने-अपने ढंग से देखा, समझा और भजा है। डॉ. योगेन्द्र नाथ शर्मा 'अरुण' जी ने भी उन पर कई दोहों की रचना की है। बिहारी राधा और कृष्ण में से किसी को भी घट-बढ़ नहीं मानते—'को घटि ए वृषभानुजा, वे हलधर के बीर'। गम्भीर स्नेह जुड़ने का आधार दोनों में समानता है। असमान स्थिति में उपजा स्नेह प्रगाढ़ नहीं हो सकता है। यह बात डॉ. अरुण अच्छी तरह जानते हैं और इसीलिए वे राधा के मुख से समानता की बात कहलवाते हैं—

"कान्हा राधा से कहें तुम हो मेरा प्राण।
राधा हँस कर यूँ कहें, हम हैं एक समान॥ 98॥"

कबीर ने सन्तों/साधो को सम्बोधित कर अपनी वाणी प्रकट की है। 'अरुण सतसई' में 'सखे' का सम्बोधन है। उपदेशात्मकता दोनों जगह है। कबीर प्रेम में अहम् त्यागने की सलाह देते हैं। डॉ. अरुण भी लगभग वही बात कहते हैं—"अहम् रहे जब प्रीत में, मीत रहे तब दूर" (दोहा सं. 141)। प्रेम ईश्वर का वरदान, अनूठा धन और सभी को जोड़ने वाला तत्त्व है इसीलिए राग-द्वेष भूलकर हृदय से प्रेम करने की सलाह दी जाती रही है। डॉ. अरुण मीरा के समान प्रेम और कबीर के समान ध्यान की आवश्यकता पर जोर देते हैं ताकि ईश्वर की प्राप्ति हो सके—

"मीरा जैसी प्रीत हो कबिरा सा हो ध्यान।
दुनिया कहती है सखे, पाय मनुज भगवान॥23॥"

पूर्वापर सम्बन्धों से निरपेक्ष तथा स्वतः सम्पूर्ण एवं रस चर्वणा से युक्त दोहों में बड़ी बात तभी उभरती है जब जीवन को निकट से देखा, जाना और समझा गया हो। 'अरुण सतसई' में जीवन की गहराई का बोध है। इसीलिए इसमें कर्त्तव्याकर्त्तव्य पैदा करने की क्षमता है। उत्कर्षापकर्ष में द्वन्द्वहीन बने रहने की सीख है। व्यष्टि एवं समष्टि में लय, ताल, सामंजस्य एवं अनुशासन की आवश्यकता पर जोर है। जीवन की क्षणभंगुरता एवं संसार की नश्वरता का उल्लेख है। स्वार्थ की अपेक्षा परमार्थ करने की सलाह है। जीवन को व्यर्थ गँवाने की अपेक्षा सतत् क्रियाशीलता का आह्वान है। राग से विराग एवं लोक से परलोक की और उन्मुखता का सन्देश है। इन्हीं भावनाओं, विचारों एवं संवेदनाओं से ऊर्जस्वित इस सतसई से कवि के गहरे जीवन-बोध एवं रागात्मकता का परिचय तो मिलता ही है साथ ही 'आशा जीवन सार है' का सन्देश भी प्रस्फुटित होता है। इसी के साथ यह शिक्षा भी मिलती है कि जीवन पुष्प सदृश होना चाहिए और कर्म-विधान सुगन्ध बाँटने जैसा—

"फूल सरीखे हम जिएँ, बाँटें नित्य सुगन्ध।
आजीवन हँसते रहें, तोड़ें ना सम्बन्ध॥21॥"

वर्तमान समय निरन्तर क्षरित जीवन-मूल्यों एवं आचरणहीनता का है। अर्थलोलुपता से उपजी स्वार्थी मानसिकता ने जीवनादर्शों की धज्जियाँ उड़ा दी हैं। उद्दाम विलासिता और नग्न फूहड़ता को जीवन की सच्चाई मान लेने की होड़ लगी हुई है। भौतिक सुखों की सिद्धि के नये-नये साधनों ने आतुरता और आकुलता को जन्म दिया है। ऐसे भयावह समय में डॉ. योगेन्द्र नाथ शर्मा 'अरुण' ने जीवन-मूल्यों की प्रतिष्ठा का प्रयास किया है। दया, दान, पुरोपकार और त्याग की भावना को आधार बनाकर दोहों की रचना की है। प्राकृतिक उपादानों को आत्मसात करते हुए उपकार की महिमा गाई है— "पवन फूल नदिया सभी, सबको बाँटे प्यार। अमृत वो होता यहाँ करता जो उपकार।" (दोहा संख्या-309)। डॉ. अरुण यह भी बताना नहीं भूलते कि यह जीवन चार दिन का है इसलिए परोपकार करते हुए जिया जाए, अपने लिए नहीं संसार के लिए जिया जाय—"परोपकार करते चलें, जीएँ जग के हेत/जीवन केवल चार दिन, चेत सके तो चेत॥" (दोहा संख्या-305)। वे कबीर आदि सन्तों की भाँति यह भी समझाते हैं कि यह जीवन ईश्वर का दिया हुआ है। मनुष्य का शरीर बार-बार मिलता भी नहीं है। इसलिए उपकार करना सीखा जाय—

"जीवन प्रभु की देन है, मिले न बारम्बार।
इसीलिए कहते बड़े, करो सखे उपकार॥207॥"

साहित्य का काम्य है– 'शिवेतर की क्षति' और 'सर्वभूत का हित' इसीलिए सभी रचनाकार प्रत्यक्ष अथवा अप्रत्यक्ष रूप से यही चाहते हैं कि समाज दैहिक, दैविक और भौतिक तापों से मुक्त हो, स्नेह, सौख्य, सौहार्द का साम्राज्य हो, असंगति-विसंगति की दूर-दूर तक व्याप्ति न हो। सुख, सम्पन्नता और रागानुराग की उदात्तता हो लेकिन 'अरुण सतसई' में इनकी कामना सर्वाधिक है। डॉ. अरुण का मानना है कि अगर सबको सुख बाँटा जाय तो मित्रता बढ़ेगी और सभी का कल्याण होगा–

"सबका ही कल्याण हो, यही हमारी रीत।
सबको सुख बाँटें अगर, सब हो सबके मीत॥370॥

ईर्ष्या, घृणा, द्वेष, मद-मत्सर आदि जितना व्यक्ति के लिए घातक हैं उससे कहीं अधिक समाज के लिए हानिकारक हैं। मैं, मेरा, तुम, तेरा की भावना विभाजनकारी है। यह नफ़रत बढ़ाती है। नफ़रत में डूबे व्यक्ति की जब आँखें खुलती हैं तब उसे अपनी अज्ञानता और बेड़ा डूबने को बोध होता–"मेरा तेरा नित किया, नफ़रत, पाली खूब/आँख खुली तब जब सखे, बेड़ा गया है डूब।" (दोहा संख्या-269)। डॉ. अरुण मानते हैं कि नफ़रत से कुछ मिलता नहीं है। उल्टे ईर्ष्यालु का सुख-चैन छिन जाता है इसलिए प्रेम करना चाहिए। प्रेम भगवान् का स्वरूप है–

"नफ़रत कुछ देती नहीं, करती नींद हराम।
प्रेम रूप भगवान का, मन पाता विश्राम॥266॥"

डॉ. योगेन्द्र नाथ शर्मा 'अरुण' का भाव-लोक संसार और संसार के पार का भाव-लोक है। वे इस संसार को खूबसूरत देखने के आकांक्षी है तो इसके पार के लोक में भी आत्म-कल्याण की कामना से युक्त हैं। वे जीवन-जगत के प्रति आस्थावान बनाकर भी उससे पार के संसार में ले जाने का विधान रचते हैं। इससे उनके दोहों में उपदेशात्मकता की प्रवृत्ति का आ जाना अस्वाभाविक नहीं है। उसकी सहजता में डॉ. अरुण का सन्तत्व की भूमिका में दीखना भी अस्वाभाविक नहीं है। जीवन की क्षणभंगुरता और संसार की नश्वरता की बात करते समय वे कबीर आदि सन्तों/भक्तों की ज़मीन पर खड़े नज़र आते हैं। कबीर ने इस संसार को 'सेमल का फूल', 'धुँएँ का धौरहर' आदि कहा है तथा

इससे विरक्त हो ईश्वर की शरण में जाने को कल्याणकारी माना है। डॉ. योगेन्द्र नाथ शर्मा 'अरुण' भी लगभग वही बात कहते हैं–

"सेमल फूल सा यह जगत, खुद की करो सँभाल।
राम हृदय में राख लो, छू न सकेगा काल॥353॥"

एक अन्य दोहे में डॉ. अरुण ने जीवन को सेमल फूल से उपमित किया है। ज़ाहिर है–जीवन भी आकर्षक है लेकिन 'निर्गन्धा इव किंशुकाः' की भाँति उसकी निस्सारता, सर्वविदित है। इसलिए कवि की चेतावनी है कि सिर्फ़ अपने को ही सुखी बनाये रखने की बात सोचना बड़ी भारी भूल है–

"जीवन क्षणभंगुर सखे, जैसे सेमल फूल
सदा सुखी मैं ही रहूँ, यही सोचना भूल॥508॥"

डॉ. योगेन्द्र नाथ शर्मा 'अरुण' मानवतावादी कवि हैं। उनकी चिन्ता और चिन्तन के केन्द्र में सिर्फ़ मनुष्य है। उनके दोहों में मनुष्य अपने सुख-दुःख के साथ उपस्थित है। डॉ. अरुण उसके दुःखों का कारण ढूँढ़ते हैं और कबीर, तुलसी, रैदास की भाँति दुःख निवृत्ति का मार्ग सुझाते हैं। वे जीवन से पलायन की कोई बात नहीं कहते बल्कि साहस के साथ उसका सामना करने की सीख देते हैं। संकटों के आने पर हिम्मत नहीं हारने की सलाह देते हैं। "रहिमन विपदा हूँ भली जो थोरे दिन होय. हित अनहित या जगत में जानि परत सब कोय।" की तर्ज पर डॉ. अरुण भी विपत्ति का स्वागत करने की बात कहते हैं–

"विपदा का स्वागत करो, अच्छा बुरा सिखाय।
मित्र अमित्र का ज्ञान हो, स्वाभिमान बढ़ जाय॥318॥"

जीवन अग्निपथ है। प्रतिक्षण संघर्ष और साहस की अपेक्षा से भरा हुआ। जीवन की डगर में कहीं सुख है, कहीं दुःख। कहीं हर्ष, कहीं विषाद। कहीं धूप, कहीं छाँव–"सुख-दुःख, हर्ष-विषाद सब, हैं जीवन के रूप/जहाँ मिले छाया सुखद, वहीं मिलेगी धूप।" (दोहा संख्या-196)। डॉ. अरुण का मानना है कि सुख में इठलाना नहीं चाहिए और दुःख में घबराना नहीं चाहिए। जीवन रोने-धोने का नाम नहीं है। संकट/विपत्ति के आने पर भी व्यक्ति को हँसते-मुस्कराते रहना चाहिए। डॉ. अरुण का कहना है कि जीवन की रीति-नीति फूलों से सीखना चाहिए। यह जानते हुए कि कल उन्हें झर जाना है लेकिन फिर भी वे मुस्कराते रहते हैं–

"पुष्पों से सीखें सखे, जीवन का दस्तूर।
कल झरना, पर आज सब, हँसते हैं भरपूर॥321॥"

जिस प्रकार भक्त कवि सम्बोधनात्मक शैली में अपनी बातें रखते रहे हैं उसी प्रकार डॉ. योगेन्द्र नाथ शर्मा 'अरुण' भी पाठकों से संवाद करते नज़र आते हैं। वे कभी जागरण का सन्देश देते हैं तो कभी माया, मोह, लोभ, द्रोह आदि से ऊपर उठकर सत्पथ पर चलने की बात करते हैं। बीतरागी बनने की सलाह उनके कई दोहों में है। अन्तर्लोचन, आत्मजागरण, आत्म प्रक्षालन के समानार्थी शब्दों के आगमन ने आत्मशुचिता का जो भाव पैदा किया है उससे ये दोहे भक्त कवियों के काफ़ी निकट लगते हैं। डॉ. योगेन्द्र नाथ शर्मा 'अरुण' ने क्षमा को हृदय का शील कहा है– क्षमा गंगा की धारा के समान तन-मन को शुद्ध करती है–

"क्षमा हृदय का शील है, मन का हो विस्तार।
क्षमा शुद्ध तन मन करे, जैसे गंगाधार॥ 257॥"

अपने समय की धारा के साथ होकर भी डॉ. योगेन्द्र नाथ शर्मा 'अरुण' अगर कुछ अलग हैं तो इसलिए कि उनमें अनुभव की व्यापकता, संवेदनात्मक सघनता और कथन की ऋजुता अन्यों की अपेक्षा अधिक है। उनके अनुभव का संसार काफ़ी विस्तृत है जहाँ जीवन-जगत की हर चीज़ पर उनकी पैनी नज़र है। उसकी अभिव्यक्ति के लिए वे शब्दाडम्बर में नहीं जाते। अलंकारों के अनावश्यक व्यामोह से बचते हुए वे अपनी बात कहते हैं–

"तेरा-मेरा जो करे, रहे सभी से दूर।
जो सबको अपना कहे, सुख पाए भरपूर॥335॥"

डॉ. योगेन्द्र, नाथ शर्मा 'अरुण' ने समरस जीवन की पक्षधरता व्यक्त की है। समरसता में आनन्द की कल्पना जयशंकर प्रसाद ने भी की थी। समरसता ऐसी सामाजिक व्यवस्था है जिसमें विरसता के लिए कोई स्थान नहीं है। समरसता और रामराज्य की कल्पना तभी साकार हो सकती है जब सारे भेद-भावों का मूलोच्छेदन तथा समतामूलक भावों की स्थापना हो। इसके लिए आचरण की शुद्धता और मंगलविधापिनी क्रिया-कलापों की अपेक्षा होगी जिसकी वकालत करने में डॉ. अरुण ने कोई कोर कसर नहीं छोड़ी है। सकारात्मक चिन्तन, विचार और कार्य की ओर उन्होंने ध्यान केन्द्रित किया है।

उनका मानना है कि नकरात्मकता चिन्तन को कुन्द और मन्द करती है जबकि सकारात्मकता आनन्द का सृजन—

"सकारात्मक जो रहे, मिले उसे आनन्द।
नकारात्मकता सखे, करती चिन्तन मन्द॥72॥"

स्त्री-विमर्श आज वाद-विवाद-संवाद का एक मुख्य मुद्दा है जिसमें नारी की स्वतन्त्रता, स्वावलम्बन, आत्म निर्भरता आदि के साथ देह की स्वतन्त्रता भी बहस का विषय है। स्वतन्त्रता की अतिवादी परिधि में स्वच्छन्दता और उच्छृंखलता के समावेश ने आचरण की शुचिता के लिए एक गम्भीर समस्या खड़ी कर दी है। इसीलिए आदर्शवादी रचनाकार उन मूल्यों की वकालत में जुटे हैं जिनसे नारी एक आदर्श पत्नी, एक आदर्श माँ और एक आदर्श बहन की भूमिका निभाती हुई एक आदर्श परिवार की संरचना में अपना योगदान देती है जिसकी नींव सन्तुलन और सामंजस्य पर आधारित होती है। डॉ. योगेन्द्र नाथ शर्मा 'अरुण' एक ऐसे ही आदर्श रचनाकार हैं जिन्होंने नारी को भोग्या नहीं बल्कि जीवन का आधार माना है। नारी को नारायणी कहा है— "नारी है नारायणी, सृष्टि, का आधार/पालन जग का नित करे, देती सबको प्यार।" (दोहा संख्या 184)। सन्दर्भ भिन्न ही सही वे यह भी मानते हैं कि मर्यादा में रहने वाला ही महान होता है—

"मर्यादा में जो रहे, वो ऊँचा हो जाय।
सागर सीमा ना तजे, रत्नाकर कहलाय॥11॥

देश से लेकर विदेश तक के अनुभव-संसार में देशीयता का आँचल पकड़े रहना भी डॉ. योगेन्द्र नाथ शर्मा 'अरुण' को उनके समकालीनों से थोड़ा अलग करता है। यों तो हर किसी को अपनी धरती और अपना आकाश प्रिय लगता है किन्तु कवि को अपना देश संसार में सबसे सुन्दर लगता है— "सारी दुनिया घूम लो, सुन्दर अपना देश/अपनी ही भाषा भली, भाए अपना वेश।" (दोहा संख्या-332)। तो वह अकारण नहीं है। भारत जगत गुरु रहा है। यहाँ की शस्य श्यामला धरती आकर्षण का केन्द्र रही है। भक्ति और अध्यात्म में इसकी कोई तुलना नहीं है। अनेकता में एकता यहाँ का सांस्कृतिक वैशिष्ट्य रहा है— "संस्कृति जीवन-मूल है, यही मनुज का मान/राष्ट्र गरिमा है यही, युग की है पहचान॥" (दोहा संख्या-401)। इसीलिए डॉ. अरुण का यह उद्घोष है—

“पूजा हो तो राष्ट्र की, राष्ट्र हमारा धर्म।
राष्ट्र रहा तो हम रहे, यही सोचना कर्म॥260॥”

नवनीत लेपन और मिथ्या प्रशंसा करने वाले अपना उल्लू सीधा करने में माहिर होते हैं किन्तु उनके इस आचरण से सामने वाले को कितनी क्षति होती इसका पता उसे बाद में लगता है। इसीलिए डॉ. अरुण ऐसे धूर्तों से सावधान रहने की सीख देते हैं—

“जब कोई बिन बात ही, करे प्रशंसा आय।
समझो पक्का धूर्त है, कभी न करे सहाय॥156॥”

भारतीय आत्मा के शिल्पी को खोजने की अनथक साधना

ऐसा बहुत कम हुआ है कि किसी साहित्यसेवी ने अपने जीवन का अधिकांश समय किसी एक रचनाकार को खोजने और खोलने में अर्पित किया हो। डॉ. कमल किशोर गोयनका एक ऐसे अन्वेषक, आलोचक और सम्पादक हैं, जिन्होंने अपनी प्रतिभा, अपना श्रम और अपने जीवन का लगभग तीन चौथाई भाग सिर्फ़ प्रेमचंद को समर्पित कर दिया है। कभी डॉ. राम विलास शर्मा ने निराला के लिए ऐसा ही किया था। निराला की साहित्य साधना से कवि को न केवल एक नयी आभा मिली बल्कि उसे सार्वभौम स्वीकृति भी प्राप्त हुई। यह बड़ा और कठिन कार्य होते हुए भी डॉ. शर्मा के लिए थोड़ा आसान इसलिए रहा होगा कि उन्हें दीर्घ अवधि तक निराला का सानिध्य प्राप्त था किन्तु डॉ. गोयनका का जन्म ही प्रेमचंद के निधन के दो वर्ष बाद हुआ है। ऐसे में प्रेमचंद सम्बन्धी ज्ञात-अज्ञात, प्राप्य-अप्राप्य साहित्यिक सामग्री का अनुसन्धान, विश्लेषण और क्रमिक व्यवस्थापन का कार्य डॉ. गोयनका के लिए डॉ. शर्मा की तरह आसान नहीं रहा होगा। कहने के लिए तो यह भी कहा जा सकता है और कहा ही जाता है कि शोध-क्षेत्र में डॉ. गोयनका के प्रवेश से पहले प्रेमचंद पर ढेरों सामग्री उपलब्ध थी। अमृतराय की पिता पर लिखी जीवनी 'प्रेमचंद—कलम के सिपाही' तथा मदन गोपाल की 'कलम का मज़दूर' जैसी पुस्तकें चर्चा में थीं। उपन्यास सम्राट को लेकर अनेकानेक शोध कार्य किये जा रहे थे। ऐसे में प्रेमचंद तक पहुँचने के लिए राजमार्ग न सही पक्की सड़क तो अवश्य थी फिर डॉ. गोयनका ने पथ की दुर्गमता का इतना ढिंढोरा क्यों पीटा? प्रेमचंद के प्रचुर साहित्य की अनुपलब्धता को अनेकशः वाद-विवाद-संवाद का विषय क्यों बनाया? आदि प्रश्न बार-बार उठाये गये लेकिन डॉ. गोयनका ने उन सभी बौछारों का न केवल

डटकर सामना किया बल्कि प्रामाणिकता के अस्त्रों से सबका मुँह भी बन्द कर दिया। उन्होंने प्रेमचंद को अपनी गवेषणा, अनुसन्धान और आलोचना का विषय बनाये जाने के कारणों का उल्लेख करते हुए लिखा है—"प्रेमचंद के छोटे पुत्र अमृतराय ने सन 1962 में प्रेमचंद की जीवनी के साथ आठ पुस्तकें उनके अज्ञात एवं अप्राप्य साहित्य की प्रकाशित की थीं जो इतने विपुल अनुपलब्ध साहित्य को खोजने का अनोखा उदाहरण था। हिन्दी संसार में इसका दिल खोलकर स्वागत हुआ और यह मान लिया गया कि प्रेमचंद का सम्पूर्ण प्राप्य-अप्राप्य साहित्य सामने आ चुका है, किन्तु इन ग्रन्थों के प्रकाशन के दो वर्ष बाद मैंने जब दिल्ली विश्वविद्यालय से प्रेमचंद पर अपना शोध कार्य शुरू किया तो मुझे धीरे-धीरे स्पष्ट होने लगा कि सम्पूर्ण साहित्य की खोज का दावा ठीक नहीं है और उनके निजी जीवन के दस्तावेजों तथा साहित्य की खोज के सिलसिले को क़ायम रखना होगा। इस प्रकार प्रेमचंद साहित्य पर शोध कार्य के साथ उनके जीवन से सम्बन्धित दस्तावेजों, पत्रों, पाण्डुलिपियों, फ़ोटोग्राफों के साथ उनके अन्य लुप्त एवं अज्ञात साहित्य को भी खोजने एवं समय-समय पर प्रकाशित करने का दायित्व भी जुड़ गया।" (गवेषणा, अंक-111, पृष्ठ सं. 9)। कहना न होगा कि डॉ. गोयनका ने इसे ही अपने जीवन का लक्ष्य बना लिया और लगभग पाँच दशकों से वे इस साधना-पथ पर निरन्तर अग्रसर हैं। इसकी सफलता के रूप में उनकी प्रेमचंद सम्बन्धी दो दर्जन से अधिक पुस्तकें हैं प्रेमचंद के उपन्यासों का शिल्प विधान, प्रेमचंद कुछ संस्मरण, प्रेमचंद और शतरंज के खिलाड़ी, प्रेमचंद : अध्ययन की नयी दिशायें, प्रेमचंद विश्वकोश, प्रेमचंद चित्रात्मक जीवनी, प्रेमचंद का अप्राप्य साहित्य, प्रेमचंद की हिन्दी-उर्दू कहानियाँ, प्रेमचंद—रचना संचयन, प्रेमचंद के नाम पत्र, प्रेमचंद सम्पूर्ण बाल साहित्य, प्रेमचंद और रंगभूमि उपन्यास, प्रेमचंद की अप्राप्य कहानियाँ, प्रेमचंद पत्र कोश, प्रेमचंद-कहानी रचनावली, प्रेमचंद-कालजयी कहानियाँ, प्रेमचंद-वाद प्रतिवाद और संवाद, प्रेमचंद = अनछुए प्रसंग, प्रेमचंद = राष्ट्र प्रेम की कहानियाँ, प्रेमचंद-सम्पूर्ण दलित कहानियाँ, प्रेमचंद-कहानी कोश, प्रेमचंद की कहानियों का कालक्रमानुसार अध्ययन आदि। इन पुस्तकों ने ही डॉ. गोयनका को प्रेमचंद विशेषज्ञ' के रूप में ख्याति दिलाने में आधार का काम किया है।

डॉ. कमल किशोर गोयनका संकल्पधर्मा होने के साथ-साथ अध्यवसायी और परिश्रमी भी हैं। 'प्रेमचंद विश्व कोश' उनकी दस वर्षों की अनथक साधना का परिणाम है। प्रेमचंद के अनछुए प्रसंगों, घटनाओं, तथ्यों तथा उनकी अप्रकाशित

कहानियों, लेखों, पत्रों, दस्तावेजों को खोजने में डॉ. गोयनका ने जो तल्लीनता और तन्मयता प्रदर्शित की है वह हिन्दी जगत में अनुपमेय है। प्रेमचंद से सम्बन्धित बैंक खातों, प्रमाण-पत्रों, सेवा पुस्तिका आदि की खोज भी कम श्रमसाध्य और विस्मयजनक नहीं है। प्रेमचंद के साक्षात्कार, उनकी निजी डायरियाँ, रायल्टी के लिए प्रकाशकों से किये गये उनके पत्राचार आदि को खोजना और उनकी असन्दिग्धता की जाँच करना भी कम चुनौतीपूर्ण और ऊबाऊ नहीं कहा जा सकता। फिर भी डॉ. गोयनका असंख्य कठिनाइयों, असुविधाओं, विघ्नों तथा बाधाओं की परवाह किये बिना अपने कर्म पथ पर सतत गतिमान रहे तो यह उनकी जीवटता, कर्मठता, साहसिकता और समर्पण भाव का ही परिचायक है। मार्क्सवादियों द्वारा बार-बार चिढ़ाने और नीचा दिखाने के बावजूद अगर वे अपनी सिद्धि की तरफ़ बढ़ते रहे तो यह एक अनन्य साधक की आस्था और विश्वास का ही सुफल है। यहाँ यह भी ध्यातव्य है कि अकादमिक शोध के नाम पर आज जो कुछ भी फैशन में है उससे बिल्कुल अलग डॉ. गोयनका ने अपना गवेषणात्मक कार्य किया है। उन्होंने शोध का जो प्रतिमान निर्मित किया है उसका संस्पर्श आज की पीढ़ी की शक्ति सामर्थ्य से परे इसलिए है कि उसके पास न धैर्य है, न समय, न अध्यवसाय है न परिश्रम। येन-केन प्रकारेण उपाधि-प्राप्ति की लालसा में वह शोध कार्य सम्भव नहीं है जो डॉ. कमल किशोर गोयनका ने किया है। यही कारण है कि उनका नाम प्रेमचंद के साथ इस प्रकार जुड़ गया है कि उसे आसानी से विलगा पाना अत्यंन्त दुष्कर है।

प्रेमचंद साहित्य के अन्वेषण और अनुशीलन के माध्यम से डॉ. कमल किशोर गोयनका ने कुछ नयी स्थापनायें की हैं। हिन्दी की पहली कहानी और पहली आधुनिक हिन्दी कहानी को लेकर माथा पच्ची आज भी जारी है। गोयनका ने इस मुद्दे पर काफ़ी गम्भीरता से विचार किया है। उन्होंने उन सभी आलोचकों जिन्होंने पहली कहानी के प्रश्न को सुलझाने का प्रयत्न किया है उनको सन्दर्भित करते हुए अपना मन्तव्य दिया है कि "हिन्दी की पहली आधुनिक कहानी के निर्धारण में सन 1915-16 में प्रकाशित 'सौत', 'पंच परमेश्वर' तथा 'उसने कहा था कहानियों में से किसी एक को चुनने से यह अधिक उचित होगा कि इसका श्रेय 'सोजे वतन की कहानियों को दिया जाए। 'सोजे वतन' से आधुनिक कहानी का श्रीगणेश होता है और यदि इसका श्रेय हिन्दी और उर्दू की कहानियों को मिलता है तो हिन्दी के आलोचकों को सहानुभूति पूर्वक विचार करने की आवश्यकता है।" (प्रेमचंद की कहानियों का कालक्रमानुसार अध्ययन, पृष्ठ

44)। यहाँ यह प्रश्न उठना स्वाभाविक है कि क्या उर्दू कहानियों को हिन्दी की आधुनिक कहानी के जन्म का श्रेय दिया जा सकता है? इस प्रश्न के उतर में डॉ. गोयनका ने प्रेमचंद का उर्दू-प्रेम, उर्दू से हिन्दी में आने के कारणों का सविस्तार उल्लेख किया है। साथ ही यह प्रश्न भी उठाया है कि "क्या प्रेमचंद के सन्दर्भ में हिन्दी-उर्दू की कहानियों का कोई भेद है या नहीं है और यदि है तो क्या हिन्दी के आलोचकों तथा शोध-कर्त्ताओं ने प्रेमचंद सम्बन्धी अपने आलोचनात्मक एवं शोधात्मक कार्यों में उनकी केवल हिन्दी में प्रकाशित कहानियों तथा उपन्यासों का ही अध्ययन-विवेचन किया है अथवा अपनी नीति के विरुद्ध प्रेमचंद द्वारा केवल उर्दू में प्रकाशित रचनाओं को भी अपने अध्ययन में सम्मिलित कर लिया है? असल में, इस प्रश्न के समाधान से ही प्रेमचंद की हिन्दी-उर्दू कहानियों के भेद-अभेद का निर्णय हो सकेगा और तभी हम हिन्दी की पहली आधुनिक कहानी का भी निर्णय कर सकेंगे।" (वही, पृष्ठ 19)। हिन्दी-उर्दू के भेद-अभेद वाले प्रश्न के उत्तर में डॉ. गोयनका ने प्रेमचंद की हिन्दी-उर्दू सम्बन्धी अवधारणा को विस्तार के साथ प्रस्तुत किया है। उन्होंने यह दिखाने की चेष्टा की है कि प्रेमचंद उर्दू को मुसलमानों की तथा हिन्दी को हिन्दुओं की भाषा मानने को तैयार नहीं थे। इसके प्रमाण में उन्होंने सन 1930 के 'जमाना' में प्रेमचंद द्वारा लिखित लेख की इन पंक्तियों को उद्धृत किया है—"उर्दू न मुसलमानों की बपौती है, ना हिन्दुओं की। उसके लिखने और पढ़ने का हक दोनों को हासिल है। हिन्दुओं का उस पर हक पहला है क्योंकि वह हिन्दी की एक शाखा है, हिन्दी के पानी और मिट्टी से उसकी रचना हुई और सिर्फ़ कुछ थोड़े से अरबी और फारसी शब्दों के दाख़िल कर देने से उसकी असलियत नहीं बदल सकती।" (वही, पृष्ठ 23)। ज़ाहिर है प्रेमचंद के अनुसार हिन्दी और उर्दू तत्वतः एक ही हैं अन्तर है तो केवल लिपि का। जहाँ तक प्रेमचंद के उर्दू-प्रेम की बात है तो उसे दर्शाने के लिए गोयनका ने उस पत्र का उल्लेख किया है जो उन्होंने 'साकी' के एडीटर को लिखा था—"मैं उर्दू के लिए न सिर्फ़ ज़िन्दा हूँ, बल्कि ज़्यादा जोरों से जी रहा हूँ।" (वही, पृष्ठ 28)। प्रेमचंद हिन्दी में आने के बाद भी उर्दू में लिखते रहे जिसका प्रमाण उनकी कहानी 'कफन' है जिसकी रचना पहले उर्दू में हुई और वह पहले उर्दू में ही 'जामिया के दिसम्बर, 1935 के अंक में छपी। अब यह प्रश्न उठना स्वाभाविक है कि जिस प्रेमचंद ने हिन्दी-उर्दू में भेद नहीं माना, दोनों के संस्कारों एवं सेवदनाओं में कोई बुनियादी अन्तर नहीं माना, उन्हीं की कहानियों को हिन्दी-उर्दू के दो वर्गों में बाँटकर अध्ययन करना क्या उचित

होगा? डॉ. गोयनका की शिकायत है कि "प्रेमचंद की हिन्दी और उर्दू कहानियों को अलग-अलग भाषाओं की कहानियाँ बताकर उनमें भेद तो खूब किया गया है जबकि इन दोनों भाषाओं में प्रकाशित कहानियों को हिन्दी की एक धारा में रखने के वैज्ञानिक प्रयास नहीं हुए हैं।" (वही, पृष्ठ 19)। काश! ऐसे प्रयत्न हुए होते तो 'सोजे वतन' से आधुनिक हिन्दी कहानी का श्रीगणेश मान लेने में कोई आपत्ति नहीं होती और इस तरह डॉ. गोयनका के अनुसार हिन्दी कहानी के इतिहास का एक बड़ा प्रश्न सुलझ गया होता।

डॉ. गोयनका ने अपनी विवेचन-क्षमता, अकाट्य तर्क-शैली और पुष्ट प्रमाण ाों के आधार पर प्रेमचंद की कहानियों की संख्या को भी सुलझाने का प्रयत्न किया है। उनका यह कार्य इसलिए भी और महत्वपूर्ण हो गया है कि स्वयं प्रेमचंद को भी अपनी कहानियों की संख्या ठीक-ठीक ज्ञात नहीं थी। गोयनका के अनुसार प्रेमचंद ने अपनी कहानियों की संख्या 250 मानी थी। उनके समालोचकों विशेषतः डॉ. रामरतन भटनागर, डॉ. इन्द्रनाथ मदान, डॉ. लक्ष्मीनारायण लाल, डॉ. देवराज उपाध्याय, डॉ. गौतम सचदेव, डॉ. इन्द्र कुमार सिन्हा, जाफर रजा, आदि ने उनकी कहानियों की संख्या 250 से लेकर 400 के बीच तक मानी है। उनके सुपुत्र अमृतराय ने प्रेमचंद = कलम का सिपाही' में 224 कहानियों की सूची दी है। इससे प्रेमचंद के पाठकों को होने वाली असुविधाओं तथा सन्देहों का अन्दाज़ा लगाया जा सकता है। इसलिए प्रेमचंद की कहानियों की संख्या का निर्धारण बहुत ज़रूरी था जिसे डॉ. गोयनका ने पूरा करने का प्रयास किया है। उन्होंने अपने पूर्ववर्ती प्रयासों की प्रामाणिक विवेचना की है और उन न्यूनताओं की ओर ध्यान आकृष्ट किया है जिनसे प्रेमचंद की कहानियों की सही संख्या निर्धारित करने में कठिनाइयों का सामना करना पड़ा है। डॉ. गोयनका के अनुसार "प्रेमचंद की 298 उपलब्ध कहानियाँ हैं तथा 3 अनुपलब्ध कहानियों का विवरण है। इस प्रकार प्रेमचंद की कहानियों की कुल संख्या 301 है।" (वही, पृष्ठ 82)। सम्पूर्ण कहानियों की काल-क्रमानुसार सूची तैयार करना भी एक जटिल कार्य था क्योंकि कालक्रम से अध्ययन और समीक्षा का अभाव था। यद्यपि कुछ शोधकर्ताओं तथा समीक्षकों ने प्रेमचंद की कहानियों की सूची तो बनाई थी लेकिन वे न तो पूर्ण थीं और न कालक्रम की दृष्टि से ही बनायी गयी थीं। डॉ. कमल किशोर गोयनका ने 'प्रेमचंद की कहानियों की कालक्रमानुसार सूची तैयार की है और यह दावा भी किया है कि "प्रेमचंद की कहानियों के कालक्रमानुसार अध्ययन का यह पहला प्रयास है। इससे पूर्व किसी आलोचक ने न तो इस दृष्टि

से सोचा है और न कहानियों को कालक्रम में पढ़ने तथा परखने की चेष्टा की है।" (वही, भूमिका) इसमें सच्चाई भी है क्योंकि उन्होंने जिस वैज्ञानिक पद्धति का सहारा लिया है उसमें किसी प्रकार के भ्रम की कोई गुंजाइश नहीं है। इस सूची की विशेषता यह है कि वर्ष के आधार पर कहानी-तालिका बनाई गयी है। प्रत्येक वर्ष की कहानियों के लिए सात कॉलम बनाये गये हैं—यथा-क्रम संख्या, कहानी का हिन्दी शीर्षक, कहानी का उर्दू शीर्षक, प्रथम प्रकाशन-पत्रिका/पुस्तक, प्रथम/अन्य संकलन-हिन्दी, प्रथम/अन्य संकलन उर्दू। यह एक श्रम-साध्य कार्य था जिसे लेखक की निष्ठा और वैज्ञानिक दृष्टि ने पूर्णता प्रदान कर प्रेमचंद के अध्येताओं का मार्ग सुगम कर दिया है।"

डॉ. कमल किशोर गोयनका ने यह भी सिद्ध किया है कि प्रेमचंद महान कथाकार के साथ-साथ महान शास्त्रकार भी थे। उनका यह मानना है कि जैसा कहानी-शास्त्र प्रेमचंद ने हिन्दी जगत को दिया है वैसा कोई अन्य नहीं दे पाया। यहाँ तक कि मार्क्सवादियों का कहानी-चिन्तन भी प्रेमचंद का विकल्प प्रस्तुत नहीं कर सका है। डॉ. गोयनका ने तो यहाँ तक लिखा है– "न उनमें (मार्क्सवादियों में) इतना साहस ही हुआ कि वे प्रेमचंद कहानी-दर्शन को चुनौती दे सकें।" (वही, पृष्ठ 223)। डॉ. गोयनका का यह भी मानना है कि जिस प्रकार हिन्दी कहानी के क्षेत्र में प्रेमचंद ने नवयुग का सूत्रपात किया उसी प्रकार साहित्य के पुराने निकषों और प्रतिमानों का भंजन कर नवयुग के अनुकूल नये प्रतिमानों की स्थापना भी की किन्तु यह ध्यातव्य है कि उनका साहित्य-चिन्तन नवीनता के साथ पुरातन से भी जुड़ा था। उन्होंने काव्य की आत्मा 'रस' के साथ साधारणीकरण के सिद्धान्त को भी अपनाया था। उनके साहित्य-शास्त्र में भारतीय काव्यशास्त्र का महत्वूपण ा योगदान है फिर भी यह मानना पड़ेगा कि उनमें परम्परा के प्रति अन्धभक्ति नहीं थी। डॉ. गोयनका यह लिखते हैं कि—"उन्होंने पुरातन से वही ग्रहण किया जो नयी शताब्दी के लिए उपयोगी था तथा नवीन युग से भी वही स्वीकार किया जो हमारी पुरातन भारतीय चेतना से सम्पृक्त हो सकता था। प्रेमचंद की दृष्टि निश्चय ही नवीनता की ओर थी, परन्तु उनकी नवीनता पूर्णतः न तो पश्चिमी थी और न आधुनिकता की नकल थी, न अविवेकी होकर उसमें बहने का पागलपन था, परन्तु उनमें पुरातन की पवित्र 'भारतीय आत्मा' तथा श्रेष्ठ जीवन-मूल्यों को अक्षुण्ण रखने एवं आधुनिक विवेक से जीवन जीने का संकल्प था।" (वही, पृष्ठ 197)। इसी आधार पर डॉ. गोयनका उनके कहानी-दर्शन को हिन्दी-उर्दू भाषा के सीमित क्षेत्र का दर्शन नहीं मानकर सम्पूर्ण भारत का कहानी-दर्शन मानते हैं।

उनका यह दावा भी है कि ऐसा दर्शन वही दे सकता है जो राष्ट्र के सरोकारों, प्रश्नों, संघर्षों और चुनौतियों से व्याकुल होकर राष्ट्रीय मन-मस्तिष्क का चित्रण कर सकता हो। प्रेमचंद की व्यापक दृष्टि और अखिल भारतीय परिप्रेक्ष्य से किसी को असहमति नहीं हो सकती। इसीलिए डॉ. गायेनका की तार्किकता में सन्देह के लिए कोई जगह नहीं है।

वैचारिक संवदेना का विस्तार रचना और आलोचना दोनों के उद्देश्य में शामिल है। डॉ. कमल किशोर गोयनका ने सर्जना का पथ तो नहीं चुना लेकिन अनुसन्धान के मार्ग पर चलते हुए जहाँ कहीं भी उन्होंने आलोचकीय दायित्व का निर्वाह किया है वहाँ उनका उद्देश्य वैचारिक संवदेना का विस्तार ही रहा है। प्रेमचंद रचना संचयन के पुरोवाक पृष्ठ (ब्लर्ब) पर उन्होंने प्रेमचंद का जो यह कथन उद्धृत किया है "हमारी कसौटी पर वह साहित्य खरा उतरेगा जिसमें उच्च चिन्तन हो, स्वाधीनता का भाव हो, सौन्दर्य का सार हो, सृजन की आत्मा हो, जीवन की सच्चाइयों का प्रकाशन हो—जो हममें गति, संघर्ष और बेचैनी पैदा करे, सुलाये नहीं क्योंकि अब और सोना मृत्यु का लक्षण है।" वही उनकी आलोचना दृष्टि का केन्द्रक है। उसी को आधार बनाकर वे प्रेमचंद के कथा-चिन्तन, कथा-प्रक्रिया, और लेखकीय संकल्प को उजागर करने का प्रयास करते हैं। उनकी प्रतिबद्धता सदैव अपने देश की संस्कृति तथा अस्मिता से है तथा उस आधुनिक भारतीयता से है, जिसमें भारतीय जन-मानस साँस लेता है।' डॉ. गोयनका ने प्रेमचंद की मूल्यान्वेषी और मूल्य समावेशी कथा-यात्रा को भारतीयता के व्यापक परिप्रेक्ष्य में ही देखा-परखा है तथा यह अनुभव किया है कि उनकी रचनात्मकता भारतीय चेतना तथा विवेकधर्मिता से अनुप्राणित है। उसमें आत्मबोध, स्वत्व तथा अस्मिता की पहचान और प्रतिष्ठा की आकांक्षा तथा सबसे जुड़ने और जोड़ने की ललक है। उसमें परम्परा का प्रवाह है तो आधुनिकता का आग्रह भी है। वह यथास्थितिवादी है तो प्रगतिशील भी है। उसमें क्रान्तिकारिता भी है और समन्यवशीलता भी। वह विराटता का दर्शन है तो दर्शन की विराटता भी। इसी परिप्रेक्ष्य में वह भारतीय संस्कृति, नव्यताबोध, स्वाधीनता और मानवीय मूल्यों की व्याख्याकार तथा संवाहिका है। इसीलिए डॉ. गोयनका यह अपील करते हैं कि 'यदि हम भारत को 'इंडिया' के स्थान पर 'भारत' बनाये रखना चाहते हैं तो प्रेमचंद के कहानी-संसार की मूल आत्मा 'भारतीयता' को अपने राष्ट्रीय सांस्कृतिक जीवन का अंग बनाना होगा।

डॉ. कमल किशोर गोयनका के समक्ष एक बहुत बड़ी चुनौती प्रेमचंद पर

लगाये गये मार्क्सवादी लेबल को लेकर भी रही है। दरअसल मार्क्सवादियों को एक ऐसे बड़े नाम की ज़रूरत थी जिन्हें उद्धृत कर वे अपनी विचारधारा को तीव्रता प्रदान करते। उनके इस उद्देश्य की पूर्ति तब हो गयी जब प्रेमचंद ने सन 1936 में प्रगतिशील लेखक संघ की अध्यक्षता की। इसे ही ढाल बनाकर प्रगतिशीलों ने उन्हें वामपन्थी घोषित करने में अपनी पूरी ताक़त लगा दी। उनकी ग़रीबी, लाचारी, विवशता और संघर्षशीलता को इस रूप में प्रचारित किया कि उनके कारण ही प्रेमचंद के मन में पूँजीवादी व्यवस्था के प्रति आक्रोश और विद्रोह का भाव पैदा हुआ। उनकी निजी पीड़ा सामाजिक पीड़ा बनकर उभरी। डॉ. रामविलास शर्मा ने प्रेमचंद पर लिखी अपनी पुस्तक 'प्रेमचंद और उनका युग' के माध्यम से उन्हें समाजवादी घोषित करके एक वैचारिक आन्दोलन ही शुरू कर दिया।' 'प्रगतिशील लेखक संघ से जुड़े लेखकों, प्रोफ़ेसरों आदि का देश में एक विचार-समूह बन गया और पाठ्य-पुस्तकों, आलोचनात्मक ग्रन्थों, संगोष्ठियों, सम्मेलनों तथा संवादों में बस प्रेमचंद की मार्क्सवादी चेतना एवं समाजवाद को उनकी प्रमुख विचारधारा के रूप में स्थापित किया जाने लगा। डॉ. गोयनका ने इसकी सत्यता के परीक्षण के लिए प्रेमचंद के उपन्यासों, कहानियों, लेखों, टिप्पणियों और भाषणों का गहन-गम्भीर अध्ययन किया। उन्होंने यह लक्षित किया कि प्रेमचंद ने फरवरी 1919 में छपे अपने लेख 'नया जमाना-पुराना जमाना' में रूस की नयी सभ्यता की चर्चा और समर्थन के बाद यह लिखा है कि इस जनतन्त्र का अत्याचार पूँजीपतियों से भी अधिक घातक सिद्ध हो सकता है। डॉ. गोयनका को यह लगा कि प्रेमचंद समाजवाद के समर्थन में भी हैं और विरोध में भी। उन्होंने उन तथ्यों और प्रमाणों को भी खोजा जिनमें प्रेमचंद अपने को 'गाँधी का चेला' कहते हैं। यह जगज़ाहिर है कि प्रेमचंद ने महात्मा गांधी के असहयोग आन्दोलन पर अपनी सरकारी नौकरी से त्याग-पत्र दिया था। उनकी कुछ कहानियों तथा 'प्रेमाश्रम एवं 'रंगभूमि' जैसे उपन्यासों पर गांधी-दर्शन का स्पष्ट प्रभाव दिखाई भी देता है। डॉ. गोयनका प्रेमचंद के उन लेखों, टिप्पणियों को सन्दर्भित करते हैं जिनमें गांधी की प्रशंसा, सत्य, अहिंसा, न्याय, धर्म और रामराज्य का समर्थन तथा लाल क्रान्ति, वर्ग संघर्ष आदि का विरोध है। वे यह भी स्पष्ट करते हैं कि 10 अप्रैल सन 1936 को प्रगतिशील लेखक संघ में दिये गये अध्यक्षीय भाषण में प्रेमचंद ने 'प्रगतिशील' शब्द को ही निरर्थक कहा था और 'आध्यात्मिक आनन्द', 'आध्यात्मिक सन्तोष' आदि की चर्चा बार-बार की थी तथा 'मन के संस्कार को साहित्य का लक्ष्य माना था। ज़ाहिर है प्रेमचंद के

लेखन के दो ही उद्देश्य रहे हैं—स्वराज्य की प्राप्ति तथा भारतीय आत्मा की रक्षा। डॉ. कमल किशोर गोयनका ने अपने अनुसन्धान तथा सटीक आलोचना से यह स्थापित करने में सफलता प्राप्त की है कि प्रेमचंद 'भारतीय आत्मा के शिल्पी' हैं। उनका यह भी मानना है कि प्रेमचंद की भारतीयता में हिन्दूवाद, राष्ट्रवाद, गांधीवाद, मानवतावाद, साम्यवाद आदि सभी किसी न किसी रूप तथा मात्रा में समाविष्ट हैं। यही कारण है कि वे वाल्मीकि, व्यास, कालिदास, तुलसीदास, कबीर आदि की परम्परा में आते हैं और उन्हीं की तरह जनमानस पर विराजमान भी हैं।

प्रेमचंद की चिन्तनधारा पर विचार करते हुए डॉ. कमल किशोर गोयनका ने इस बात का उल्लेख किया है कि वे हिन्दी के ऐसे पहले साहित्यकार थे जिन्होंने पश्चिमी पूँजीवाद और औद्योगिक सभ्यता के संकट को पहचाना तथा देश की कृषि संस्कृति तथा भारतीय जीवन-दर्शन की रक्षा के प्रति संकल्पित भाव से अग्रसर हुए। उनकी रचनाओं में उदात्त जीवन-मूल्य, समत्व-भाव, प्राणिमात्र के लिए सहानुभूति, संवदेना और करुणा बोध तथा अपसंस्कृति का विरोध आदि उनकी उसी चिन्तनशीलता के परिणाम हैं जिनसे भारतीयता का फलक व्यापक और विराट बनता है। डॉ. गोयनका का यह भी मानना है कि प्रेमचंद साहित्य की सारी प्रवृत्तियाँ भारतीयता में समाहित हैं जिनके मूल्यांकन के लिए समग्रता की दृष्टि और तटस्थता का विधान होना चाहिए।

किन्नर-जगत में प्रवेश का गवाक्ष

दलित और स्त्री विमर्शों से दलितों और स्त्रियों की दशा में आमूलचूल परिवर्तन भले ही न हुआ हो लेकिन इनसे जो वातावरण बना है उससे उनकी स्थिति पहले की अपेक्षा काफ़ी बेहतर हुई है। उनके अभ्युत्थान में काफ़ी मदद मिली है। सम्भवतः इन्हीं विमर्शों से प्रेरित-प्रोसाहित होकर भारत के लगभग बारह प्रतिशत निःशक्त जन में आत्मविश्वास, आत्मनिर्भरता, आत्मबल और आत्मबोध भरने के उद्देश्य से अखिल भारतीय विकलांग चेतना परिषद, बिलासपुर, छत्तीसगढ़ के विकलांग-वितान के वृत्त में डॉ. विनय कुमार पाठक ने चिन्तन की नयी सरणी का संयोजन और विकलांग-विमर्श की योजना के क्रियान्वयन का बीड़ा उठाया जो आज अपने सफलता के पथ पर तीव्रता से गतिमान है। इसी के साथ अब डॉ. पाठक ने किन्नर-विमर्श में महत्त्वपूर्ण हस्तक्षेप किया है जिसका परिणाम है—उनकी महत्त्वपूर्ण आलोचनात्मक कृति—'किन्नर-विमर्श : दशा और दिशा'। इस ग्रन्थ ने उन्हें इस विषय का प्रथम गवेषणात्मक आलोचक तो सिद्ध ही किया है पाठकों को तार्किकता और प्रामाणिकता के साथ किन्नर-जगत में प्रवेश की दृष्टि भी दी है। यहाँ यह ध्यातव्य है कि किन्नर-विमर्श अभी अपने जन्म के शैशव-काल में ही है फिर भी डॉ. पाठक ने इतनी प्रचुर सामग्री संयोजित-विश्लेषित की है कि यह विमर्श न केवल वर्षों पुराना लगता है बल्कि, प्रखरता और प्रौढ़ता भी दर्शाता है। इससे डॉ. पाठक की अनुसन्धान तथा गवेषणा-वृत्ति का पता चलता है। उनकी आलोचकीय प्रतिभा और क्षमता का बोध होता है।

उपसंहार सहित सात अध्यायों वाले इस ग्रन्थ की भूमिका वह गवाक्ष है जिससे अन्दर की झलक दृष्टिगोचर हो उठती है। इसमें जाति और लिंग से रहित विशुद्ध मानवतावादी दृष्टि पर आधारित विकलांग और किन्नर विमर्श की आवश्यकता और उसे आन्दोलन के रूप में स्थापित किये जाने के प्रयासों के साथ ही उनके नामकरण के औचित्य की चर्चा है। डॉ. पाठक ने 'हिजड़ा' और

अंग्रेजी अभिधान 'थर्ड जेण्डर' के स्थान पर 'किन्नर' शब्द के प्रयोग को सार्थक और उचित माना है। उनका यह भी कहना है कि जब तक सर्वसम्मति से कोई नाम तय नहीं हो जाता तब तक इसका ही प्रयोग होते रहना चाहिए। क्योंकि यह हमारा सांस्कृतिक शब्द है और इसकी उपेक्षा करना ग़ुलामी मानसिकता का द्योतक होगा—"जब 'सेकेण्ड सेक्स' के प्रतिरोधस्वरूप स्त्री-विमर्श स्थापित हुआ तब 'थर्ड जेण्डर' को शिरोधार्य करके हम क्या पुल्लिंग को प्रथम, स्त्रीलिंग को द्वितीयक और किन्नर को तृतीयक मानकर क्या उसी भेद का समर्थन नहीं कर रहे हैं फिर क्या अंग्रेजी के स्थान पर हिन्दी, उर्दू, भारतीय या लोकभाषाओं के प्रचलित सांस्कृतिक शब्दों की उपेक्षा ग़ुलामी मानसिकता नहीं मानी जाएगी (भूमिका, पृष्ठ सं. 7)। ज़ाहिर है भाषा संस्कृति की संवाहिका है। इसलिए नामवाची शब्दों के प्रयोग में अतिरिक्त सावधानी की अपेक्षा रहती है। डॉ. विनय कुमार पाठक सांस्कृतिक अनुशीलन में विशेष रुचि रखने वाले अध्येता और विद्वान हैं इसलिए उनकी इस स्थापना में अधिक वजन होना अस्वाभाविक नहीं है। वे किन्नर को लैंगिक विकृति के रूप में देखते हैं और इसी रूप में विमर्श की आकांक्षा रखते हैं तथा सफलता का मार्ग ढूँढते हैं।

आलोच्य ग्रन्थ के पहले अध्याय 'किन्नर : आशय और अवधारणा' में डॉ. पाठक की शोध-प्रतिभा का उत्कर्ष दृष्टव्य है। स्वरूप विवेचन, ऐतिहासिक पीठिका, मूल निवास स्थान, मानवाधिकार और थर्ड जेण्डर, पारिभाषिक शब्दावलियाँ एवं पारम्परिक गीत की खोज एवं विवेचन में उन्होंने जिस अध्यवसाय, अन्वेषण और अनुसन्धान-कौशल का परिचय दिया है वह अत्यन्त श्लाघ्य तो है ही किन्नर-विमर्श की सहकार आगामी पीढ़ी के लिए राजमार्ग भी है। सबसे पहले उन्होंने 'किन्नर' शब्द के समानार्थी शब्दों की तलाश की है। तत्पश्चात् किन्नर समुदाय के साथ सम्मिलित अन्य समूहों गे, लेस्बियन, द्विलैंगिक, विषमलैंगिक, ट्रान्सजेण्डर (पारयौनिक) डबल डैकर, अन्तरलिंगी का सूक्ष्म विश्लेषण किया है और यह बताया है कि न्यायालय द्वारा अभिधानित 'थर्ड जेण्डर' अर्थात् तृतीय, लिंगी का सर्वाधिक लोक श्रेय शब्द 'हिजड़ा' का सम्मानित समानार्थी शब्द 'किन्नर' है। भारत में इनके सात घराने मान्य हैं जिनके केन्द्र, हैदराबाद, मुम्बई, पुणे जैसे महानगरों में संचालित हैं। डॉ. पाठक का सबसे महत्वपूर्ण कार्य ऐतिहासिक पृष्ठभूमि में किन्नर शब्द की गवेषणा का है। इसके लिए उन्होंने 'शतपथ ब्राह्मण' ग्रन्थ से लेकर वाल्मीकि रामायण, महाभारत, मनुस्मृति, कौटिल्य कृत अर्थशास्त्र, कामसूत्र, ज्योतिष-विज्ञान, पाणिनि कृत अष्टाध्यायी, जैन एवं

बौद्ध साहित्य के साथ मुगलकाल और अंग्रेजी शासन काल के दस्तावेजो एवं अभिलेखों को खँगालने का श्रम-साध्य कार्य किया है। सर्वाधिक ध्यान उनका 'रामचरित मानस' पर केन्द्रित हुआ है क्योंकि महाकवि तुलसी ने विभिन्न प्रसंगों में 'किन्नर' शब्द का प्रयोग किया है। उन्होंने 'मंगलाचरण' के अन्तर्गत सभी योनियों के साथ किन्नर की भी वंदना की है– "बन्दउँ किन्नर रजनिचर, कृपा करहु अब सर्व।" डॉ. विनय कुमार पाठक ने अपने मत की पुष्टि के लिए तुलसी की चौपाइयों और दोहों को अनेकशः उद्धृत किया है। महाभारत और महाभारत आधारित काव्यों में भी उन्होंने किन्नर और उसके समानार्थी शब्दों की खोज की है। उन्होंने किन्नरों की उत्पत्ति और मूल निवास को भी खोजा है। पुराणों और महाभारत की कथाओं तथा आख्यानों और 'कादम्बरी' जैसे साहित्यिक ग्रन्थों की पड़ताल के बाद डॉ. पाठक यह मानते हैं कि–"किन्नरों की उत्पत्ति में दो प्रवाद हैं। एक तो यह कि वे ब्रह्मा की छाया अथवा उनके पैर के अँगूठे से उत्पन्न हुए हैं और दूसरा यह कि अरिष्ठा और कश्यप उनके आदि जनक थे। हिमाचल का पवित्र शिखर कैलाश किन्नरों का प्रधान निवास स्थान था जहाँ वे शंकर की सेवा किया करते थे। उन्हें देवताओं का गायक और भक्त माना जाता था और वे यक्षों और गन्धर्वों की तरह नृत्य और गायन में प्रवीण होते थे।" (पृष्ठ संख्या 38)। उन्होंने कालिदास के 'मेघदूत' और 'कुमार सम्भव' तथा महापंडित राहुल सांकृत्यायन आदि से सामग्री ग्रहण कर यह निष्कर्ष निकाला है कि हिमाचल प्रदेश का आदिवासी बहुल किन्नौर जिला किन्नरों का मूल निवास स्थान है।

डॉ. विनय कुमार पाठक ने अपने पहले ही अध्याय में किन्नरों के मानवाधिकार की चर्चा की है। समाज से अस्पर्शित, अशिक्षा और अन्धविश्वास से आच्छादित अजीबोग़रीब हरकत व जीवन-शैली से दर्शित उपेक्षणीय बने हुए किन्नरों को सामान्य मानव की भाँति जीवन जीने के सारे अधिकार तो मिलने ही चाहिए। किसी भी मनुष्य का जीवन, उसकी जनसंख्या, समानता तथा सम्मान का अधिकार मानवाधिकार है। इस सन्दर्भ में डॉ. विनय कुमार पाठक ने संयुक्त राष्ट्र संघ, भारत के सर्वोच्च न्यायालय, भारत सरकार, प्रदेश सरकार और स्थानीय स्तर पर किन्नरों के लिए किये जाने वाले मानवाधिकार सम्बन्धी प्रयासों का उल्लेख किया है। उन्होंने उनका उदाहरण भी दिया है जिन्होंने अनेक अपमानों, उपेक्षाओं, कटुक्तियों के बावजूद जीवन के अग्नि-पथ पर चलते हुए अपने लक्ष्य को प्राप्त किया है। कुछ पारिभाषिक शब्द एवं पारम्परिक गीत देकर इस आलोचना ग्रन्थ को और प्रामाणिक बनाया गया है साथ ही उनमें निहित

जीवन-सन्दर्भों को समझने की कोशिश भी की गयी है। इससे डॉ. पाठक की गवेषणावृत्ति की विश्वसनीयता एवं निष्कर्षात्मक क्षमता उजागर होती है।

आज किन्नर-विमर्श समय की माँग है। कुछ समय पहले तक साहित्य में किन्नर-विमर्श जैसा कोई विमर्श भले ही नहीं था किन्तु रचनाओं में उनका उल्लेख अवश्य होता रहा है। उनमें उनके प्रति स्नेह, सद्भाव, सहानुभूति और करुणा का भाव कम उपहास का भाव अधिक मिलता है। जयशंकर प्रसाद ने ध्रुवस्वामिनी नाटक में राम गुप्त की नपुंसकता प्रदर्शित करने के सन्दर्भ में कुबड़े, बौने एवं हिजड़े को मनोरंजन का पात्र बनाकर प्रस्तुत किया है। पाण्डेय बेचन शर्मा 'उग्र' के कहानी संग्रह 'चाकलेट' और निराला के चतुरी चमार में किन्नरता का संस्पर्श है। इस्मत चुगताई की 'लिहाफ' कहानी में समलैंगिकता के समर्थन और अश्लीलता के प्रदर्शन पर आरोपों की बौछार सी लग गयी थी। कहना न होगा कि पहले के साहित्य में किन्नरों का उल्लेख नाच-गाने, मनोरंजन और अलग दुनियाँ में आबाद, अजूबे-अंजान इंसान के रूप में ही हुआ है। बीसवीं शताब्दी के उत्तरार्द्ध से किन्नरों के प्रति साहित्य में थोड़ी संवेदना, सहानभूति और उनके अधिकारों को लेकर सद्भावना की शुरुआत देखी जा सकती है। डॉ. विनय कुमार पाठक का अभिमत है कि किन्नर-विभर्श अभी पाँच-छह वर्ष ही पुराना है और नीरजा माधव के उपन्यास यमदीप (सन् 2000 ई.) ने इसे दिशा देने की शुरुआत की। उसके बाद कहानी, नाटक-सिनेमा, आत्मकथा से इस विमर्श को इतनी गति मिली कि आज यह वाद-विवाद-संवाद का मुख्य मुद्दा बन गया है। यही कारण है कि इस आलोच्य ग्रन्थ में डॉ. विनय कुमार पाठक ने किन्नर केन्द्रित एक दर्जन मौलिक तथा, मराठी और तमिल से अनुदित दो उपन्यासों इस तरह कुल चौदह उपन्यासों, कुछ प्रतिनिधि कहानियों, आत्मकथा और जीवनी के साथ नाट्यावदान (नाटक और सिनेमा), कविता, गीत, प्रलंब काव्य और खण्डकाव्य की समीक्षा कर इस विमर्श को आगे बढ़ाने का प्रयास किया है। उन्होंने किन्नर-संवेदना से सम्पृक्त छत्तीसगढ़ के कुछ कहानीकारों और कवियों की रचनाओं को भी अपनी विवेचना में शामिल किया है। इस तरह डॉ. पाठक ने किन्नर केन्द्रित समकालीन साहित्य का समाकलन कर किन्नर-विमर्श के महानुष्ठान में जो यह समिधा दी है उसकी दिव्य रश्मियाँ किन्नर-समाज का तो पथ-प्रदर्शित करेंगी ही मानव मात्र का कल्याण भी करेंगी।

डॉ. विनय कुमार पाठक ने किन्नर केन्द्रित समकालीन उपन्यासों के विवेचना क्रम में 'यमदीप! नीरजामाधव, 'मैं भी औरत हूँ'—अनुसुया त्यागी,

'तीसरी ताली' प्रदीप सौरभ, 'किन्नर-कथा'—महेन्द्र भीष्म, ग़ुलाम मंडी-निर्मला भुराड़िया, 'मैं पायल'—महेन्द्र भीष्म, 'पोस्ट बाक्स नं. 203 नाला, सोपारा'—चित्रा मुद्गल, 'ज़िन्दगी 50-50'—भगवन्त अनमोल, अस्तित्व-गिरिजा भारती, 'दरमियाना'—सुभाष अखिल, 'आधा आदमी'—राजेश मलिक, 'अस्तित्व की तलाश में सिमरन'— डॉ. मोनिका देवी, 'मैं क्यों नहीं'—पारू मदन' नाईक, 'वाडामल्लि'—सु. समुद्रम के सार-संक्षेप के साथ उनमें मौजूद किन्नर-समाज की विसंगतियों-विडम्बनाओं और समाधान के विकल्पों को बड़ी संजीदगी के साथ प्रस्तुत किया है। ज़ाहिर है किन्नर समाज की मुख्य समस्या उन्हें अलग-थलग मानने की है। किन्नरता एक तरह की लैंगिक विकृति है। यही विकृति किन्नरों को तृतीय लिंगी बनाती है। रुढ़िवादी समाज, किन्नरों के जन्म को ही अभिशाप समझता है। माता-पिता उन्हें या तो गुमनामी के अँधेरे में जीने के लिए छोड़ देते हैं या अफीम चटा कर मार डालते हैं अथवा किन्नर समाज को सौंप देते हैं। यह स्थिति मनुष्यता के लिए कलंक है। इस सम्बन्ध में डॉ. विनय कुमार पाठक की प्रतिक्रिया बहुत तीखी है। उनका आक्रोश इन शब्दों में फूटा है—"जन्म लेते या बचपन से किशोर होते वयः सन्धिकाल में किन्नरता का आभास होते ही बच्चे को मार देना या हिजड़ों को सौंपकर दोष-मुक्ति का एहसास कर लेने वाला समाज अपने को सभ्य कहता और अन्धकूप में पल रहे अपने बच्चे को जाहिल, गँवार और असभ्य कहकर दम्भ भरता है। मूलभूत अधिकारों और सम्पत्ति से बेदखल करके उसे भिखारी कहता है, शिक्षा के दरवाज़े बन्द करके उसे अशिक्षित और मूर्ख करार देता है, आजीविका के लिए नाच-गान करने और नेग के द्वारा आशीर्वाद देने की परम्परा को पाखण्ड और ढोंग प्रमाणित करता है तथा स्वेच्छा से प्यार करने या हो जाने की शारीरिक भूख को वेश्यावृत्ति का दर्जा देता है और इतना ही नहीं, उस पर शोषण व बलात्कार हो जाने की घटना को भी उसकी सहज प्रवृत्ति निर्दिष्ट करता है। तात्पर्य यह कि जो जन्मदाता या अभिभावक अपनी ही सन्तान के साथ अन्याय करते हैं, उन्हें सहारा देने की बजाए बेसहारा छोड़ देते हैं, वे ही 'उल्टा चोर कोतवाल को डाँटे' लोकोक्ति की तरह हिजड़ों के प्रति हिकारत भरी दृष्टि रखने का दुस्साहस करते हैं।" (पृष्ठ सं 309)। डॉ. पाठक किन्नरों की दुदर्शा की ज़िम्मेदारी अभिभावकों पर थोपते हैं। वे उन्हें अपराधी तक कह डालते हैं।

वैसे तो हिन्दी की कहानियों ने उपेक्षितों, वंचितों, स्त्रियों, दलितों, आदिवासी और जनजातीय समूहों के हित-चिन्तन में विमर्श का जो रास्ता चुना है उससे

इस समाज में काफ़ी जागरुकता आयी है। विकलांग और किन्नर-विमर्श में भी कहानियों का अवदान स्मरणीय है। डॉ. विनय कुमार पाठक ने आलोच्य ग्रन्थ में उन्हीं कहानियों का चुनाव किया है जो किन्नरों को नरक के गर्क से निकालने और मुख्य धारा में लाने के लिए समझ विकसित करने में सहायक हैं। किन्नर जीवन की संस्कृति, प्रकृति और समाज से जूझते संघर्ष के दुखद दास्तान के रूप में डॉ. एम. फिरोज़ खान द्वारा सम्पादित हिन्दी कहानियाँ 'थर्ड जेण्डर' को काफ़ी जगह दी गयी है। 'किन्नर-विमर्श दशा और दिशा' में जिन कहानियों को आलोचना का विषय बनाया गया है वे हैं—'संध्या' किरन सिंह, 'बिन्दा महाराज'—शिवप्रसाद सिंह, 'हिजड़ा'—कादम्बरी मेहता, 'कौन तार से बीनी चदरिया'—अंजना वर्मा, 'रतियावन की चेली'—ललित शर्मा, 'किन्नर'—ए.आर. हरनोट, 'नेग'—लवलेश दत्त, 'ख़ुश रहो'—चाँद दीपिका, 'इज्जत के रहबर'—पद्मा शर्मा, 'त्रासदी' महेन्द्र भीष्म, 'खलीक अहमद बुआ'—राही मासूम रज़ा, 'बीच के लोग'—सलाम बिन रजाक, 'ई मुर्दन का गाँव'—कुसुम अंसल, 'सुनो तुम मुझसे वादा करो'—विनोद मिश्र 'सुरमणि', 'हम जिनस'—करतार सिंह दुग्गल, 'नियति एक किन्तर की'—क्रान्ति कुमार सिन्हा, 'ज्योति सूना नयन—जवाहरलाल कौल 'व्यग्र' इन कहानियों में किन्नरों की दशा-दुर्दशा, उपेक्षा, अपमान, तिरस्कार, प्रताड़ना, मौन उत्पीड़न, मार-पीट, गाली-गलौज आदि का वर्णन अत्यन्त सहजता और स्वाभाविकता के साथ हुआ है। डॉ. विनय पाठक ने प्रत्येक कहानी का सारगर्भित विवेचन तो किया ही है उसके निहितार्थ और मन्तव्य को भी बेबाक़ी से प्रस्तुत किया है और ऐसा करते हुए उनका लक्ष्य सिर्फ़ इस बात पर रहा है कि ये कहानियाँ किस तरह किन्नर-विमर्श को गतिमान करने की दिशा में महत्त्वपूर्ण भूमिका निभाने में सन्नद्ध हैं। वातानुकूलित कमरों में बैठकर झोपड़ी-कथा लिखना जिस प्रकार एक फैशन बनता जा रहा है वैसे ही किन्नर-कथा लिखने वालों की संख्या में भी निरन्तर वृद्धि हो रही है। इस पर डॉ. पाठक का कहना है— "तफरी में जाते हुए कुछ समय के लिए किन्नरों के हाव-भाव को देखकर और सूचना के आधार पर सामग्री एकत्र कर कथा के ताने बाने में माहिर कथाकार किन्नर-कथा तो लिख सकते हैं लेकिन वे न संवेदना जगा सकते हैं और न ही जन जागरण का सन्देश ही दे सकते हैं। जब तक किन्नर के जीवन में रचा-बसा नहीं जाएगा, उनकी संस्कृति से समरस नहीं हुआ जाएगा, उनके संघर्ष को समझा नहीं जाएगा तब तक उनसे प्रकृतस्थ हुए बिना लेखन सार्थक नहीं हो सकता।" (पृष्ठ सं. 305)। सत्य है तट पर बैठकर लहरों के संघर्ष को नहीं समझा जा सकता।"

डॉ. विनय कुमार पाठक ने लक्ष्मी नारायण त्रिपाठी की आत्मकथा 'मैं हिजड़ा—मैं लक्ष्मी' (वर्ष 2015 में प्रकाशित) तथा मानोबी बन्दोपाध्याय की 'पुरुष तन में फँसा मेरा नारी मन' (2018) को किन्नर-विमर्श के नाम पर प्रकाशित सम्पूर्ण साहित्य के समक्ष वजनदार बताया है। इसमें सच्चाई भी है। कल्पना प्रसूत सृजन और भोगे हुए वर्णन में अन्तर तो रहेगा ही। स्वयं डॉ. पाठक के शब्दों में—"ये दो आत्मकथाएँ अन्य विधाओं पर जितने भी लेखन हुए हैं, उन सब पर भारी हैं क्योंकि यह स्वानुभूतजन्य है प्रामाणिक है और किन्नर मनोविज्ञान पर आधृत भी। डेरे में जाकर देखना और डेरे का जीवन गुजारना, डेरे की संस्कृति को समझना और उस पर रच-पच जाना, ये दो भेद स्पष्टतः एक पलड़े पर आत्मकथा को रखकर और दूसरे पलड़े पर किन्नर केन्द्रित समग्र साहित्य को रखकर मूल्यांकन किया जा सकता है।" (पृष्ठ सं० 210)। ज़ाहिर है बाल-मनोविज्ञान, किशोरावस्था तथा उम्र के वार्धक्य को जितना अच्छा भोक्ता अर्थात् आत्मकथाकार स्वयं समझेगा उतना अन्य विधाओं के रचनाकारों द्वारा सम्भव नहीं है। यह बात अलग है कि किन्नर केन्द्रित आत्मकथाएँ अभी बहुत कम लिखी गयी हैं लेकिन जो हैं उनमें उनका जीवन-संघर्ष बेबाक ढंग से उभरा है। किन्नर के रूप में जन्म लेने, उपेक्षा का दंश झेलने और जीवन के हर मोड़ पर आयी विपदा और संकट का मुकाबला करने, अपनी अन्तरात्मा की आवाज़ पर जीने और नानाविध यातनाओं से गुज़रने के बाद सफल होने की दास्तान इन आत्मकथाओं में है। किन्नरों के इन आत्म-वृतान्तों में चुप्पी को तोड़ने तथा निःशब्द को शब्द देने का प्रयोजन सिद्ध हुआ देखा जा सकता है।

श्रव्य की अपेक्षा दृश्य काव्य जागरण और चेतना फैलाने में कहीं अधिक महत्त्वपूर्ण भूमिका निभाता है। वह जनता से सीधे जुड़ता है और इसीलिए उसकी पहुँच का क्षेत्र सघन और व्यापक होता है। विमर्शों की सफलता के लिए इस विधा का प्रयोग बढ़ता जा रहा है। कदाचित इसीलिए डॉ. विनय कुमार पाठक ने आलोच्य ग्रन्थ की विवेचना के क्षेत्र में नाटक और सिनेमा को शामिल करना उचित समझा है। उन्होंने किन्नर केन्द्रित दो नाटकों 'आग के सात फेरे' और 'हरारत' को विमर्श की दृष्टि से चुनकर जो निष्कर्ष प्रस्थापित किया है उसका असर दूरगामी होगा। किन्नर-जीवन की समस्याओं और संघर्षों को आधार बनाकर विमर्श को आगे बढ़ाने में सिनेमा की भूमिका भी आज महत्त्वपूर्ण हो गयी है। डॉ. विनय कुमार पाठक ने योगेश भारद्वाज द्वारा निर्देशित 'शबनम मौसी' (2005), कल्पना लाजिमी द्वारा निर्मित 'दरमियाँ—इन बिटविन', महेशभट्ट

द्वारा निर्देशित 'तमन्ना' को इस विमर्श में शामिल कर यह बताया है कि आज सिनेमा जगत् भी किन्नरों की समस्याओं को बड़े परदे पर उठाने तथा उनकी दशा सुधारने के लिए चेतना एवं जागरूकता फैलाने की दिशा में प्रयत्नशील है।

विमर्श में कविता की सम्मिलिति के बिना यह यात्रा लक्ष्य तक नहीं पहुँच सकती। कविताएँ संवेदनायें जगाती और झकझोरती हैं। वे अन्तःकरण में मथानी की भाँति चलती हुई रत्न प्रसवा बनकर जीवन-जगत का कल्याण करती हैं। डॉ. विजय कुमार पाठक ने किन्नर-केन्द्रित प्रथम गीत संग्रह 'अधूरी देह' (2016) के गीतकार गीतिका वेदिका द्वारा ईश्वर से पूछे गये इस प्रश्नको काफ़ी संजीदगी से उठाया है–

"अधूरी देह क्यों मुझको बनाया?
बता ईश्वर तुझे ये क्या सुहाया?
किसी का प्यार हूँ न, वास्ता हूँ।
न तो मंजिल हूँ मैं, न रास्ता हूँ॥
कि अनुभव पूर्णता का हो न पाया।
अजब यह खेल रह-रह धूप छाया॥
अधूरी देह क्यों मुझको बनाया?
न ही नारी हूँ मैं, और नर नहीं हूँ।
विवश हूँ, मूक हूँ, पत्थर नहीं हूँ॥
जिसे मौका मिला, उसने सताया।
सभी ने ख़ून के आँसू रुलाया॥
अधूरी देह क्यों मुझको बनाया?"

(किन्नर विमर्श = दशा एवं दिशा-253)

लगभग इसी तरह के प्रश्न विजेन्द्र प्रताप सिंह द्वारा सम्पादित काव्य-संकलन 'अस्तित्व और पहचान' की कविताओं में भी उठाये गये हैं। सत्या शर्मा की कविता 'कहाँ हो माँ' में किन्नर व्यथा-कथा प्रश्न बनकर उभरी है जिसे पाठक जी ने इस ग्रन्थ में काफ़ी स्पेश दिया है। संगम वर्मा की कविता 'ताली' में किन्नर अस्तित्व और अस्मिता की प्रतीक ताली की अनुगूँज संसद तक नहीं पहुँचने पर गम्भीर प्रश्न है–

"हाँ हम ताली पीटते हैं
निःसंकोच ताली पीटते हैं

ताली की थप्पड़ की गूँज
देर तक गूँजती है
हर कोई चौकन्ना हो जाता है
पर देश की संसद कभी चौकन्ना नहीं होती।"

(किन्नर-विमर्श-दशा एवं दिशा, 259)

डॉ. विनय कुमार पाठक की एक कविता भी इस आलोच्य ग्रन्थ में शामिल है जिसके बारे में स्वयं लेखक की टिप्पणी है—"यह केवल कविता नहीं, किन्नरों की आचरण-संहिता भी है, और आज के सचेतक किन्नरों के द्वारा सभ्य समाज को कठघरे में अवस्थित करने और प्रश्नों के उत्तर की प्रतीक्षा करने का धीर-गम्भीर सदाचरण भी।" (पृष्ठ-263)। इस कविता में डॉ. पाठक ने जिन प्रश्नों को उठाया है वे अत्यन्त गम्भीर और हृदय द्रावक हैं—

"देव-योनि के किन्नर, सर्वत्र रहे हैं सम्मानित
फिर उनके वंशज हिजड़े, क्यों होते अपमानित?
स्त्री, पुरुष, किन्नर सब, एक ईश्वर की हैं सन्तान
फिर तीसरे लिंग को क्यों करते हो परेशान?
अपने ख़ून के बच्चे को कोई धूरे में डाले
या सौंप दे डेरे को, हिजड़ा ही उसे पाले?"

(वही, पृष्ठ 262)

बलदाऊ प्रसाद निर्मलकर के प्रलंब काव्य 'शिखण्डी' तथा विजेन्द्र प्रताप सिंह के किन्नर केन्द्रित खण्डकाव्य 'पंखुड़ियाँ : अन्तर्द्वन्द्व की' को भी इस ग्रन्थ में विवेचना हेतु शामिल कर डॉ. विनय कुमार पाठक ने यह बताने की कोशिश की है कि वर्तमान रचनाकारों के हृदय में किन्नरों के लिए न केवल जगह है बल्कि वे किन्नरों के प्रति सोच बदलने की दिशा में जागरुकता लाने के लिए कटिबद्ध भी हैं।

विकलांग-विमर्श के वृत्त में विवेचना का नव्योपक्रम

सूचना एवं प्रौद्योगिकी में आयी क्रान्ति ने जहाँ विश्व को एक ग्राम में बदल दिया है वहीं बाज़ार ने विचार, व्यवहार, चिन्तन और कार्य प्रणाली के धरातल पर मानवीय सभ्यता को आधुनिक से उत्तर आधुनिक युग में पहुँचा दिया है। उत्तर आधुनिकता पुरातनता के निर्मोक को सहन करने में विश्वास नहीं रखती। वह यह भी मानती है कि जो बँधी-बँधायी परिपाटी अथवा जीवन मूल्य हैं, उनसे काम चलने वाला नहीं है। इसका सुफल यह हुआ है कि समाज में उपेक्षित वर्ग के प्रति सहानुभूति और संवेदना का विस्तार हुआ है। साथ ही जागरूकता और चेतना का वातावरण बना है जिससे हाशिये पर स्थित लोग, दलित, नारी, जनजातियाँ, मूलवंशी समूह, विकलांग जिन्हें समाज, सांस्कृतिक संवाद तथा सत्ता के दायरे से बाहर रखा गया था वे अब अपने अधिकारों के प्रति सचेत होकर वर्चस्व के संघर्ष में मुखर होने लगे हैं। चूँकि साहित्य समाज सापेक्ष होता है इसलिए इस उत्तर आधुनिक युग में वह परिधि पर स्थित जन की मुखरता को अपने में समाहित करने तथा उनकी वकालत करने में धन्यता का अनुभव करने लगा है। नारी, दलित, अश्वेत, विकलांग, पर्यावरण आदि को लेकर किये जा रहे विमर्श उसी के परिणाम हैं।

डॉ. विनय कुमार पाठक ने भारत के लगभग बारह करोड़ विकलांग जन में आत्मविश्वास, आत्मनिर्भरता, आत्मबल और आत्मबोध भरने के उद्देश्य से अखिल भारतीय विकलांग चेतना-परिषद् बिलासपुर (छत्तीसगढ़) के विकलांग-वितान के वृत्त में चिन्तन की जिस नयी सरणि का संयोजन किया है उसी का परिणाम है उनकी पुस्तक 'विकलांग-विमर्श = दशा और दिशा'। विकलांगों के हित-साधन और हित-चिन्तन से जुड़े विभिन्न-वाद-विवाद-संवादों से उपजे इस ग्रन्थ के बारे में स्वयं डॉ. पाठक का यह कहना है– "अखिल भारतीय विकलांग चेतना परिषद, बिलासपुर (छत्तीसगढ़) के महत्त्वपूर्ण दायित्व-निर्वाह के

परिपालन-बतौर 'निशक्त-चेतना' के सात भागों के साथ एक दर्जन से अधिक विकलांग परक साहित्य का सम्पादन करके और लगभग उतने ही शोध ग्रन्थों, समीक्षात्मक कृतियों, सर्जनात्मक साहित्य और सम्पादित ग्रन्थों के प्रेरक बनकर प्रकाशित करके, विकलांग-विमर्श विषयक छह राष्ट्रीय और एक अन्तर्राष्ट्रीय शोध-संगोष्ठियों का संयोजन करके, विकलांग-विमर्श को पाठ्यक्रम में सम्मिलित कराने की दिशा में वातावरण बना करके, राष्ट्रीय विकलांग-विमर्श शोध-पीठ के निदेशक की हैसियत से विश्व व्यापी प्रचार हेतु कटिबद्ध होकर के तथा परिषद की प्रत्येक गतिविधियों में न केवल सक्रिय सहभागिता वरन् व्यावहारिकता की दृष्टि से सेवा-संकल्प-साधना से संचरित होकर (तन, मन और धन से भरपूर सहयोग देकर) इस विमर्श के बीज-वपन से लेकर पल्लवित-पुष्पित होने तक के दो दशकों के पड़ाव में 'विकलांग-विमर्श = दशा और दिशा' विषयक ग्रन्थ को प्रस्तुत करते हुए मुझे आनन्द की अनुभूति हो रही है।" (भूमिका, पृष्ठ 11)। आनन्दानुभूति होनी भी चाहिए क्योंकि डॉ. पाठक के प्रयासों और विमर्शों से विकलांगों में जो चेतना और जागरण-भाव आया है उनसे उन्हें अपने स्वत्व को पहचानने में मदद मिली है। स्वाभिमान और अहमन्यता के साथ जीने के कारकों के प्रति उनमें जागरूकता और प्रयत्नशीलता आयी है, हीनता बोध के स्थान पर समानता-बोध जागृत हुआ है। उपेक्षा और तिरस्कार से लड़ने की ताक़त पैदा हुई है। दूसरों की दया और परावलम्बन में जीने की विवशता से काफ़ी हद तक मुक्ति मिली है।

उपसंहार सहित सात अध्याय वाले इस ग्रन्थ की भूमिका वह वातायन है, जिससे भीतरी तत्वों की परख की जा सकती है। विमर्श शब्द की व्युत्पत्ति से लेकर विकलांग विमर्श की परम्परा के अन्तःसूत्र और विकलांग-सकलांग की मनोदशा की पीठिका ने डॉ. पाठक की नव्य विवेचन-क्षमता का पुरावलोकन करा दिया है। यह भूमिका विवेचना के नव्योपक्रम की दृढ़ आधारशिला अगर है, तो इसलिए कि उसमें उन सभी तत्वों-तथ्यों को इस तरह अनुस्यूत किया गया है कि उनसे सम्पूर्ण ग्रन्थ की झलक मिल जाती है। प्रेमचंद, निराला, श्रीलाल शुक्ल आदि की रचनाओं की बानगी देकर यह संकेत देने की चेष्टा की गयी है कि हिन्दी साहित्य में विकलांग-विमर्श की परम्परा पुरानी है लेकिन उसे आन्दोलन का स्वरूप देने की परिकल्पना नवीन है। समीक्षा का प्रकल्प तो और नया है। विकलांग-विमर्श की दशा-दिशा के सम्यक आकलन का कार्य तो अभी उषा के प्रथम पद-निक्षेप जैसे ही है जिसमें आशा है और उजास की पूरी सम्भावना।

डॉ. विनय कुमार पाठक के इस ग्रन्थ का यही प्रदेय है।

शारीरिक अथवा मानसिक अक्षमता विकलांगता है। यह व्यक्ति के मन में निराशा उत्पन्न करती है। हीनता की भावना भरती है। फलतः व्यक्ति अकर्मण्य एवं आलसी हो जाता है। अपने को धरती का बोझ समझता है। ईश्वर एवं स्वयं को कोसता फिरता है लेकिन यदि उसे उपयुक्त वातावरण एवं सम्यक प्रेरणा-प्रोत्साहन मिले तो वह उपलब्धियों के शिखर पर आसीन हो सकता है क्योंकि यह अक्सर देखा गया है कि एक अंग यदि निःशक्त होता है तो दूसरा अधिक सशक्त होता है। ज़रूरत इस बात की होती है कि उस दूसरे अंग को सचेष्ट, क्रियाशील एवं कार्य कौशल सम्पन्न बनाया जाय। विकलांग-विमर्श इसी भूमिका का निर्वहन करता है। वह विकलांग को नवजीवन देने एवं समाज की मुख्यधारा में शामिल कर उन्हें प्रगतिगामी बनाने में अपना योगदान देता है। विकलांग जीवन की भीतरी शक्तियों को समेटकर जीवन के रण-क्षेत्र में सन्नद्ध होने की शिक्षा देता है। डॉ. विनय कुमार पाठक ने लगभग इन्हीं बातों को लक्ष्य तक पहुँचने का पंच सोपान माना है– "विकलांग-विमर्श के प्रमुख पाँच सोपान हैं जिनकी क्रमशः सतत् सन्नद्धता व सक्रियता से गन्तव्य तक पहुँचा जा सकता है– जागरुकता हेतु वातावरण बनाना, सामर्थ्य व सम्मान विकसित करना, दायित्व बोध कराना, संवेदनापूर्ण सहजभाव प्रदर्शित करना एवं प्रतिभाओं को मंच प्रकाशन प्रदान करना!" (वही)। वस्तुतः येही वे मानदण्ड हैं जिनको केन्द्र में रखकर डॉ. पाठक ने विकलांग-विमर्श की दिशा-दशा तय की है।

आलोच्य ग्रन्थ के पहले अध्याय 'विकलांग = आशय और अवधारणा' में डॉ. पाठक की अनुसन्धान-वृत्ति का उत्कर्ष परिलक्षित होता है। स्वरूप विवेचन, विकलांगता के कारण, विकलांगता और पुनर्वास, विकलांगता और प्रजातन्त्र, विकलांगता की सांस्कृतिक पीठिका, सामुदायिक दायित्व = अधिनियम (मानवाधिकार) दिव्यांग-अधिकार अधिनियम-2016, सांविधिक ढाँचा, नयी पहलें और विभाग की विशेष उपलब्धियाँ, लेखकीय अध्यवसाय, अन्वेषण और अनुशीलन का गहनतम परिचय है। शारीरिक अथवा मानसिक रूप से अक्षम व्यक्ति के लिए प्रयुक्त अनेक समानार्थी शब्दों में से उचित शब्द की पड़ताल करते हुए डॉ. पाठक को 'विकलांग' शब्द ही सर्वाधिक उपयुक्त प्रतीत हुआ है। सन् 2016 में भारत सरकार द्वारा अधिसूचित 'दिव्यांग' शब्द भी नहीं–"यद्यपि विकलांग के दिव्यांग बनने के उदाहरण भरपूर हैं और सहस्रों वर्षों से इस तरह के प्रदर्श प्रतिष्ठित भी हैं तथापि अधिसंख्य विकलांग अशिक्षा और अन्धविश्वास

के कारण आज भी हाशिये पर हैं। इन्हें, विकलांग से दिव्यांग बनाने में अभी काफ़ी वक़्त लगेगा। अतः सभी के लिए दिव्यांग नाम उपयुक्त प्रतीत नहीं होता।" (विकलांग-विमर्श-दशा और दिशा, पृष्ठ 23)। इसी अध्याय में डॉ. पाठक ने विकलांगता के स्वरूप और कारणों पर गम्भीरता से विचार किया है किन्तु 'विकलांगता की सांस्कृतिक पीठिका' वाला अंश लेखक की गहन गवेषणा-वृत्ति से भरपूर है। इसमें वैदिक काल से लेकर जायसी तक की रचनाओं में विकलांग-विमर्श की पड़ताल है। गोस्वामी तुलसी दास द्वारा वर्णित 'शिव विवाह' को उद्धृत कर डॉ. पाठक ने यह सन्देश देना चाहा है कि भगवान शिव की बरात—"कोउ मुख हीन बिपुल मुख काहू। बिनु पद कर कोउ बहु पर बाहू॥" और बराती विकलांगता की पराकाष्ठा के अन्यतम उदाहरण हैं फिर भी वे लोकमानस में हेय नहीं रहे हैं क्योंकि भगवान शिव समाज में उपेक्षित, तिरस्कृत एवं विकलांग वर्ग के सम्पोषक एवं संरक्षक हैं। वैसे हर व्यक्ति अपने विवाह में सुन्दर, स्वस्थ और सज्जित लोगों को ही बराती बनाना चाहता है लेकिन शिव हैं कि अपने बरातियों में विकलांगों तथा अशोभनीय चेहरों को शामिल करने से परहेज नहीं करते। इससे क्या यह सिद्ध नहीं होता कि शिव विकलांगों के प्रति उपेक्षा अथवा अनादर का भाव नहीं रखते बल्कि उनकी मानसिक तृप्ति के लिए वे स्वयं भभूत रमाकर अपने को उन्हीं जैसा दिखाने का प्रयत्न भी करते हैं। विकलांगों के प्रति सम्मान का उससे बड़ा उदाहरण संसार में और कहीं नहीं मिलेगा। डॉ. पाठक ने मलिक मुहम्मद जायसी की वह गर्वोक्ति भी उद्धृत की है जिसमें वे कहते हैं कि मेरा एक नेत्र दर्पण के समान है और इसीलिए मेरे भाव भी निर्मल हैं। संसार के सारे रूपवान मेरा पैर पकड़ते और रुचि के साथ मुँह जोहते रहते हैं। ज़ाहिर है— यह गर्वोक्ति विकलांगता पर पुरुषार्थ की जीत का परिणाम है।

यद्यपि कुछ समय पहले तक साहित्य में विकलांग विमर्श जैसा कोई आन्दोलन नहीं था किन्तु रचनाओं में विमर्श की उपस्थिति अवश्य थी। रचनाकारों ने विकलांगों के प्रति दया, सहानुभूति, स्नेह, सद्भाव दिखाने में कोई कसर नहीं छोड़ी थी। यथाप्रसंग उन्होंने करुणोद्रेक किया था। विकलांगों की विवशता, असमर्थता और समाज में उनकी अवस्था का उल्लेख कर सुधार की आकांक्षा प्रकट की थी। इसीलिए डॉ. पाठक ने हिन्दी साहित्य की विविध विधाओं में संकेतित विकलांग विमर्श की गहन पड़ताल की है। शुरुआत उपन्यासों के विवेचन से हुई है। इस ग्रन्थ के दूसरे अध्याय का शीर्षक रखा है—

'विकलांग परक उपन्यास। यह बात अलग है कि उन्होंने उपन्यास की अवधारण ा को स्पष्ट करने के साथ ही हिन्दी उपन्यास के क्रमिक विकास पर भी अपना ध्यान केन्द्रित किया है। जहाँ एक ओर प्रेमचन्द को उन्होंने लोक जीवन से जोड़ने वाला कथाकार कहा है तो दूसरी ओर जयशंकर प्रसाद को आधुनिकता की आधारशिला रखने वाला रचनाकार माना है। उन्हें प्रेमचंद के कथासाहित्य में आधुनिकता की आहट दृष्टिगत होती है फिर भी डॉ. पाठक को प्रेमचंद नारी अस्मिता का अन्वेषण कर के स्त्री-विमर्श के प्रस्थापक लगते हैं तो दलित और आदिवासी चेतना के नीव महसूस होते हैं। उन्हें उनके उपन्यास 'रंगभूमि' और कहानी 'पत्नी से पति' में विकलांग-विमर्श की पीठिका दिखाई देती है। डॉ. पाठक ने अन्य जिन उपन्यासों को विवेचन की परिधि में रखा है– वे हैं–शिवानी कृत कृष्ण वेणी, फणीश्वर नाथ 'रेण' विरचित 'मैला आँचल' और 'कितने चौराहे', अमृतलाल नागर का 'खंजन नयन' मृदुला सिन्हा कृत 'ज्यों मेंहदी को रंग', अभिमन्यु अनन्त का 'गाँधी जी बोले थे', मृदुला गर्ग विरचित 'अनित्य', चित्रा मुद्गल का 'आँवा' वाल्मीकि त्रिपाठी कृत 'विकलांग' और राजेन्द्र कुमार रस्तोगी द्वारा लिखित उपन्यास 'अन्धे की आँख' है। ये सभी उपन्यास विकलांग जीवन की विसंगतियों और विडम्बनाओं को उभारकर विकलांगों के लिए प्रेरक का कार्य करते हैं। डॉ. पाठक की दृष्टि में प्रेमचंद के 'रंगभूमि' का सूरदास सत्य और नैतिकता के सहारे जो संघर्ष करता है तथा सरलता, सादगी, उदात्तता, प्रेम, सहानुभूति और स्वाभिमान का जो परिचय देता है उसके आधार पर वह कुलीनों से भी आगे निकल गया रहता है। अमृतलाल नागर के उपन्यास 'खंजन नयन' का नायक भी सूर है, अन्धा है लेकिन अपनी प्रज्ञा चक्षु से वह महाकवि बनता है। विकलांगता के बावजूद सूरदास जिस शिखर पर विराजमान हैं– वह सुरूप, सुन्दर सकलांग को भी नसीब होने वाला नहीं है। वे लोक कल्याणकारी जिस प्रदर्श को प्रस्तुत करते हैं उसके बल पर हिन्दी काव्य-गगन के सूर्य बन जाते हैं–'सूर-सूर तुलसी शशि, उड्गन केसवदास।' ऐसा इसलिए हो सका कि वे वल्लभाचार्य की प्रेरणा से दीनता, हीनता, असमर्थता की चादर फेंक कर भगवत-भजन की चादर ओढ़ लिए। विकलांगता की मानसिकता छोड़ कर्मपथ पर गतिशील होते गये। यही अवसाद हीनता प्रेमचंद के सूरदास नामक पात्र में भी है। दोनों कर्मशील हैं। सत्य, सेवा और त्याग के मार्ग पर चलने वाले हैं। इसीलिए वे विकलांग होकर भी सकलांगों से कहीं बहुत आगे हैं।

विकलांगता एक अनामन्त्रित घटना है। यह जन्मजात भी हो सकती है और दुर्घटना के कारण भी। प्राचीन समय में दुर्घटनायें कंद-मूल फल संग्रहण अथवा शिकार के दौरान होती थीं किन्तु वर्तमान समय में आवागमन के साधनों एवं कल-कारखानों ने दुर्घटनाओं का प्रतिशत बढ़ा दिया है। यही कारण हैं कि डॉ. विनय कुमार पाठक ने 'विकलांग परक कहानी' शीर्षक अपने तीसरे अध्याय में उन सभी कहानियों को विमर्श के केन्द्र में रखा है जिनमें जन्मजात और दर्घटना जनित विकलांगता का उल्लेख है। उषा प्रियवंदा की 'टूटे हुए', सिम्मी हर्षिता की 'अनियन्त्रित', नरेन्द्र नामदेव की 'समापन', उदय प्रकाश की 'हिन्दुस्तानी इवान दानिसोविच की ज़िन्दगी का एक दिन' कहानियाँ जन्मजात विकृति वाली कहानियाँ हैं। जन्मजात विकलांगता में भी हकलाहट (वाचाघात) की दृष्टि से फणीश्वर नाथ 'रेण' की कहानी 'ठेस' अन्धत्व की दृष्टि से जयशंकर प्रसाद की 'बेड़ी', ज्ञान प्रकाश विवेक की 'अन्धा सूरज', डॉ. रेखा पालेश्वर की 'खुली आँखों का दुख', रेनू यादव की 'दबे पाँव' शिवानी की 'कालू', डॉ. रेशमी पाण्डा मुखर्जी की 'देवी', गूंगापन की दृष्टि से सन्तोष श्रीवास्तव की 'गूँगी', रांगेय राघव की 'गूँगा', प्रमिला वर्मा की 'प्रतिबिम्ब' को विवेचना के अन्तर्गत रखा गया है। रोगजन्य शारीरिक अक्षमता की दृष्टि से भी डॉ. पाठक ने कहानियों का चुनाव किया है। पक्षाघात की दृष्टि से चित्रेश की कहानी 'मन के जीते जीत', कुलदीप बग्गा की 'पोलियो', दीप्ति खण्डेलवाल की 'अभिशप्त' राजी सेठ की 'उन दोनों के बीच', तेजेन्द्र शर्मा की 'मुझे मार डाल बेटा', मेराज अहमद की 'हौसला', दिव्या माथुर की 'आशियाना', डॉ. सुरेखा ठक्कर की 'तीसरा पहिया', रतन कुमार सांभरिया की 'द्वन्द्व', डॉ. कमोद जैन की 'दौड़ते कदम', कमलेश्वर की 'जोखिम', विद्या बिन्दु सिंह की 'काशी-वास', कुलदीप बग्गा की 'पोलियो', जया जादवानी की 'साक्षी' कुष्ठरोग आधारित कहानी शिवानी की 'करिये छिमा', चेचक की दृष्टि से चन्द्रकान्ता की 'मामला घर का' शिवानी की 'ललिता', त्रिभुवन पाठक की 'उनसे हार नहीं मानी' को विमर्श के अन्तर्गत रखकर यह बताने की कोशिश की गयी है कि हिन्दी कहानी में विकलांगता के सभी पक्षों को उभारा गया है। इन कहानियों में विकलांगों की दशा-दुर्दशा, उपेक्षा, अपमान, तिरस्कार, प्रताड़ना, यौन उत्पीड़न, मार-पीट, गाली-गलौज आदि का वर्णन अत्यन्त सहजता और स्वाभाविकता के साथ हुआ है। डॉ. विनय कुमार पाठक ने प्रत्येक कहानी का सारगर्भित विवेचन तो किया ही है उसके निहितार्थ और मन्तव्य को भी बेबाकी से प्रस्तुत किया है और ऐसा करते हुए उनका ध्यान सिर्फ़ इस बात

पर रहा है कि ये कहानियाँ किस तरह विकलांग विमर्श को गतिमान करने में महत्त्वपूर्ण भूमिका निभाती हैं।

'विकलांग-विमर्श = दशा और दिशा' में डॉ. पाठक ने एक अध्याय 'विकलांगपरक आत्मकथा और संस्मरणात्मक रेखाचित्र' का भी रखा है। आत्मकथा निजी सुख-दुख के आत्मानुभव पर आधारित होती है। इसलिए उसमें प्रामाणिकता और यथार्थ जनित विश्वसनीयता अधिक रहती है। ऐसे विकलांग जिन्होंने अनेक संघर्षों और बाधाओं को पार करते हुए जीवन में कुछ प्राप्त किया है उनके आत्मकथ्य निश्चित रूप से दूसरों के लिए प्रेरणादायी होंगे। आलोच्य ग्रन्थ में नसीमा हुरजूक की मराठी आत्मकथा 'चाकाची खुर्ची' (पहियों वाली कुर्सी) शामिल है जिसमें विकलांगों के प्रति किये गये दोहरे आचरण, क़ानूनी प्रावधानों के उल्लंघन, सहानुभूति दिखाने के कार्यान्वयन, विकलांगों से धनार्जन, अपमानजनक वातावरण व उनके विवशतापरक शोषण तथा भ्रष्टाचरण को अनावृत किया गया है। इस आत्मकथा के बारे में मराठी के प्रसिद्ध लेखक भीमराम पाटिल की टिप्पणी है– "यह आत्मकथन मानो आज के व्यष्टि और समष्टि जीवन का एक्स-रे है। यह आत्मकथन विकलांगों के हौसले बुलन्द करने वाला, उनके मन में जीवन जीने की भावना जगाने वाला प्रेरणा-ग्रन्थ है। व्यक्तिगत अनुभवों के साथ-साथ विकलांगों के वर्तमान को सशक्तता से व्यक्त करने वाला यह ग्रन्थ दीप-स्तम्भ की तरह दिशा दिखाने वाला है। इस ग्रन्थ में नसीमा ने विकलांगों के साथ किया जाने वाला असंगत और पाशविक व्यवहार का पर्दाफाश किया है।" (वही, पृष्ठ 195)। यही कारण है कि डॉ. पाठक ने इस आत्मकथा को विशेष महत्त्व के साथ नव्योपक्रम विवेचना के अन्तर्गत रखा है। ललित कुमार की आत्मकथा 'विटामिन ज़िन्दगी' का हर पृष्ठ विटामिन ज़िन्दगी है और यह विकलांगों के लिए संजीवनी बूटी तो है ही, सकलांगों के लिए भी समान रूप से प्रदीप-स्तम्भ प्रमाणित है। यही कारण है कि 'विकलांग-विमर्श = दशा और दिशा' में सर्वाधिक पृष्ठ इसी आत्मकथा को प्राप्त है। महादेवी वर्मा के संस्मरणात्मक रेखाचित्र 'स्मृति की रेखायें' में संग्रहीत 'गुंगिया' और 'अलोपी' को भी इस ग्रन्थ में शामिल किया गया है। यह अक्सर देखा गया है कि ईश्वर यदि किसी से कुछ छीनता है तो उसके बदले में कुछ और प्रदान कर देता है। जो व्यक्ति उस 'और' की पहचान कर लेता है उसका जीवन सहज तथा सुगम हो जाता है। उसकी निःशक्तता सशक्तता में बदल जाती है। इसमें उसकी दृढ़ इच्छा शक्ति, जिजीविषा, आत्मविश्वास, जीवन-राग और अभ्यास का योगदान

तो रहता ही है। दूसरों का प्रोत्साहन और परामर्श भी शामिल रहता है। 'गुंगिया' और 'अलोपी' का चरित्र भी ऐसा ही है। उन दोनों की भीतरी ऊर्जा ही उन्हें ऊर्जस्वित बनाये रखती है। विकलांगता के बावजूद उन्हें आत्म चैतन्य से पूर्ण रखती है। निःशक्तता को सशक्तता में बदल देती है।

श्रव्य की अपेक्षा दृश्य काव्य जागरण और चेतना फैलाने में कहीं अधिक महत्त्वपूर्ण भूमिका निभाता है। उसमें सामान्य जन से सीधे जुड़ने की क्षमता होती है इसीलिए उसकी पहुँच का क्षेत्र सघन और व्यापक होता है। विमर्शों की सफलता के लिए इस विद्या का प्रयोग बढ़ता जा रहा है। कदाचित इसीलिए डॉ. विनय कुमार पाठक ने आलोच्य ग्रन्थ की विवेचना के अन्तर्गत नाटक और सिनेमा भी शामिल करना उचित समझा है। उन्होंने 'विकलांग परक नाटक और सिनेमा' शीर्षक पंचम अध्याय में यह संकेत किया है कि भारतेन्दु हरिश्चन्द्र के 'अँधेर नगरी', 'भारत दुर्दशा', 'सत्य हरिश्चन्द्र', धर्मवीर भारती का 'अन्धायुग', शरद जोशी 'अन्धों का हाथी' आदि नाटक मानसिक विकलांगता को सुस्वास्थ देने वाले नाटक हैं। इनके अलावा उन्होंने डॉ. शंकर शेष के दो नाटकों 'बिन बाती के दीप' और 'कोमल गान्धार' को विवेचना का विषय बनाया है। उनका मानना है कि डॉ. शंकर शेष ने साहित्य के क्षेत्र में विकलांग जन्य शोषण के नये स्वरूप से परिचित कराकर पाठकों के लिए चिन्तन के एक नये अध्याय का अनावरण किया है। विपिन कुमार अग्रवाल का 'तीन अपाहिज' नामानुरूप लंगड़े, लूले और अन्धे समाज के तीन अपंगों के असंगत-बोध को अभिव्यक्त कर व्यंग्य को ज़मीन देने वाला नाटक है। ऐतिहासिक नाटकों में विकलांगता की स्थिति दर्शाने के लिए डॉ. पाठक ने डॉ. ब्रजवल्लभ मिश्र कृत 'विश्व-वेदना' नाटक को भी अपनी विवेचना में शामिल किया है। रतन कुमार सांभरिया का नाटक 'वीमा' नेत्रहीनों की पीड़ा, असहायता और संघर्ष की गाथा है। विकलांग जीवन की समस्याओं और संघर्षों को आधार बनाकर विमर्श को आगे बढ़ाने में सिनेमा की भूमिका भी महत्त्वपूर्ण है। इसीलिए डॉ. विनय कुमार पाठक ने 'दोस्ती', 'कोशिश' 'ख़ामोशी', 'आदमी', 'तेरा मेरा साथ रहे, 'कोई मिल गया', 'दीवानापन', 'आँखें', 'ब्लैक' आदि विकलांग केन्द्रित फ़िल्मों में सन्निहित विमर्श को नृत्यांगना सुधाचन्द्रन, जो स्वयं ही विकलांग हैं, के माध्यम से व्यक्त किया है। जो यह कहती हैं "विकलांगों के ऊपर बनी फ़िल्मों का उद्देश्य सामान्य लोगों में विकलांगों के प्रति दया उत्पन्न करना नहीं, बल्कि उनके अन्दर आत्मविश्वास जगाना है।" यह जागरण-भाव ही विकलांग विमर्श का लक्ष्य है।

कविता की सम्मिलिति के बिना 'विकलांग-विमर्श = दशा और दिशा' का समाकलन पूर्ण नहीं हो सकता। इसीलिए अखिल भारतीय विकलांग चेतना परिषद् द्वारा प्रवर्तित इस नव्य विमर्श पर निशक्त चेतना भाग-एक, दो और तीन, के साथ 'अपना दिनमान' में प्रकाशित कविताओं को इस विमर्श में शामिल किया गया है। 'अपना' दिनमान' में डॉ. इन्द्र बहादुर सिंह के विकलांग चिन्तन की छप्पन कविताएँ समाविष्ट हैं। डॉ. बलदाऊ प्रसाद की प्रलम्ब कविता 'अष्टावक्र' भी इस विवेचन में शामिल है जो यह बताने के लिए काफ़ी है कि आत्मविश्वास से पूर्ण व्यक्ति जब भी अपनी विकलांगता को भूलकर कुछ महान उपलब्धियों की ओर अग्रसर होता है तब उसे सफलता मिलती ही है। 'आत्मानं विद्धि' की प्रतिष्ठा करने वाले अष्टावक्र की ज्ञान गरिमा के आगे महाज्ञानी, विदेह पुरुष, जनक को भी नतमस्तक होना पड़ा था। यह इसलिए सम्भव हो सका कि अष्टावक्र ने विकलांगता को अभिशाप न मानकर अपने स्वत्व का अत्यधिक विस्तार किया था। गिरीश पंकज का भी यही मानना है कि, "जिन्दगी की हर कमी जो भूल जाता है। बस वही उपलब्धियों के फूल पाता है।" विकलांग विमर्श यही चेतना भरने का काम करता है।

संघर्ष एवं मुक्ति की गाथा

'बाणभट्ट की आत्मकथा' आचार्य हजारी प्रसाद द्विवेदी की सृजनशीलता का श्रेष्ठ निदर्शन है। वस्तु-विन्यास की दृष्टि से अभिनव प्रयोग है। इतिहास और कल्पना के माध्यम से हर्षकालीन समाज, संस्कृति, राजनीति, धर्म, कला और वैभव का वर्तुल दर्पण है। जीवन की सार्थकता की तलाश है। दलित-द्राक्षा की भाँति अपने को निचोड़कर दे देने का अकुंठ आनन्द-विलास है। प्रेम का त्रिकोण और रोमांस का उदात्त आवेग है। नरलोक से किन्नर लोक तक एक ही रागात्मक हृदय की व्याप्ति का अनुभावन है किन्तु, इनके अलावा भी इस 'कथा' में बहुत कुछ ऐसा है जो अचर्चित अथवा बहुत कम चर्चित है जिनकी ओर ध्यान दिया जाना चाहिए क्योंकि महान रचना के कई कोण होते हैं जो अपनी संश्लिष्टता के कारण कई बार दृष्टि-पथ में नहीं आते। 'बाणभट्ट की आत्मकथा' महाकवि बाण की कथा भर नहीं है बल्कि नारी उद्धार के साथ-साथ देश, धर्म और मानव जाति के उद्धार की भी कथा है जैसा कि द्विवेदी जी ने बाणभट्ट के मुख से स्पष्ट कहलवाया है– "उठो देवि! आर्यावर्त को बचाना है, म्लेच्छ से देश को बचाना है, मनुष्य जाति को बचाना है।" (बीसवाँ उच्छवास)। इसके लिए 'कथा के अनेक पात्रों को साहस और संघर्ष से भरा हुआ भी दिखाया गया है। उपन्यास के अन्तिम कवर पृष्ठ पर उल्लिखित यह अंश–'बाणभट्ट की आत्मकथा' का कथानायक कोरा भावुक कवि नहीं वरन् कर्मनिरत और संघर्षशील जीवन-योद्धा है। उसके लिए 'शरीर केवल भार नहीं, मिट्टी का ढेला नहीं' बल्कि 'उससे बड़ा है' और उसके मन में 'आर्यावर्त के उद्धार का निमित्त बनने' की तीव्र बेचैनी है।" इसी बात की पुष्टि करता है। यहाँ यह भी ध्यातव्य है कि 'उद्धार का निमित्त बनने की बेचैनी' सिर्फ़ बाणभट्ट में नहीं बल्कि अन्य कई पात्रों में है।

कथामुख और उपसंहार के बीच बीस उच्छ्वासों में 'बाणभट्ट की आत्मकथा' का वितान फैला हुआ है। आत्मकथा बाण की है इसलिए उच्छवास भी बाण

के हैं लेकिन चूँकि बाण ने अपने माध्यम से दूसरों (नारी) की कथा कही है इसलिए ये उच्छ्वास अन्य पात्रों के भी लगने लगते हैं। यहाँ यह ध्यातव्य है कि उच्छ्वास (उत् + श्वास) का अर्थ है– ऊपर की ओर खिंची जाने वाली साँस जो अपनी व्यंजना में आह भरने, तड़पने, प्रेरणा-प्रोत्साहन और ढाढ़स आदि का भाव समेटे है। यह कथा प्रेम की कथा है–इसको प्रकट करने में उच्छ्वासों की सार्थकता स्वयं सिद्ध है लेकिन इसके अलावा भी ये उच्छ्वास इस अर्थ में सफल हैं कि वे नारी पात्रों की परवशता, दुर्दशा, अन्याय, अत्याचार को बखूबी प्रकट करते हैं। जहाँ शब्द चुक जाते हैं वहाँ भी उच्छ्वास बहुत कुछ कह जाते हैं–जगन्नाथ दास रत्नाकर के 'उद्धव-शतक' की इस पंक्ति की तरह–'रही सही सोऊ कहि दीनि हिचकिनि सों।' बाणभट्ट का यह मानना है कि नारी का दुख इतना बड़ा है कि उसे शब्द प्रकट नहीं कर पाते–"बड़े करुणा जनक संयोगों के बीच से मैंने यह अनुभव किया है कि स्त्री के दुख इतने गम्भीर होते हैं कि उसके शब्द उसका दशमांश भी नहीं बता सकते।" (सप्तदश उच्छ्वास)। नारी दुखी है, अपमानिता है, वन्दिनी है अतः उसका उद्धार जरुरी है। परवशता से मुक्ति जरुरी है लकिन इतना ही नहीं चारों ओर अवश अवसाद की जो जड़िमा ("न जाने क्यों मुझे ऐसा लग रहा था कि नीचे से ऊपर तक सारी प्रकृति में एक अवश अवसाद की जड़िमा छायी हुई है"–तृतीय उच्छ्वास) व्याप्त है उसे तोड़ना भी जरुरी है। अतः समाज, धर्म, राजनीति, आचरण-व्यवहार के स्तर पर व्याप्त विसंगतियों और विडम्बनाओं का विखण्डन और उनका समूल नाश 'बाणभट्ट की आत्मकथा' का उद्देश्य है जिन्हें विभिन्न पात्रों ने अपने-अपने उच्छ्वासों द्वारा अभिव्यक्ति प्रदान की है।

डायरी शैली में लिखित इस आत्मकथा में बाणभट्ट के अलावा निपुणिका, भट्टिनी, सुचरिता, महामाया आदि प्रमुख पात्र हैं। अन्य नारी पात्रों में अन्तः पुरिकाओं, नगर नर्तकियों और पुरनारियों का उल्लेख है जो उस काल की भोग-विलास जीवन की साधन हैं। कृष्ण वर्धन, विग्रह वर्मा, लेरिक देव, अघोर भैरव, सुगतभद्र, विरतिवज्र आदि अन्य पुरुष पात्र हैं। बाणभट्ट अपने और इनके बारे में जो बातें बताता है उसमें इतिहास और कल्पना का अद्भुत सम्मिश्रण है। उपन्यास की मुख्य कथा अपहृता भट्टिनी का उद्धार है। अपहरण की कथा नैपथ्य की कथा है और उद्धार की कथा-मुख्य। उसी के साथ-साथ देश, धर्म और मानव जाति के उद्धार की भी कथा है। उद्धार किसका प्रयोजनीय होता है–संकट ग्रस्त का। उपन्यास के अधिकांश पात्र संकट-ग्रस्त हैं। भट्टिनी

अपहृता हैं, निपुणिका वैधव्य का जीवन जीने के लिए अभिशप्त है, महामाया के साथ छल हुआ है, देश पर दस्युओं के आक्रमणों का संकट है धर्म अनेक मतवादों में उलझा है, मनुष्य का मन रोगी है, उसकी चिन्ताधारा आविल है, उसका पारस्परिक सम्बन्ध दुखपूर्ण है। सभी को इन समस्याओं से मुक्ति की अपेक्षा है, उद्धार की कामना है। उद्धार करने में समर्थ कौन है?—महावराह। वे जलौघमग्ना सचराचराधरा के समुद्धर्त्ता हैं—"महावराह के दाँतों पर उठी हुई धरित्री के मुख मण्डल पर जो उल्लास और दीप्ति का भाव था, वह देखते ही बनता था। महावराह के दोनों हाथ कटिदेश पर इस प्रगल्भता के साथ टिके हुए थे और बाहुमूल की पेशियाँ इस दृढ़ता के साथ निकाली गयी थीं कि देखकर उनमें एक अपूर्व विश्वास उद्रिक्त हो उठता था। "यही कारण है कि विश्वास-विग्रह महावराह की स्तुति और पूजा का विधान इस उपन्यास में अनेक स्थानों पर रचा गया है क्योंकि वे ही अभिशप्त पात्रों का उद्धार कर सकते हैं। निराश और उदास मन में आस्था और विश्वास जगा सकते हैं। ज़ाहिर है विश्वास ही वह वस्तु है जो मनुष्य को संकटों से लड़ने की ताक़त देता है। संघर्ष के लिए उकसाता है। साहस का संचार करता है।

यह उपन्यास, बाणभट्ट, निपुणिका और भट्टिनी के बीच तनी हुई रागात्मकता पर आधारित है। इन तीनों के बीच की सम्बन्ध-कथा अत्यन्त संयत और मर्यादित है। उसमें संयम है, समर्पण है और अपने को निःशेष भाव से दे देने की भावना है। बाणभट्ट के आकर्षक व्यक्तित्व की ओर नर्तकी मदनश्री से लेकर निपुणिका और राजकुमारी भट्टिनी तक आकर्षित हैं और उधर भट्ट को भी इन अमूल्य नारी रत्नों के सानिध्य में रहने का अवसर प्राप्त होता है। किन्तु उसका संयम डिगता नहीं है। निपुणिका का यह कथन—"हाँ भट्ट, मेरे भाग आने के कारण तुम्हीं हो, परन्तु दोष तुम्हारा नहीं है। दोष मेरा ही है। तुम्हारे ऊपर मुझे मोह था। उस अभिनय की रात को मुझे एक क्षण के लिए ऐसा लगा था कि मेरी जीत होने वाली है। परन्तु दूसरे ही क्षण तुमने मेरी आशा को चूर कर दिया। निर्दय! तुमने बहुत बार बताया था कि तुम नारी-देह को देव-मन्दिर के समान पवित्र मानते हो, पर एक बार भी तुमने समझा होता कि यह मन्दिर हाड़-मांस का है, ईंट-चूने का नहीं! जिस क्षण मैं अपना सर्वस्व लेकर इस आशा से तुम्हारी ओर बढ़ी थी कि तुम उसे स्वीकार कर लोगे, उसी समय तुमने मेरी आशा को धूलिसात कर दिया। उस दिन मेरा निश्चित विश्वास हो गया कि तुम जड़ पाषाण-पिंड हो, तुम्हारे भीतर न देवता है, न पशु, है एक अडिग जड़ता।'

(द्वितीय उच्छ्वास)। इसी को प्रमाणित करता है। आगे चलकर बाण के प्रति उसका मोह भक्ति के रूप में परिवर्तित हो जाता है और वह अपने को हाड़ मांस की गठरी से अधिक समझने लगती है– "भट्ट! मैंने तुम्हारा नाम कलंकित किया था, पर तुमने मेरा मान रख लिया। उसके (मदन श्री) सामने गर्व से सिर ऊँचा करके चलने लगी। मैंने उस अभागी रात (जिस रात निपुणिका बाणभट्ट की मंडली से भागी थी) के समस्त क्षोभ को धो दिया। मैं उसी दिन से अपने को हाड़-मांस की गठरी से अधिक समझने लगी तुमने मुझे मुक्ति दी है, भट्ट। "यहाँ निपुणिका सामान्य से विशिष्टता की ओर अग्रसर होती है। एक साधारण नारी से ऊँची उठती है। और इसमें योगदान है—बाणभट्ट के पवित्र आचरण का, वासना रहित अनुराग का। बाण का प्रेम नारी के प्रति आदर भाव रखना जानता है, विषय-वासना नहीं। उसका मानना है—"बन्धन ही सौन्दर्य है आत्मदमन ही सुरुचि है, बाधायें, ही माधुर्य हैं। नहीं तो यह जीवन व्यर्थ का बोझ हो जाता। "अतः उसका प्रेम आत्म नियन्त्रण और आत्मदमन में विकास पाता है। वह नारी शरीर को देव मन्दिर की तरह पवित्र मानता है। यहाँ तक कि निपुणिका जो विधवा है, घर से भागी हुई है, कीचड़ में फंसी हुई नारियों के बीच रहती है, स्थाणेश्वर में पान बेचती है, वेश्याओं, नर्तकियों, कंचुकियों एवं क्षीबा बालाओं को जानती है, वह भी बाणभट्ट की नज़र में दैवी शक्ति सम्पन्न है– 'साधारण ातः जिन स्त्रियों को चंचल और कुलभ्रष्टा माना जाता है उनमें एक दैवी शक्ति भी होती है, यह बात लोग भूल जाते हैं। मैं नहीं भूलता। मैं स्त्री शरीर को देव मन्दिर की तरह पवित्र मानता हूँ। उस पर की गयी अनुकूल टीकाओं को मैं सहन नहीं कर सकता।" (द्वितीय उच्छ्वास)

बाणभट्ट के मन में भट्टिनी के प्रति सौन्दर्य जीवी स्नेह है। वह उसके बुद्धिगत, भावगत एवं चारित्रिक सौन्दर्य का पुजारी है। वह उसकी शोभा, मधुरिमा, त्रिपुरमोहिनी की आकर्षणशक्ति पर इतना सम्मोहित है कि उसे यह स्वीकारना पड़ता है—"मेरी रात अपनी नहीं है, मेरे दिन अपने नहीं हैं, मेरी गति अपनी नहीं है, मेरा मन अपना नहीं है....आजीवन फक्कड़ की ज़िन्दगी बिताने वाला बाणभट्ट आज अपने को इतना पराधीन क्यों समझ रहा है?" अन्यत्र आत्म-विश्लेषण करते हुए बाण यह कहता है– "यद्यपि मेरे कर्त्तव्य-अकर्त्तव्य की कसौटी वही नहीं है, जो सारी दुनिया को मान्य है। फिर भी इधर मेरा चित्त जड़ होता जा रहा है, बुद्धि मुग्ध होती जा रही और मस्तिष्क भोथा होता जा रहा है। आख़िर वह कौन सा अन्तर्बिकार है, जो मेरे चित्त को जड़ बना रहा है

और मेरी बुद्धि को मोह ग्रस्त बना रहा है।" (द्वादश उच्छ्वास)। इसी के आगे बाणभट्ट का यह भी कहना है–"भट्टिनी और निपुणिका के साथ रहने से मेरे अन्दर परिवर्तन आया है। मैं कहने को तो उनकी रक्षा के लिए साथ हूँ, पर हो गया हूँ परम आश्रित। इस अवस्था से मुक्ति मिलनी चाहिए। आज से अधिक पराधीन मैं कभी नहीं था।" (द्वादश उच्छवास)। उधर भट्टिनी भी बाण के प्रति कम अनुरक्त नहीं है। वह अपने मनोगत भावों को महामाया के समक्ष इस प्रकार प्रस्तुत करती है–"जिस दिन भट्ट ने मुझसे प्रथम वाक्य कहा था, उस दिन मेरा नवीन जन्म हुआ...... मैंने प्रथम बार अनुभव किया कि भगवान ने नारी बनाकर मुझे धन्य किया है, मैं अपनी सार्थकता पहचान गयी।" (दशम् उच्छ्वास)। इतना ही नहीं वह हाड़ मांस की नारी होने का एहसास भी कराती है। संकट उत्पन्न होने पर जब वह नदी में कूदती है तब उसके मन में यह भाव रहता है कि बाण उसे अवश्य बचायेगा–"मन के किसी अज्ञात कोने में यह भावना जरुर थी कि तुम मुझे डूबने नहीं दोगे–तुम मुझे बचा लोगे। तुमने मेरा शरीर, मन, लाज-शर्म, सब कुछ बचाया है। मैं भाग्यहीना अपने सबसे बड़े हितकांक्षी को विपत्ति में झोंक देने की अपराधिनी हूँ।" (द्वादश उच्छ्वास)। इससे स्पष्ट है कि भट्टिनी और बाण दोनों परस्पर अनुराग भाव रखते हैं। एक दूसरे के प्रति स्नेह की आकांक्षा रखते हैं किन्तु उनके प्रेम में कामुकता नहीं है। बाण जब कभी भट्टिनी की रूप राशि के बारे में सोचता है तब उसे लगता है कि उसके मन में प्रेम नहीं बल्कि उपासना का भाव पैदा हो रहा है। पूज्य बुद्धि का संचार हो रहा है। जब बाबा अघोर भैरव उससे पूछते हैं–"क्यों रे, उस लड़की (भट्टिनी) पर तेरी ममता है न? "तब वह हाथ जोड़कर कहता है– "उस कन्या का सेवक होना गौरव का विषय है, आर्य! मैं उसके मंगल के लिए प्राण तक दे सकता हूँ।" (षष्ठ उच्छ्वास) प्रेम में 'जान देना' प्रिय को पाने का भाव समेटे रहता है जबकि बाण भट्ट भट्टिनी को पाने अथवा अपनाने के लिए नहीं बल्कि उसकी मुक्ति के लिए, छोटे राजकुल के पंकिल वातावरण से उद्धार के लिए अपने प्राण देने के लिए तैयार है। वह कथनी और करनी में भेद नहीं जानता। जो कहता है उसे करने का साहस रखता है। कुमार कृष्णवर्धन के यह कहने पर–"मेरे एक इशारे पर तुम्हारी रक्षणीया देव-पुत्र कन्या का और तुम्हारा क्या हाल हो सकता है, तुम जानते हो? बाणभट्ट निर्भीकता पूर्वक उत्तर देता है–"जानता हूँ, परन्तु कुमार को शायद 'बाणभट्ट' का पूरा परिचय नहीं मालूम। उस इशारे के होने के बहुत पूर्व इशारा करने वाली आँखे नहीं रहेंगी।" (पंचम उच्छ्वास)।

उपन्यास में बाणभट्ट, निपुणिका, भट्टिनी, महामाया आदि अनेक पात्रों ने जीवन की सार्थकता पर विचार किया है। बाणभट्ट देव प्रतिमा (भट्टिनी) के सामने अपने-आपको निःशेष भाव से उड़ेल देने में अपनी सार्थकता मानता है तो उधर भट्टिनी बाण के प्रथम सम्भाषण में अपने जीवन की सार्थकता पहचानती है– "भट्ट की वाणी सुनने के बाद मैंने पहली बार अनुभव किया, मेरा यह शरीर केवल भार नहीं है, केवल मिट्टी का ढेला नहीं है।" (दशम उच्छ्वास) एक स्थान पर वह यह भी कहती है– "नारी के लिए इतनी अर्थवती गाथा का साक्षात्कार इस भुवन मंडल में प्रथम बार हुआ है।" (वही) महामाया नारी की सार्थकता समझाते हुए कहती हैं–"गुरु ने मुझे बताया है कि नारी की सफलता पुरुष को बाँधने में है और सार्थकता उसको मुक्त करने में।" (वही) बन्धन और मुक्ति का यह द्वन्द्व आगे चलकर तब स्पष्ट होता है जब महामाया यह कहती हैं–"नारी आनन्द-भोग के लिए नहीं आती, आनन्द लुटाने के लिए आती है।" (एकादश उच्छ्वास)। निपुणिका, भट्टिनी और बाणभट्ट के प्रेम में इन्हीं बातों को आधार-भूमि माना जा सकता है और इन्हीं से उनके चरित्र का विकास हुआ है। इसी से कथा में सर्वत्र प्रेम की व्यंजना गूढ़ और अदृप्त भाव से प्रकट हुई है।

'कथा' में नारी-उद्धार और नारी-महिमा की प्रतिष्ठा मुख्य प्रतिपाद्य है। इसी के साथ-साथ नारी-दुर्दशा और नारी समस्या को भी उठाया गया है। निपुणिका के माध्यम से विधवा-विवाह की समस्या को उभारने की कोशिश की गयी है–जब वह बाणभट्ट से कहती है– "मेरी शपथ करके तुम सत्य-सत्य कहो, मेरा कौन सा ऐसा पाप चरित्र है जिसके कारण मैं निदारुण दुःख की भट्ठी में जलती रही? क्या स्त्री होना ही मेरे सारे अनर्थों की जड़ नहीं है? "तब उसका इशारा उसी समस्या की ओर है जिसके कारण एक विधवा को समाज में हेय दृष्टि से देखा जाता है, उसे लांछित और अपमानित किया जाता है। निपुणिका विवाह के एक वर्ष बाद ही विधवा हो जाती है। जीवन में निश्चिन्तता की तलाश के लिए वह घर से भाग जाती है। इधर-उधर भटकती हुई वह बाण की नाटक मण्डली में शामिल होती है। पान बेचने का काम करती है। छोटे राजकुल की अन्तः पुरिकाओं में सम्मिलित होती है। अपने हाड़-मांस के शरीर को समर्पित करने के लिए बाण की ओर लपकती है लकिन उसे वहाँ भी जड़ता ही मिलती है। अन्त में वह अपने को प्रणय की बलि वेदी पर होम कर देती है। बाण आत्म-मंथन करते हुए कहता है– "आज मेरी ही प्राण रक्षा के लिए उसने (निपुणिका) सम्मोहन के प्रति प्रणय की बलि-वेदी पर अपने को होम दिया है।

ऐसा लगता है कि भट्टिनी से उसने अपने पूर्व आकर्षण की बात कह दी है, नहीं तो भट्टिनी क्यों कहती कि अपना पैर मत छुड़ाओ, उसे शान्ति मिल रही होगी। छिः कैसी लज्जा की बात है। मेरा मन कह रहा है कि निपुणिका का मोह अभी कटा नहीं। हाय, मुग्धा ही है यह अब तक। और मैं अपना ही विश्लेषण करके देखता हूँ, तो...... क्यों मैं छः वर्षों तक आवारा की तरह घूमता रहा? क्या मेरे इस कर्त्तव्य का कोई मानस उत्स है? निपुणिका के प्रति कोई मोह मेरे मन में रह गया था? हाय, निपुणिका ने कहा था कि मेरा धूमायित होना बन्द हो गया है, मैं अब धधक उठूँगी, उस समय उसका चित्त कितना उत्क्षिप्त था।" (सप्तदश उच्छ्वास)। वासवदत्ता का अभिनय करते समय निपुणिका के जीवन का अभिनय ("जो वास्तव है उसको दबाना और जो अवास्तव है उसका आचरण करना—यही तो अभिनय है। सारे जीवन यही अभिनय किया है"—निपुणिका का कथन-अष्टादश उच्छ्वास) समाप्त हो जाता है। वह मर जाती है लेकिन समाज के सामने नारी का आदर्श स्थापति कर जाती है। प्रेम का उदात्त विग्रह बन जाती है। चारुस्मिता का यह कथन "निपुणिका स्त्री जाति का शृंगार थी, सतीत्व की मर्यादा थी, हमारी जैसी उन्मार्गगामिनी नारियों की मार्गदर्शिका थी।" (बीसवाँ उच्छ्वास) उसके व्यक्तित्व का सम्यक् मूल्यांकन बन जाता है। वह नारी मर्यादा का मानदण्ड बनकर मन मोह लेती है। इस उपन्यास में नारी-महिमा को प्रतिष्ठित करने का प्रयत्न ("सारी कथा में स्त्री महिमा का बड़ा तर्कपूर्ण और जोरदार समर्थन है"—उपसंहार) निपुणिका के प्रति सुचरिता के इस कथन—"निपुणिका धन्य हो गयी आर्य। ...कौन जानताथा कि निपुणिका अपने दुखी जीवन से सतीत्व की मर्यादा स्थापित कर जायेगी।" (बीसवाँ उच्छ्वास) से सफल हुआ जान पड़ता है। उपन्यासकार ने निपुणिका, भट्टिनी महामाया और सुचरिता जैसी दिव्य नारियों को नारी-महिमा की प्रतिष्ठा के लिए ही गढ़ा है। इन चारों पात्रों का जीवन उनके संघर्ष, त्याग और निश्छल प्रेम की कहानी है। वे मूक आत्मोत्सर्ग में विश्वास रखती है। दुर्दशा और परवश्ता में भी संयत रहती हैं। वे तर्कशीला हैं—तर्क की क्षमता जानती हैं। उनमें कर्त्तव्याकर्त्तव्य का विवेक भरा होता है। वे निरकुंश राजसी भोगविलास के वातावरण में भी अपने चरित्र की महानता सिद्ध करती हैं। उनके आचरण-व्यवहार में न ओछापन है और न अतिशय वाचालता। वे मौन भाव से अपने निर्धारित पथ पर अग्रसर होती हैं और विघ्न बाधाओं को विदीर्ण कर नारी-जीवन को सार्थक करती हैं।

'मनुष्य' को साहित्य का लक्ष्य मानने वाले आचार्य हजारी प्रसाद द्वि

वेदी के चिन्तन एवं लेखन में मानव-अस्मिता की पहचान एवं जीवन की सार्थकता की तलाश का प्रयत्न सर्वाधिक महत्वपूर्ण आयाम रहा है। 'बाण ाभट्ट की आत्मकथा' में उनकी मानवतावादी दृष्टि नारी-महिमा की प्रतिष्ठा में अधिक रमी है तो इसका कारण समाज में नारी की दयनीय अवस्था रही है। निपुणिका, भट्टिनी, सुचरिता, महामाया जैसी विडम्बनाओं की शिकार नारियाँ केवल हर्ष-काल में ही नहीं थीं। वे द्विवेदी-काल में भी थीं और आज भी हैं। विषम समर-विजयी, वाहलीक-विमर्दन, प्रत्यन्त-बाड़व, देव-पुत्र तुवरमिलिन्द की कन्या भट्टिनी जब सुरक्षित नहीं है, उसका अपहरण होता है, और वह छोटे राजकुल की अन्तःपुर वन्दिनी हो जाती है तो भोली-भाली ग़रीब ललनाओं की क्या दशा रही होगी? इसका अन्दाज़ा लगाया जा सकता है। भट्टिनी के उद्धार के लिए निपुणिका आगे आती है और वह भट्ट से कहती है– "अब तक तुमने नारी में जो देव-मन्दिर का आभास पाया है, वह तुम्हारे भोले मन की कल्पना थी। आज मैं तुम्हें सचमुच का देव मन्दिर दिखाऊँगी। परन्तु उसके लिए तुम्हें छोटे राजकुल में मेरी सखी बनकर प्रवेश करना होगा और कीचड़ में धँसे हुए उस मन्दिर का उद्धार करना होगा। ...तुम असुर-गृह में आबद्ध लक्ष्मी का उद्धार करने का साहस रखते हो? मदिरा के पंक में डूबी हुई कामधेनु को उबारना चाहते हो?" (द्वितीय उच्छ्वास)। बाणभट्ट, निपुणिका के सहयोग से छोटे राजकुल के अन्तःपुर से भट्टिनी का उद्धार तो करता है किन्तु यह चिन्ता भी जताता है "मैंने एक भट्टिनी का उद्धार किया है सही, पर मुझे क्या मालूम है कि इस अन्तःपुर में और कितनी भट्टिनियाँ हैं। और ऐसे अन्तःपुरों की संख्या यहीं तो समाप्त नहीं हो जाती।" (सप्तम उच्छ्वास) महामाया का यह कथन–"आर्य सभासदों, मेरी ओर देखो। मैं तुम्हारे देश की लाख-लाख अपमानित लांछित और अकारण दंडित बेटियों में से एक हूँ। कौन नहीं जानता कि इस घृणित व्यवसाय के प्रधान आश्रय सामन्तों और राजाओं के अन्तःपुर हैं? आप में से किसे नहीं मालूम कि महारजाधिराज की चामरधारिणियाँ और करंकवाहिनियाँ इसी प्रकार भगाई हुई और ख़रीदी हुई कन्यायें हैं?" (चतुर्दश उच्छ्वास) सामन्ती व्यवस्था में नारियों की दुर्दशा का कच्चा चिट्ठा है। अन्तःपुर में कैद नारियाँ मुक्ति के लिए छटपटाती होंगी किन्तु उन्हें निपुणिका और बाणभट्ट जैसे सहायक कहाँ मिलते होंगे? वे या तो मौत को गले लगाती होंगी अथवा रो-धोकर अपना जीवन बिताती होंगी। महामाया भी तो अन्तःपुर में बहुत रोयी थी–"महाराज से विवाह होने के पहले मेरा वाग्दान हो चुका था। मेरे पिता कुलूतराज नहीं हैं। अपहृता

बालिका हूँ। छलपूर्वक मेरा विवाह धूर्तों ने महाराज से करवा दिया था। इस अन्तःपुर में मैं बहुत रो चुकी हूँ।" (उन्नीसवाँ उच्छ्वास) महामाया सन्यासिनी बनकर ही अन्तःपुर से मुक्त हुई थी। मुक्ति का आनन्द पिंजर बद्ध सारिका को अपने उन्मोचन पर हुआ था। उसने वाभ्रव्य का वाक्य–"जा अभागी, भाग जा इस पाप अन्तःपुर से।" (सप्तम् उच्छ्वास) मुक्ति-घोषणा-पत्र के रूप में कण्ठस्थ ही कर लिया था। सचमुच अन्तःपुर बलात् अपहरण कर लाई गयी सुकुमारियों के लिए पिंजर ही तो थे। जहाँ उनके हर साँस पर पहरे थे। न वे अपनी इच्छा से जी सकती थीं और न ही मर सकती थीं। उनका हर तरह से शारीरिक और मानसिक शोषण होता था। ऊपर से सौतों (सपत्नियों) की त्रासदी झेलनी पड़ती थी। महामाया भी तो महाराज्ञी राज्यश्री की सौत थी–धावक वाणभट्ट से कहता है– "राजधानी है मित्र! बहुत कुछ देखोगे। महामाया को यहाँ बहुत कम लोग जानते हैं। मैं थोड़ा-थोड़ा जानता हूँ। वह महाराज्ञी राज्यश्री की सौत है। "मैं जैसे सोते से जगा, चौंक कर पूछा–"सौत?" धावक ने डाँटा–"चिल्लाते क्यों हो? इस नगर में रानियों की सौतों का विशाल जंगल है–जंगल।" (चतुर्दश उच्छ्वास) सामन्ती व्यवस्था और बहु विवाह की कुप्रथा ने नारियों का जीवन दयनीय बना दिया था। विवश, लाचार और अपहृता बालाओं से अन्तःपुर भरे रहते थे। वहाँ विलासिता, कामुकता, नग्नता और भौंडेपन का साम्राज्य था। यही कारण है कि बाणभट्ट कुमार कृष्णवर्धन से कहता है–"मुझे स्थाण्वीश्वर के लंपट राजकुल के अन्तःपुर के विषय में श्रद्धा नहीं। जहाँ चौर्य लब्ध अत्याचारिता वधुएँ वास करती हैं, उस अन्तःपुर की कोई मर्यादा नहीं होनी चाहिए। ऐसे अन्तःपुरों को प्रश्रय देने वाले लज्जित होना चाहें तो हो लें, उन्हें शोभा दे सकता है।" (पंचम उच्छ्वास)। बाणभट्ट नारी को देवमन्दिर की प्रतिमा मानता है और वह चाहता है कि सर्वत्र नारी का सम्मान हो लेकिन जब नारी का अपमान नहीं रुकता तब वह कहता है–"क्या यह कभी बन्द नहीं होगा? क्या संसार की सबसे बहुमूल्य वस्तु इसी प्रकार अपमानित होती रहेगी। मेरा मन कहता था कि जब तक राज्य रहेंगे, सैन्य संगठन रहेंगे, पौरुष-दर्प का प्राचुर्य रहेगा। तब तक यह होता ही रहेगा। परन्तु क्या कभी यह भी सम्भव है कि मानव समाज में राज्य न हों, सैन्य-संगठन न हों, सम्पत्ति-मोह न हो।" (अष्टम उच्छ्वास)।

प्रायः यह देखा गया है कि अगर कोई घटना-दुर्घटना राजा, महाराजा, अमीर-उमरॉव के साथ घटित होती है तो उसे काफ़ी तरजीह मिलती है किन्तु वही घटना सामान्य जन के साथ घटित होने पर उसका कोई नाम लेवा

नहीं होता। विषम समर विजयी, देव-पुत्र तुवरमिलिन्द की कन्या भट्टिनी का अपहरण-अपहरण है और किसी अज्ञात कुल गोत्र अनाथ बाला का अपहरण अपहरण नहीं है—इस विषमता पर महामाया पूछती है—"इस उत्तरापथ में लाख-लाख निरीह बहुओं और बेटियों के अपहरण और विक्रय का व्यवसाय क्या नहीं चल रहा है? अगर देवपुत्र तुवरमिलिन्द का हृदय थोड़ा भी संवेदनशील होता, तो आज से बहुत पहले उन्हें मूर्च्छित होकर गिर पड़ना था। क्या निरीह प्रजा की बेटियाँ उनकी नयन-तारा नहीं हुआ करतीं? क्या राजा और सेनापति की बेटियों का खो जाना ही संसार की बड़ी दुर्घटनायें हैं?" (चतुर्दश उच्छ्वास)। 'बाणभट्ट की आत्मकथा' में नारी-समस्या को उजागर करने वाले प्रसंगों की संख्या इतनी है कि उन्हें इस लेख में समाहित कर पाना सम्भव नहीं है लेकिन उनके माध्यम से यह कहा जा सकता है कि द्विवेदी जी नारी दुर्दशा से मुक्ति चाहते थे इसीलिए उन्होंने नारी-जीवन की विसंगतियों और विडम्बनाओं को इतने व्यापक फलक पर उपस्थित किया है। वे नारी की महिमा प्रतिष्ठित करना चाहते थे इसलिए उन्होंने 'कथा' में अनेकशः समाज के लिए नारी की जरुरतों की ओर भी संकेत किया है। वे नारी तत्व को शक्ति तत्व के रूप में देखते थे। एकादश उच्छ्वास में महामाया कहती है— "पिण्ड में शिव का प्राधान्य ही पुरुष हैं और शक्ति का प्राधान्य नारी है जहाँ कहीं अपने आपको उत्सर्ग करने की, अपने आपको खपा देने की भावना प्रधान है, वही नारी है। जहाँ कहीं दुख-सुख की लाख-लाख धाराओं में अपने को दलित द्राक्षा के समान निचोड़कर दूसरे को तृप्त करने की भावना प्रबल है, वहीं नारी तत्व है, या शास्त्रीय भाषा में कहना हो तो शक्ति तत्व है।" स्त्री के बिना पुरुष अधूरा है और पुरुष के बिना स्त्री। इन दोनों से ही समाज है। किसी एक के अभाव में समाज की कल्पना नहीं की जा सकती। किसी आयोजन की पूर्णता नहीं हो सकती। फिर अपने को कर्त्ता मानकर पुरुष नारी की अवहेलना क्यों करता है? उसका अपमान क्यों करता है? क्या नारी सहयोग के बिना उसका ठाट-बाट शान्तिकर रह पायेगा? महामाया का कहना है—"नारी हीन तपस्या संसार की भद्दी भूल है। यह धर्म-कर्म का विशाल आयोजन, सैन्य-संगठन और राज्य व्यवस्थापन सब फेन बुदबुद की भाँति विलुप्त हो जायेंगे क्योंकि नारी का इसमें सहयोग नहीं है। यह सारा ठाट-बाट संसार में केवल अशान्ति पैदा करेगा।" (एकादश उच्छ्वास) एक अन्य स्थान पर आचार्य वाराहमिहिर के हवाले से बाणभट्ट कहता है— "धर्म-कर्म, भक्ति-ज्ञान, शान्ति-सौमनस्य कुछ भी नारी का संस्पर्श पाये बिना मनोहर नहीं होते—नारी

देह वह स्पर्श मणि है, जो प्रत्येक ईंट पत्थर को सोना बना देती है।" (द्वादश उच्छ्वास)। ज़ाहिर है नारी ही पुरुष को पुरुष बनाती है। जिसे उसका करावलम्ब नहीं मिलता वह अधोगामी हो जाता है। अवधूत पाद की साधना इसलिए अधूरी रह गयी कि उन्हें विशुद्ध नारी का सहयोग नहीं मिला। नारी पारस मणि है, जिसे छू देती है, वह कुन्दन बन जाता है, वह उषा है जो सबके होठों पर मुस्कान ला देती है, वह हिमालय है जो अपने भीतर समस्त ज्वालाओं को छिपाये रखता है, वह गंगा है जिसमें समस्त पावनता समाहित रहती है, वह ज्वाला है जो समस्त ताप को भस्मीभूत करने की सामर्थ्य रखती है। इसी से बाण भट्ट कहता है–"नारी से बढ़कर अनमोल रत्न और क्या हो सकता है? पर उससे अधिक दुर्दशा किसकी हो रही है?" (षोडश उच्छ्वास)। जिन परिस्थितियों ने, जिन मूल्यों ने, जिन कारकों ने नारी को दयनीय बनाया है उनके प्रति बाणभट्ट के मन में आक्रोश है। वह उनके नाश के लिए संघर्ष करता है ताकि नारी पुरुष-निर्मित भँवर जाल से उबर सके, मुक्ति का एहसास कर सके। इसीलिए वह भट्टिनी का उद्धार करता है।

हर्षकालीन समाज में जो दुख-ताप है, निर्यातन है, घर्षण है, परदाराभिमर्श है, यह विकृत समाज व्यवस्था के परिणाम हैं। छोटा राजकुल लंपट है। स्त्रियों का क्रय-विक्रय होता है। पानशालाओं में मद्यपों, द्युतकारों, विटों, विदूषकों और लंपटों के अड्डे हैं। वर्णाश्रम व्यवस्था में अनके वर्ग हैं, जातियाँ, उपजातियाँ हैं। ब्राह्मणों में चतुर्वेद, त्रिवेद एवं द्विवेद जैसे स्तर-भेद हैं। भट्टिनी कहती है–"आर्यावर्त्त जैसी विचित्र समाज व्यवस्था मैंने कहीं नहीं देखी है। यहाँ इतना स्तर-भेद है कि मुझे आश्चर्य होता है कि यहाँ के लोग कैसे जीते हैं? भारतवर्ष में जो ऊँचे हैं वे बहुत ऊँचे हैं, जो नीचे हैं, उनकी निचाई का कोई आर-पार नहीं।" (अष्टादश उच्छ्वास)। विधवा विवाह को मान्यता नहीं थी। विवाह अपनी ही जाति के अन्तर्गत होते थे। अनुलोम एवं प्रतिलोम प्रकार के अन्तर्जातीय विवाहों को मान्यता जरुर थी लेकिन उन्हें अच्छा नहीं माना जाता था। एक जाति दूसरी जाति को घृणा की दृष्टि से देखती थी इसलिए परस्पर कटुता एवं अमैत्री थी। इस सामाजिक दुरवस्था का खुलासा ("एक जाति दूसरी को म्लेच्छ समझती है, एक मनुष्य दूसरे को नीच समझता है, इससे बढ़कर अशान्ति का कारण और क्या हो सकता है"–अष्टादश उच्छ्वास) करती हुई भट्टिनी काम, क्रोध लोभ, मोह वश पशुता की ओर अग्रसरित मनुष्य को कोमल एवं संवेदनशील बनाने की ज़िम्मेदारी बाणभट्ट को सौंपती है–"तुम इस आर्यावर्त के द्वितीय कालिदास हो....तुम्हीं

ऐसे हो जो नर-लोक से लेकर किन्नर-लोक तक व्याप्त एक ही रागात्मक हृदय, एक ही करुणायित चित्त को हृदयंगम करा सकते हो।" (अष्टादश उच्छ्वास) जिस एक राग, एक हृदय की स्थापना की ज़िम्मेदारी बाणभट्ट को सौंपी गयी है वह क्या इस संसार में सम्भव है? बाणभट्ट सोचता है–"यहाँ स्वर्ग बनना कठिन है। यहाँ स्वार्थों का संघात है। लोभ-मोह का प्राबल्य है। महाकवि ने जिस यक्ष-लोक की कल्पना की थी, उसमें सामाजिक मर्यादा समान थी, आँसू अगर थे तो सिर्फ़ आनन्द के, पीड़ा अगर थी तो प्रेम की, वियोग अगर था तो प्रणय-कलह का और जरा-मृत्यु का तो वहाँ कोई चिह्न भी न था।" (अष्टादश उच्छ्वास)। ऐसे समाज की स्थापना के लिए दुख दारिद्रय से मुक्ति पानी होगी, अपहरण, बलात्कार, अनाचार, व्यभिचार से छुटकारा पाना होगा, विभिन्न स्तर-भेदों को मिटाना होगा, करुणा और परदुखकातरता का भाव जगाना होगा-क्या बाणभट्ट में यह सामर्थ्य है? बाणभट्ट की क्षमता भट्टिनी पहचानती है– "भट्ट, तुम इस भव-कानन के पारिजात हो, इस मरुभूमि के निर्झर हो। तुम्हारी वाणी मेरी जैसी अबलाओं में भी आत्मशक्ति का संचार करती है। तुम्हारी छाया पाकर अबलायें भी इस देश की सामाजिक जटिलता को कुछ शिथिल कर सकती हैं।" (वही)। यहाँ यह कहने में कोई संकोच नहीं है कि सम्पूर्ण उपन्यास में बाणभट्ट कभी निपुणिका से प्रेरित हुआ है तो कभी भट्टिनी से। इनकी प्रेरणा से अथवा स्वयं के चिन्तन-मनन और अनुभव से उसके मन में जिन नारी-मूल्यों, सांस्कृतिक और जीवन मूल्यों के प्रति अगाध श्रद्धा पैदा हुई है, समाज में उनका अभाव देख, उनकी प्रतिष्ठा के लिए वह संघर्ष करता है और ताल ठोक कर कहता है– "हे हत ज्योति निशानाथ, अखिल भुवनमंडल के राग-विराग के तुम अविसंवादी साक्षी हो। लोक से लोकान्तर को, काल से कालान्तर को दिशा से दिगन्तर को तुम यह सन्देश पहुँचा देना कि बाणभट्ट का जीवन व्यर्थ नहीं था।"

लोक का आत्यंतिक कल्याण चाहने वाले द्विवेदी जी ने नाना धर्मो, कर्मकाण्डों, मत-मतान्तरों में उलझी जनता, राजा और धर्माचार्यों को 'सत्य' की पहचान करवायी है। उनके अनुसार 'सत्य' वह है जिससे समग्र मानव-जाति उपकृत होती हो। मनुष्य का उपकार बाह्याचारों और कर्मकाण्डों से नहीं हो सकता–उसके लिए तत्व-ज्ञान आवश्यक है। उधर हर्ष का कान्यकुब्ज तत्व-ज्ञान शून्य और बाह्याचार में लीन है। सामनैर बाणभट्ट से कहता है– "कान्यकुब्ज विचित्र देश है भट्ट। यहाँ ऊपरी आचार को बहुत महत्त्व दिया जाता है और भीतर के तत्व को समझने का कम प्रयत्न किया जाता है। क्या ब्रह्मण और

क्या श्रमण सभी बाह्य आचारों को ही बहुमान देते हैं। स्वयं महाराजाधिराज श्री हर्षदेव भी इस बात से अस्पृश्य नहीं कहे जा सकते।" इतना ही नहीं शैव, शाश्वत, वैष्णव आपस में गुत्थमगुत्थी कर रहे थे। सनातन और बौद्ध धर्म का संघर्ष जारी था—"धनदत्त के गुरु भदन्त वसुभूति बौद्ध धर्म को जिताकर ही छोड़ेंगे और वसुभूति के प्रतिभट परमस्मार्त आचार्य मेधातिथि-सनातन धर्म को पुनः प्रतिष्ठित करके ही दम लेंगे। मनुष्य जाए चूल्हे-भाड़ में इन्हें अपने धर्ममत का डिंडिम पीटना है।" (चतुर्दश उच्छ्‌वास)। दो धर्मों के बीच संघर्ष, धर्माचार्यों, महन्तो, मठाधीशों के आपसी स्वार्थों का परिणाम होता है लेकिन उसमें जलता सारा देश है—"यह सब थोड़े से पण्डितमानी व्यक्तियों की ईर्ष्याग्नि है, जिसमें राजा जल रहा है, प्रजा जल रही है और वह समय भी आ गया है, जब समूचा आर्यावर्त अपने तरुणों, बालकों, अनाथों और वृद्धों के साथ जलकर भस्म हो जायेगा।" (चतुर्दश उच्छ्‌वास)। यही कारण है कि द्विवेदी जी 'मानव-धर्म' की प्रतिष्ठा पर जोर देते हैं। वाभ्रव्य के माध्यम से ऐसे 'धर्म' की वकालत करते हैं जो बँधे-बँधाये नियम और आचारों में अँटता नहीं है।" वह नियमों से बड़ा है, आचारों से बड़ा है"। (उन्नीसवाँ उच्छ्‌वास) इस धर्म को अपनाकर आर्यावर्त्त महानाश से बच सकता है।

आर्यावर्त्त के समाज के मूल में घुन लगा है (निपुणिका का कथन), "नारियाँ अपहृता और अपमानिता हैं, धर्म परस्पर संघर्षरत हैं, गिरिवर्त्म के पास खड़ी म्लेच्छ-सेना के आक्रमणों का संकट है फिर भला आर्यावर्त्त को महानाश से कौन बचा सकता है? चिन्तातुर कृष्णवर्धन कहते हैं—"देखो भट्ट! एक बार यदि दस्युओं ने गिरिवर्त्म लाँघकर मैदान में प्रवेश किया तो उन्हें रोकना कठिन हो जायेगा। इस विषम संकट से मुक्ति पाने के एक मात्र आशा स्थान भट्टिनी के पिता हैं।" (त्रयोदश उच्छ्‌वास)। महामाया का कहना है कि "राजाओं और राजपुत्रों की ओर ताकते रहने से आर्यावर्त्त का उद्धार नहीं होगा।" (अष्टादश उच्छ्‌वास) फिर आसन्न संकटों से आर्यावर्त्त को मुक्ति कैसे मिलेगी? महामाया अमृत के पुत्रों को सम्बोधित करती हुई कहती है— "अपने आपको बचाओ, धर्म पर दृढ़ रहो, न्याय के लिए मरना सीखो, ब्राह्मण से लेकर चाण्डाल तक एक हो जाओ-चट्टान की तरह दुर्भेद्य एक। यही बचने का उपाय है।" (चतुर्दश उच्छ्‌वास) उपन्यास के अन्त में भट्टिनी सूचित करती है— "आर्यावर्त्त की विपत्ति इस बार कट गयी है भट्ट। आचार्य भर्बुपाद ने बताया है कि इस अल्पकाल में ही महामाया के लाखों शिष्य पुरुषपुर के आगे एकत्र हो गये हैं।

इनमें अधिकांश अशिक्षित और असंघटित थे। मेरे पिता ने उनको संघटित करने का काम आरम्भ कर दिया है। कुम्भा के उस पार दस्युओं का कोई सन्धान नहीं पाया गया है। सम्भवतः वे लौट गये हैं।" (बीसवाँ उच्छ्वास)। इस प्रकार इस उपन्यास में सामाजिक, राजनैतिक एवं धार्मिक स्तर पर उत्पन्न समस्याओं एव संकटों से मुक्ति पाने का प्रयत्न है जिसमें सताई हुई नारियों-निपुणिका, भट्टिनी, महामाया, सुचरिता एवं बाणभट्ट आदि पात्रों के साहस और संघर्ष की महत्वपूर्ण भूमिका है।

औपनिषदिक ज्ञान का लोकोन्मुख आख्यान

पोथा वैसे ही वजनी होता है और यदि उसमें ज्ञान की गरिमा तथा तत्त्व चिन्तन की महिमा का सन्निवेश हो तब उसकी गरिष्ठता का क्या कहना? महान और भारवान होने (महत्ताद भारवात्त्वाद च महाभारतमुच्यते) के कारण उसकी तुलना भले ही महाभारत से होने लगे लेकिन उसकी गरिष्ठता सर्वग्राह्य और सुपाच्य नहीं होती। इसीलिए सरसता का घोल ज़रूरी हो जाता है। यही कारण है कि द्विवेदी जी ने जीवन और जगत् सृष्टि और सर्जक, जीव और ब्रह्म, माया और मोक्ष के ज्ञानात्मक संवेदन को रैक्व और जाबाला के प्रेम-रस से अनुप्राणित कर 'अनामदास का पोथा' प्रस्तुत किया है। यहाँ यह प्रश्न उठना स्वाभाविक है कि सृष्टि, उसका कर्त्ता, उसकी गति, उसका उद्देश्य और जीवन-दर्शन के प्रति जिज्ञासु तथा तत्वान्वेषक ऋषियों, मुनियों और साधकों ने वर्षों का समय और हज़ारों पृष्ठ ख़र्च किया है फिर उसी तत्वचिन्तन की पुनः प्रस्तुति के पीछे द्विवेदी जी का उद्देश्य क्या है? उपनिषदों में ब्रह्म, जीव, जगत और उसके कारकों तथा मोक्ष आदि का गहन विवेचन है फिर छान्दोग्य उपनिषद से कथा-सूत्र लेकर 'अनामदास का पोथा' रचने के पीछे द्विवेदी जी का प्रयोजन क्या है? क्या प्रेम के आवरण में विभिन्न अन्तर्कथाओं का सहारा लेकर ज्ञान चर्चा करना ही इस 'पोथा' का कथ्य है? नहीं। औपनिषदिक तत्त्व-ज्ञान जो एकान्तवास और वैयक्तिक-मोक्ष पर केन्द्रित हो गया था उसे रैक्व आख्यान के माध्यम से लोकोन्मुख करना तथा व्यापक मानवीय सरोकारों से जोड़ना द्विवेदी जी का उद्देश्य प्रतीत होता है। जंगल में एकान्तवास से बाहर आकर ऋषि का जनता जनार्दन से जुड़ना, उसके सुख-दुख में सहभागी बनने की कोशिश तथा राजकुमारी जाबाला को लोक-कल्याण के कार्यों—("मेरे पास अगर वह बुद्धि की परीक्षा लेने आयेगी तो उसे गाड़ी खींचकर दीन-दुखियों तक खाद्य पहुँचाने को कहूँगा।") में लगाने की इच्छा प्रकट करना यह साबित करता है कि तत्व-ज्ञान

को वैयक्तिक स्वार्थ साधनाओं (मोक्षादि) से ऊपर उठाकर जन-साधारण के बीच लाना ही इस उपन्यास का मुख्य प्रयोजन है। जाबाला का प्रेम भी एकान्त साधक रैक्व को लोकोन्मुखी बनाने में महत्वपूर्ण भूमिका निभाता है।

इस उपन्यास के आरम्भ में भूमिका ('अब मैं नाच्यो बहुत गुपाल' तथा 'सब हवा है') तथा अन्त में उपसंहार और 'अनामादास की टिप्पणी' है। 'अब मैं नाच्यो बहुत गुपाल' के अन्तर्गत 'नाम में क्या रखा है' के बहाने बड़ी चुटीली और मार्मिक बातें कही गयी हैं। नाम कमाने से लेकर पुस्तक-प्रकाशन के लिए नामधारी होने की बात हो या नाम देखकर आलोचना लिखने, नामी आदमी से प्रस्तावना लिखाने या हिन्दी में पढ़ने की अपेक्षा लिखने को आसान बताने की बात हो या कवि और आलोचक के बीच के सम्बन्धों का रहस्योदघाटन हो द्विवेदी जी ने हास-परिहास में ही चुभने वाली और विचारने वाली बातें कहीं हैं। यह उनके समय का भी सच है और आज का भी। लेखक अपने ऊपर भी हँसता है– ("मैं साधारण मनुष्य के रूप में ही सोच सकता हूँ। किसी को सिखाना इसका उद्देश्य नहीं है। पीछे की ओर देखता हूँ, विराट रिक्तता। जो कुछ करता रहा हूँ वह क्या सचमुच किसी काम का था? अपनी सीमाओं, त्रुटियों, ओछाइयों को छिपाकर अपने को कुछ इस ढंग से दिखाना कि मैं सचमुच कुछ हूँ, यही तो किया है। छोटी-छोटी बातों के लिए संघर्ष को बहादुरी समझा है, पेट पालने के लिए छीना-झपटी को कर्म माना है, झूठी प्रशंसा के लिए स्वांग रचे हैं—इसी को सफलता मान लिया है। किसी बड़े लक्ष्य को समर्पित नहीं हो सका, किसी का दुख दूर करने के लिए अपने को उलीचकर दे नहीं सका। सारा जीवन, केवल दिखावा, केवल भोंडा अभिनय, केवल हाय-हाय करने में बीत गया। "हजारी प्रसाद द्विवेदी ग्रन्थावली, भाग दो, पृ. 305) लेकिन यह हँसी भागम भाग और आपाधापी में जी रहे आज के मनुष्यों पर भी है। किसी बड़े लक्ष्य की ओर समर्पित होने तथा दूसरों का दूख दूर करने के लिए अपने को उलीचकर दे देने वाले मनुष्य आज कहाँ है? लगता है द्विवेदी जी ऐसे मनुष्य की तलाश में ही रैक्व आख्यान की सृष्टि करते हैं तभी तो उपन्यास में कहलवाया गया है– "सत्य बड़ा गुण है, स्वाध्याय और सत्संग परम तप है, और परदुखकातरता सबसे बड़ा मानवीय गुण है। सर्वत्र आत्मानुभूति का प्रत्यक्ष प्रमाण है। दूसरों के सुख के लिए अपने आपको दलित द्राक्षा की तरह निचोड़कर दे देना। इससे बड़ा तप मुझे मालूम नहीं है।" (हजारी प्रसाद द्विवेदी ग्रन्थावली, भाग-दो, पृष्ठ सं. 349)। हमें यह नहीं भूलना चाहिए कि द्विवेदी जी 'मनुष्य' को ही साहित्य का

लक्ष्य मानते रहे हैं इसलिए 'मनुष्य' और 'मनुष्यता' के प्रति एक विराट और व्यापक अवधारणा लेकर वे साहित्य-सृजन में प्रवृत्त होते हैं। यह अनायास नहीं है कि जीवन के अन्तिम कालखण्ड में सृजित उपन्यास 'अनामदास का पोथा' में वे मानवीय सरोकारों के प्रति अधिक सचेत और जागरूक हैं बल्कि यह उनके चिन्तन का उत्तरोत्तर विकास है जो इसमें सर्वाधिक मुखरित है। यह उनका प्रातिभ वैशिष्ट्य ही है जो दर्शन एवं अध्यात्म जैसे गूढ़ विषय की पृष्ठभूमि में परदुखकातरता की पैरवी करने के लिए अवकाश निकाल सके हैं।

द्विवेदी जी के औपन्यासिक रचना-विधान में 'भूमिका' और 'उपसंहार' केवल विषय की प्रस्तावना या संस्कृत नाटकों की सूत्रधारीय योजना भर नहीं हैं बल्कि हँसी-हँसी में जीवन-जगत की विभिन्न विसंगतियों और विडम्बनाओं की कलई खोलने की भूमिका भी हैं। 'सब हवा है' में यों तो अनेक मुद्दों पर चिकोटी काटने की अद्भुत कला देखी जा सकती है लकिन भाषा-ज्ञान के बहाने अंग्रेज और अंग्रेजी बोलने वालों की जिस तरह ख़बर ली गयी है—वह देखते ही बनता है—"आजकल भाषा की जानकारी ज्ञानकी कसौटी मानी जाती है, ख़ासकर अंग्रेजी की जानकारी। जो आदमी अंग्रेजी जानता है और झमाझम उसको बोल देता है, वह चतुर माना जाता है। अंग्रेजी समझदार लोगों की भाषा है और जो लोग उसे जानते हैं वे अगर समझदार मान लिये जाते हैं तो इसमें बुराई कुछ नहीं है।" (हजारी प्रसाद द्विवेदी, ग्रन्थावली, भाग-2, पृष्ठ सं. 312) इसी तरह एक वाक्य और "आदमियों में जैसा अंग्रेज, चिड़ियों में वैसा हंस।" (वही, पृ. सं. 312)।

छान्दोग्य और वृहदारण्यक उपनिषदों से कथा-सूत्र लेकर इस पोथा का ताना बाना ज़रूर बुना गया है लेकिन सारा खतियान यहाँ नहीं दिया गया है क्योंकि उससे लेखक को पाठकों के धैर्य पर हमला का अपराध होने की आशंका थी फिर भी जितना अंश ग्रहण किया गया है उसकी प्रस्तावना 'सब हवा है' और उसका सार संक्षेप 'उपसंहार'। 'टिप्पणी' में कथा-स्रोत का उल्लेख है। 'भूमिका' और 'उपसंहार' तथा 'टिप्पणी' द्विवेदी जी की रचना-प्रक्रिया और सृजन-सन्दर्भ की जानकारी तो देते ही हैं समसामयिक जीवन के विभिन्न पहलुओं को भी उजागर करते हैं।

औपनिषदिक कथा-स्रोत के सहारे ऋषि कुमार रैक्व और जाबाला की प्रेम कथा का काल्पनिक एवं मनोहारी वर्णन इस उपन्यास में हुआ है। वैसे कथा का आरम्भ जिज्ञासा और तत्त्व चिन्तन की पृष्ठभूमि में होता है। पिता का यह

उपदेश—“संसार में जो नानात्व दिखाई दे रहा है वह वस्तुतः किसी एक ही मूल से विकसित हुआ है और फिर वे एक मूल में विलीन हो जायेंगे।” बालक रैक्व को चिन्तनशील बनाता है और इस प्रक्रिया में वह अनुभव करता है—“समस्त चैतन्य जगत को जो चीज़ सचमुच प्राणवान बनाये हुए है, वह वायु है।” (हजारी प्रसाद द्विवेदी ग्रन्थावली, भाग-2 पृ. सं. 317)। इसी के प्रमाणन और पुष्टि में उसका चिन्तन-मनन उत्तरोत्तर बढ़ता जाता है।

कौतूहल एवं जिज्ञासा से भरे हुए ‘वायु’ को ही सब कुछ मानकर चलने वाले रैक्व एक दिन आँधी-पानी में उड़ते-बचते एक रथ के पास पहुँचते हैं जहाँ एक अत्यन्त रूपवान कन्या संज्ञाशून्य होकर पड़ी मिलती है। उसकी सुन्दर आकृति और वस्त्राभरण देखकर वे विस्मित ही नहीं होते बल्कि उसकी मृग जैसी आँखों के चारों ओर उँगली फिराकर देखना शुरू करते हैं। जब कन्या की आँखें खुलती है तब वह फटकारती है—“कौन है तू? क्या कर रहा है?” ऐसी मधुर वाणी पहले कभी नहीं सुनने वाले रैक्व उस मृगनयनी को विस्फारित नेत्रों से देखते हैं, उसके केश सहलाते हैं और उसके पीछे-पीछे उसी तरह खिंचते चले जाते हैं जैसे चुम्बक के पीछे लोहा खिंचता है। वह कन्या भी उनकी सरलता और भोलेपन पर मुग्ध होती है तथा ‘पद’ से परिचित किन्तु ‘पदार्थ’ से अपरिचित रैक्व को ‘पदार्थ’ का ज्ञान कराती है। व्याकरण, प्रत्यय, आत्मा, प्राण, जीव, जगत, जनक याज्ञवल्क्य आदि के बारे में बताती है। इसके बाद जब वह कहती है— “मुझे मेरे पिता के घर पहुँचा दो।” तब दीन दुनिया से बेख़बर रैक्व कहते हैं—“शुभे! तुम जैसा भी आदेश करोगी, उसका पालन करना मेरे लिए हर्ष और गौरव की बात होगी। परन्तु तुम्हारे पिता के घर का रास्ता मुझे मालूम नहीं है। तुम्हें अपनी पीठ पर बैठाकर जिधर कहो, उधर पहुँचा दूँ।” (हजारी प्रसाद द्विवेदी ग्रन्थावली, भाग-2 पृ. सं. 322)। इस पर वह रैक्व को लोक व्यवहार की शिक्षा देती है। जब वह राजकुमारी अपने घर चली जाती है तब ऋषिकुमार रथ के पास बैठकर पीठ खुजलाते हैं। पीठ खुजलाने के सम्बन्ध में द्विवेदी जी की व्यंग्यात्मक टिप्पणी है—“ऋषि-मुनियों को खुजली होती तो अवश्य थी पर आध्यात्मिक संयम के कारण वे इसे खुजलाते नहीं थे। “ज़ाहिर है जहाँ ऋषियों का संयम टूटा है वहाँ बलात् दबाई हुई खुजली का भयंकर परिणाम सामने आया है इसीलिए इस उपन्यास में प्रेम के भावोच्छवास को दबाने के बजाय उसे सामाजिकता से जोड़ने का प्रयत्न दिखाई देता है। एकान्त साधक को सामाजिक ज्ञान कराने में प्रेम साधन बना है। व्यष्टि सत्य से समष्टि सत्य की ओर उन्मुख करने में प्रेम की महत्वपूर्ण भूमिका को दर्शाया गया है।

"सखि पतंग तो जलता है/साथ में दीपक भी जलता है।" के तर्ज पर यह कहा जा सकता है कि रैक्व और जाबाला दोनों ही प्रेम की ज्वाला में दग्ध हैं। दोनों ओर आग लगी है। अगर रैक्व अपनी पीठ खुजलाते रहते हैं तो उधर राजकुमारी जाबाला तरूण तपस्वी की सहजता और सीधेपन पर आकृष्ट होकर निरन्तर उसका ध्यान करती है। उसके बारे में सोचकर सूख रही होती है। दोनों की प्रेमानुभूति में व्यथा, विवशता, अन्तर्द्वन्द्व, जड़ता आदि का समावेश है। वस्तुतः इस उपन्यास का प्रस्थान बिन्दु 'प्रेम' है और तत्व-चिन्तन उसी के आलोक में मुखरित। तत्व-ज्ञान की सामाजिक व्याख्या इसी सन्दर्भ में आकार ग्रहण कर सकी है। इसीलिए ऋतम्भरा यह प्रार्थना करती हैं—"हे प्रेमामृत सिन्धु दीन बन्धु जो तुम्हारे प्रेम से वंचित हैं, उन पर कृपा करो, उन्हें प्रेम अमृत के सीकरों से सिंचित करो, वंचित न रहने दो।" इस उपन्यास में रैक्व का जाबाला के प्रति प्रेम, ऋतम्भरा का रैक्व के प्रति वात्सल्य प्रेम, औषस्ति का रैक्व के प्रति शिष्य-प्रेम, मामा का बच्चों के प्रति प्रेम-वर्णन के पीछे समाज में प्रेम की व्यापक भूमिका दर्शाना ही उद्देश्य है क्योंकि उसके बिना मानव-जीवन निरर्थक और निस्सार है।

सृष्टि के विकास का एक प्रमुख कारक विवाह है इसीलिए इसे आवश्यक माना गया है। ऋषि औषस्ति तापस रैक्व को समझाते हैं—"जानता है सौम्य, पितृ' ऋण से मुक्त होने के लिए कुलीन जन विवाह किया करते हैं। विवाह के माध्यम से ही पुरुष और स्त्री पूर्णता प्राप्त करते हैं, संसार के सबसे बड़े लक्ष्य प्रेम को प्राप्त करते हैं।" (हजारी प्रसाद द्विवेदी ग्रन्थावली, भाग-2 पृ. सं. 350)। विवाह ऐकान्तिक रूप में 'काम' से सम्पृक्त है। 'काम' चार पुरुषार्थों में से एक है लेकिन यह प्रेम का उदात्त रूप नहीं है इसीलिए उपन्यास के अन्त में रैक्व जाबाला से 'विवाह' नहीं 'उद्वाह' करना चाहते हैं—" विवाह नहीं माँ, उद्वाह। माता जी ने प्रश्न भरी दृष्टि से पुत्र की ओर देखा। बोली—"एक ही बात है बेटा! पर तू क्या दोनों में अन्तर मानता है?" संकुचित रैक्व ने उत्तर दिया—"हाँ माँ। (वही, पृ. सं. 472)। रैक्व विवाह और उद्वाह में जिस अन्तर की ओर इशारा करते हैं—वह यह है कि विवाह में परस्पर अधिकार-बोध की प्रमुखता है जबकि उद्वाह में मित्रता-बोध की। दाम्पत्य जीवन की भित्ति अगर मित्रता हो तो निस्सन्देह वहाँ प्रेम का उदात्त रूप प्रकट होगा। इससे जो सामाजिक व्यवस्था स्थापित होगी उसमें कलह, घृणा और तनाव आदि के लिए स्थान नहीं होगा।

इस उपन्यास में स्त्री की सार्थकता पर भी विचार हुआ है। भगवती ऋतम्भरा कहती हैं—"जीवन भर ब्रह्मवादियों के साथ आत्म तत्त्व की चर्चा करने के बाद भी मेरी यह लालसा नहीं गयी कि कोई माँ कहकर पुकारे। स्त्री माँ बनकर ही चरितार्थ होती है, बेटी!" तपस्या और तत्त्व-चिन्तन में रत स्त्री की अभिलाषा से जो निष्कर्ष निकलता है उसमें सामाजिकता की प्रधानता है। तत्त्व-चिन्तन से कहीं अधिक सामाजिक सम्बन्ध प्रमुख हो गया है। तत्व-चिन्तन और ज्ञान की शुष्कता तथा नीरसता से प्रेम की सरसता और मधुरता प्रधान हो गयी है। इससे यह स्पष्ट होता है कि एकान्त साधना के व्यक्तिवादी स्वरूप की अपेक्षा जन-जीवन से जुड़ाव और सामाजिक सम्बन्धों का निर्वाह कहीं अधिक महत्वपूर्ण है।

ऋषि कुमार रैक्व की जिज्ञासा और आत्म-चिन्तन से उपन्यास का आरम्भ होता है और 'विवाह' के स्थान पर 'उद्वाह' की अभिलाषा से अन्त। इससे यह संकेत मिलता है कि एकान्तवास सामाजिकता की ओर उन्मुख होकर सार्थकता पाता है।

चूँकि इस उपन्यास का कथा-स्रोत उपनिषद हैं और उपनिषदों की जिज्ञासा के मूल विषय सृष्टि और आत्म-चिन्तन हैं इसीलिए इस गल्प में भी आत्म-तत्त्व के प्रति जिज्ञासा और चिन्तन भरा हुआ है। रैक्व ऋषि औषस्ति के पास जाकर जिज्ञासु भाव से पूछते हैं—"भगवन्, मैंने बहुत विचार के बाद सत्य पाया है कि वायु ही सबसे प्रबल तत्त्व है। वह ब्रह्माण्ड में वायु के रूप में और पिण्ड में प्राण के रूप में क्रियाशील है। ब्रह्माण्ड के चार देवता-अग्नि, सूर्य, चन्द्र और जल-वायु के अधीन हैं और पिण्ड के चार इन्द्रिय-वाणी, चक्षु, श्रोतृ' और मन-प्राण के अधीन हैं। मैंने प्राणायाम की साधना की है। मैं अनुभव से जानता हूँ कि वायु सबसे प्रबल तत्त्व है। पर महाभागा शुभा ने पूछा था कि वायु क्या वही वस्तु है जिसे महर्षि याज्ञवल्क्य और राजर्षि जनक 'आत्मा' कहते हैं, तो मैं कुछ उत्तर नहीं दे सका। भगवन, यह आत्मा क्या चीज़ है?" (वही, पृ. सं. 345)। वे आगे पूछते हैं—"भगवन् मैं मन के बारे में जानना चाहता हूँ। कुछ लोग कहते हैं कि मन, प्राण से भी अधिक सूक्ष्म है, स्वप्न में वही देखने वाला होता है। मैं समझ नहीं पा रहा हूँ कि मन का क्या स्वरूप है और स्वप्न का क्या रहस्य है?" (वही)। ऋषि औषस्ति ने प्रश्न के उत्तर में कहा—"आत्मा इस शरीर रूपी रथ के साथ जुता हुआ है, वह स्वयं शरीर नहीं है, न शरीर तथा आत्मा का कोई मूल-गत सम्बन्ध है। आकाश में जहाँ भी आँख जड़ी हुई है, वहीं 'चाक्षुष पुरुष', वह आत्मा, बैठा है और इस विशाल जगत् को मानो झरोखों में बैठा झाँक रहा है।

आँख क्या है? यह कोई स्वतन्त्र वस्तु नहीं है, उसी के देखने का साध न है—जो देख रहा है, वही आत्मा है। नासिका गन्ध ग्रहण करने के लिए है—यह साधन है, जो गन्ध ग्रहण करता है, वही आत्मा है। कान सुनने के लिए है, यह साधन है, जो सुनता है, वही आत्मा है।" और फिर जब रैक्व ने पूछा—"मन क्या है भगवन्? "तब औषस्ति ने उत्तर दिया—"मन आत्मा का दैव-चक्षु है, दिव्य-नेत्र है। इससे यह आगे-पीछे, भूत-भविष्यत सब देखता है। इसी दिव्य-चक्षु द्वारा मन में ही रमण करता है, परन्तु यह भी आत्मा का साधन है, जो मन के द्वारा मनन करता है वही 'आत्मा' है।" (वही, पृ. सं. 348) इसी प्रकार रैक्व के आत्मा, जीवन और जगत से सम्बन्धित अनेक प्रश्नों और जिज्ञासाओं का समाधान महर्षि औषस्ति करते हैं। इसी परिप्रेक्ष्य में वे ऐकांतिक तप की आलोचना भी करते हैं—एकान्त का तप बड़ा तप नहीं है बेटा, देखो संसार में कितने कष्ट हैं, रोग हैं।, शोक है, दरिद्रता है, कुसंस्कार हैं। लोग दुख से व्याकुल हैं। उनमें जाना चाहिए। उनके दुख का भागी बनकर उनका कष्ट दूर करने का प्रयत्न करो। वही वास्तविक तप है। जिसे यह सत्य प्रकट हो गया है कि सर्वत्र एक ही आत्मा विद्यमान है वह दुःख कष्ट से जर्जर मानवता की कैसे उपेक्षा कर सकता है।" (वही, पृ. सं. 349)। यहाँ ऋषि औषस्ति केवल तत्त्वज्ञानी की भूमिका में नहीं हैं बल्कि एकान्त साधना को सामाजिकता की ओर उन्मुख करने वाले मार्ग द्रष्टा भी हैं। उनके विचारों में नवीनता का समावेश है। मानवता का हित पोषण है। आर्त-पारायणता है। दुखी-जन के दुख-निर्मूलन की कामना है। ज़ाहिर है दीन-दुखियों की सहायता से बड़ी कोई सहायता नहीं है। मानव सेवा से बड़ी कोई सेवा नहीं है। मनुष्य-हित चिन्तन से बड़ा कोई चिन्तन नहीं है। इसी से मानवता पुष्ट होती है।

द्विवेदी जी ने इस उपन्यास में 'तपस्या' को एक नयी अर्थवत्ता प्रदान की है। 'धर्म' और 'अध्यात्म' की नयी व्याख्या की है जिससे मानवता सबल और पुष्ट होती है। उसी के सहारे रैक्व सामाजिक जीवन कीओर अग्रसर होते हैं। जब वे समाज की कटु सच्चाइयों से परिचित होते हैं। जनता के कष्ट और पीड़ा देखते हैं तब उन्हें अपार कष्ट होता है और वे अपनी सम्माननीया माँ ऋतम्भरा से कह उठते हैं—"माँ, आज समाधि नहीं लग पा रही है। आँखों के सामने केवल भूखे, नंगे बच्चे और कातर दृष्टि वाली मातायें ही दीख रही हैं।" यह द्विवेदी जी का कथा-कौशल है जो एक ऋषि कुमार सामान्य जन की अभाव ग्रस्तता से व्याकुल होता है। भूखे-नंगों की पीड़ा से पीड़ित होता है। गोस्वामी तुलसी

दास (जासु राजप्रिय प्रजा दुखारी, सोनृप अवसि नरक अधिकारी) की तर्ज पर वे यज्ञ-विरोधी, देवता-विरोधी, एकान्त तप और मनन विरोधी आर्येतर महात्मा जो शरीर से काला, चिपटी नाक, बड़े-बड़े कान तथा सपाट ललाट वाला है और जो छोटी जाति के स्त्री-पुरुषों से घिरा रहता है, से कहलाते हैं—"जिस राजा के राज्य में बच्चे और स्त्रियाँ भूख-प्यास से आकुल होती हैं उसका सत्यनाश हो जाता है—और राजा नरक का अधिकारी होता है। राजा जानश्रुति के राज्य में एक नहीं अनेक स्त्री-पुरुष, वृद्ध-बालक भूख से, रोग से व्याकुल हैं। "इससे यह निष्कर्ष निकाला जा सकता है कि तत्वज्ञान का पुनराख्यान ही द्विवेदी जी का उद्देश्य नहीं है बल्कि उनकी संवेदना का विस्तार जनता के सुख-दुख, उसके कष्ट और पीड़ा तक है। इसीलिए वे व्यंग्य भी करते हैं—"राजा जानश्रुति ब्रह्म तत्त्व को जानने के लिए व्याकुल हैं, उधर प्रजा में त्राहि-त्राहि मची हुई है।" (हजारी प्रसाद द्विवेदी ग्रन्थावली, भाग-2 पृ. सं. 361)। यह उपनिषद-काल में राजाओं की तत्त्व चिन्तनशीलता की बढ़ती प्रवृत्ति और जनता की घोर उपेक्षा का भी सूचक है। द्विवेदी जी की सहानुभूति जनता के साथ है इसीलिए वे रैक्व की एकान्त साधना को लोकाभिमुख करते हैं। उनके रैक्व माता जी के साथ गाँव की दुर्दशा निहारते हैं। बच्चों, बूढ़ों, अभावग्रस्तों, बीमारों की दशा से दुखी होते हैं। विपन्नों की जीवन-शैली देख विचलित होते हैं। उसी समय उन्हें लगता है कि जैसे कोई उनकी चेतना को झकझोर रहा है। उनके सामने तप का एक नया स्वरूप उभरता है—"मैं जो गाड़ी के नीचे बैठकर तप कर रहा था, वह झूठा तप था। सही तपस्या गाड़ी चलाकर ही की जा सकती है।" इसलिए वे टूटी गाड़ी को ठीक कराने की बात भी सोचते हैं। इतना ही नहीं वे जाबाला के बारे में कहते हैं—"मेरे पास अगर वह बुद्धि की परीक्षा लेने आयेगी तो उसे गाड़ी खींचकर दीन-दुखियों तक खाद्य पहुँचाने को कहूँगा।"

'अनामदास का पोथा' का एक चरित्र 'मामा' गाँव वालों की सेवा में जुटा रहता है। यद्यपि उपन्यास में उसकी उपस्थिति थोड़ी देर के लिए ही है लेकिन वह अपने सेवा-भाव, समर्पण तथा बच्चों के प्रति वात्सल्य स्नेह आदि के कारण बड़ा प्रभावी चरित्र लगता है। कथा में सबसे मार्मिक स्थल वह है जहा मामा की मुलाक़ात रैक्व और ऋतम्भरा से होती है। यहीं भगवती ऋतम्भरा को इस सत्य का ज्ञान होता है कि जिसमें जिलाने की इच्छा है, वह जीने की इच्छा का रहस्य जान गया है। मामा के अन्दर जिलाने की इच्छा है जो स्वभाव और परिस्थिति प्रेरित है। वह बच्चों का प्रिय है। न जाने कहाँ-कहाँ से चीज़ें इकट्ठी करके

लाता है और सबको बाँटता है। इसी सन्दर्भ में ऋतम्भरा को उसमें परम पिता परमेश्वर की ज्योति दिखाई देती है। वैश्वानर की उपासना के हवाले उपन्यास में एक स्थान पर कहा गया है– "लोकताप से तप्त होना सबसे बड़ा तप है क्योंकि वह अखिलात्मा पुरुष की परम आराधना है। यही वैश्वानर उपासना भी है।" मामा के चरित्र में यह लोकताप विद्यमान है। उसे शास्त्रों का ज्ञान नहीं है लेकिन वह जीवन-यथार्थ से परिचित है। कभी-कभी वह व्यंग्य भी कर लेता है। रैक्व से कहता है–"राम राम ब्रह्मचारी जी! क्या कर रहे हैं आप? बोझा ढोना आपका काम है? इसके लिए तो विधाता ने हम लोगों को बना ही रखा है। आप वेदशास्त्र का अध्ययन करेंगे, धर्म का उपदेश देंगे तभी हम पामरजनों का कल्याण होगा।" वर्ण विभाजित समाज पर यह करारा प्रहार है किन्तु एक ऋषि कुमार द्वारा बोझा ढोने की कल्पना सामाजिक परिवर्तन की सूचना है जो मानव सेवा भावना से उपजी है।

जब राजपुरोहित आचार्य औदुम्बरायण जनपद की दुर्दशा का उल्लेख जाबाला से करते हैं–"प्रजा में त्राहि-त्राहि मची है .... पाप तो हो ही रहा है।" तब जाबाला संकल्प लेती है– "नहीं तात, अपनी इस बेटी के रहते आपको कर्त्तव्यमूढ़ नहीं होना पड़ेगा। मैं जनपद में घूमूँगी, आपको साथ लेकर। जब तक प्रजा भूखी है, जाबाला को शान्ति नहीं मिलेगी।" (हजारी प्रसाद द्विवेदी ग्रन्थावली, भाग-2 पृ. सं. 361) यह आदर्श वाक्य पाठक को थोड़ी देर के लिए आश्वस्त करता है लेकिन जब उपन्यास में जाबाला को ऐसा करते हुए नहीं दिखाया जाता है तब निराशा हाथ लगती है। उपन्यासकार को 'कथनी' की अपेक्षा 'करनी' वाले पक्ष पर ध्यान देना चाहिए था इससे पात्रों की विश्वसनीयता और प्रामाणिकता में वृद्धि होती। बहरहाल तत्त्व-चिन्तन के साथ-साथ लोकोन्मुखता का निर्वाह अपने आप में ही एक चुनौती है जिसमें द्विवेदी जी सफल हुए हैं।

मुरझाये ओठों पर मुस्कान लाने की कामना

रचना हृदय की निगूढतम अभिव्यक्ति है। हृदय का वह अन्तरतम प्रदेश जहाँ व्यक्ति और समाज की दुःख मुक्ति की कामना में छटपटाहट की स्वरतन्त्री बजती है वहीं से महान रचना का जन्म होता है। हृदय-सागर में करुणा का ज्वार जब मथित और आन्दोलित करता है तभी 'मैला आँचल' जैसी रचनायें सम्भव हो पाती हैं। क्रौंच पक्षी की वेदना-विह्वलता ही प्रथम कवि की काव्य-चेतना का आधार बनती है। 'मेरीगंज' गाँव की दुर्दशा, ग़रीबी, अभाव, अशिक्षा, असमानता, अनेकता, अनाचार, अन्धविश्वास, भय, आतंक, ढोंग, पाखण्ड, ईर्ष्या, द्वेष, वैमनस्य आदि की व्यथा ने फणीश्वर नाथ 'रेणु' से 'मैला आँचल' की कथा लिखवा ली। ऊपर से तो यही लगता है कि आँचल के मैलेपन को उभारना ही लेखक का उद्देश्य है। उपन्यास के शीर्षक से तो यही व्यंजित होता है लेकिन आँचल की गन्दगी दिखाना ही किसी महान रचनाकार का उद्देश्य नहीं हो सकता। उसकी धुलाई, सफाई और चमकाने की लालसा भी तो अन्तर्निहित हो सकती है। ज़ाहिर है–रचना 'शिवेतर क्षतये का उद्देश्य लेकर चलती है। रेणु भी उस आँचल के सुधार, विकास और उन्नति की कामना से प्रेरित हैं। समस्याओं को उभारना और उसके निदान का संकेत देना रचनात्मक अभीप्सा है। रेणु ने केवल 'मैला आँचल' में ही नहीं बल्कि अपने सभी उपन्यासों में व्यक्ति और समाज की समस्याओं को यथार्थ के धरातल पर उभारकर तारों की टिमटिमाहट जैसी निदानात्मक ऊष्मा और ज्योति का संकेत किया है। 'मैला आँचल' में वह संकेत महाप्रकाश के रूप में है। ममता पूछती है–"पढ़ गये..... महात्मा जी की आख़िरी लालसा! मैं तो कहती हूँ यह वह महाप्रकाश है, जिसकी रोशनी में दुनिया निर्भय हज़ारों बरस का सफ़र तय कर सकती है।" (पृष्ठ 312)। इस पर प्रशान्त का कथन है– "मैं प्यार की खेती करना चाहता हूँ। आँसू से भीगी हुई धरती पर प्यार के पौधे लहलहाएँगे। मैं साधना करूँगा, ग्रामवासिनी भारत माता के मैले

आँचल तले। कम से कम एक ही गाँव के कुछ प्राणियों के मुरझाये आठों पर मुस्कराहट लौटा सकूँ, उनके हृदय में आशा और विश्वास को प्रतिष्ठित कर सकूँ।" (वही)। प्रशान्त की यह कामना वस्तुतः रेणु की कामना है। लेखक के हृदय का उद्‌गार है।

वैसे तो फणीश्वरनाथ 'रेणु' ने कविता, कहानी, निबन्ध और रिपोर्ताज आदि विधाओं में महत्वपूर्ण लेखन किया है लेकिन उनकी सर्वाधिक ख्याति का कारण 'मैला आँचल' है जिसकी प्रशंसा में यह कहा जाता है कि अगर रेणु ने इसे छोड़ और कुछ भी नहीं लिखा होता तब भी वे हिन्दी के महान कथाकारों की अग्रिम पंक्ति में आसीन होते। नलिन विचोलन शर्मा ने इसके प्रकाशन के तत्काल बाद अपनी प्रतिक्रिया देते हुए इसे 'गोदान' के बाद का दूसरा महान उपन्यास तक मान लिया था–"मैंने हिन्दी के दस श्रेष्ठ की जो तालिका प्रकाशित कराई उसमें उसे सम्मिलित करने में मुझे कठिनाई नहीं हुई। मैं किसी द्विधा के बिना एक उपन्यास को हटाकर इसके लिए जगह बना सकता हूँ। बिना किसी प्रचार या विज्ञापन के ही 'मैला आँचल' हिन्दी के उस विस्तृत क्षेत्र में प्रसिद्ध हो गया। शायद ही कोई पुस्तक इतने शीघ्र प्रसिद्धि प्राप्त कर सकी हो। मैंने इसे 'गोदान' के बाद हिन्दी का दूसरा महान उपन्यास माना है।" (आलोचना, अंक-15, पृष्ठ 105)। यह बात अलग है कि आलोचकों के एक वर्ग ने इसे उतनी गम्भीरता से नहीं लिया। उस पर तरह-तरह के आरोप भी लगाये। किसी को प्रशान्त और कमला के प्रेम में छिछलापन दिखाई दिया तो किसी को नायक विहीन कथा दिखाई दी। किसी को अश्लीलता और गालियों की बौछार तथा अनैतिक यौन सम्बन्ध दिखाई दिये तो किसी को रेणु की इस स्वीकारोक्ति "इसमें फूल भी हैं, शूल भी, धूल भी है, गुलाब भी, कीचड़ भी है, चन्दन भी सुन्दरता भी है, कुरुपता भी "मैं किसी से दामन बचाकर निकल नहीं पाया" के बावजूद फूल, गुलाब, चन्दन और सुन्दरता की अपेक्षा शूल, धूल, कीचड़ और कुरूपता ही अधिक दिखाई दी। किसी को पिछड़ी जाति के प्रति लेखक की सहानुभूति दिखी तो किसी को नारी जाति के प्रति असम्मान का भाव लेकिन अधिकांश आलोचकों/पाठकों ने 'मैला आँचल' की भूरि-भूरि प्रशंसा की है। कथ्य का यथार्थ और शिल्प की बुनावट में इसे हिन्दी उपन्यास जगत की अनुपम उपलब्धि मानी है।

'मैला आँचल' किसी व्यक्ति विशेष अथवा किसी एक परिवार या किसी समुदाय विशेष की कहानी न होकर सम्पूर्ण गाँव की कहानी है। मेरीगंज गाँव जिसे रेणु पिछड़े गाँवों का प्रतीक मानकर कथा का क्षेत्र बनाते हैं वह अपनी

व्याप्ति में सम्पूर्ण भारत वर्ष. के गाँवों का प्रतिनिधित्व करता है। बिहार के पूर्णिया जिले का यह गाँव अपने सुख-दुख, अभाव, ग़रीबी, ईर्ष्या, वैमनस्य, उत्सव-उल्लास, तीजि-त्यौहार आदि की दृष्टि से भारत के गाँवों से भिन्न नहीं है। इसकी समस्यायें हर गाँवों में मिलेंगी और जो समस्यायें अन्य गाँवों में हैं वे मेरीगंज में विद्यमान हैं। इस तरह एक ओर नेपाल दूसरी ओर पूर्वी पाकिस्तान (अब बाँग्लादेश) और पश्चिम बंगाल तथा दक्षिण में संथाल परगना और पश्चिम में मिथिला की सीमा रेखाओं के बीच स्थित पूर्णिया जिले का यह गाँव मेरी गंज आंचलिकता की परिधि से जब बाहर निकलता है तब वह गाँव विशेष नहीं रह जाता बल्कि भारत का सामान्य गाँव बन जाता है जहाँ अफ़वाहों का बाज़ार है, अन्ध विश्वास की जकड़न है, जातिवाद है, खेत के झगड़े हैं, अवैध क़ब्ज़ा है, हदबन्दी-दल बन्दी है, मार-पीट, कोर्ट-कचहरी और गवाही है, मन्दिर-मठ के काले कारनामे हैं, अमीरी है, ग़रीबी है, विलासिता है, भुखमरी है, नेता हैं, गुंडे हैं, सहजता और भोलापन है, जाहिलियत है, काबिलियत है। सीधेपन के भीतर छिपा काइयाँपन है जिसे प्रशान्त जैसा व्यक्ति भी सिर्फ़ सात दिन में ताड़ कर ममता को लिखे बिना नही रहता—"गाँव के लोग बड़े सीधे दीखते हैं, सीधे का अर्थ यदि अपढ़, अज्ञानी, अन्धविश्वासी हो तो वास्तव में सीधे हैं। जहाँ तक सांसारिक बुद्धि का सवाल है, वे हमारे और तुम्हारे जैसे लोगों को दिन में पांच बार ठग लेंगे। और तारीफ़ यह है कि तुम ठगी जाकर भी उनकी सरलता पर मुग्ध होने के लिए मजबूर हो जाओगी। यह मेरा सिर्फ़ सात दिन का अनुभव है।" (मैला आँचल, पृ. सं. 53)।

कथा की शुरूआत चेथरू की गिरफ्तारी और लोबिन लाल के कुएँ से बाल्टी खोलकर ले जाने की अफ़वाह से हुई है जिसकी प्रतिक्रिया अलग-अलग टोले में अलग-अलग है। मेरीगंज में जाति आधारित टोले हैं—कायस्थ टोली, राजपूत टोली, दुसाध टोली, ततमा टोली, यादव टोली आदि। कायस्थ टोली के मुखिया विश्वनाथ प्रसाद मल्लिक, राजपारबंगा के तहसीलदार और एक हज़ार बीघे ज़मीन के काश्तकार हैं। राजपूत टोली के मुखिया ठाकुर रामकृपाल सिंह तीन सौ बीघे ज़मीन के मालिक हैं। डेढ़ सौ बीघे ज़मीन का काश्तकार खेलावन यादव, यादव टोली का मुखिया है। राजपूतों और कायस्थों में एक दूसरे को नीचा दिखाने की होड़ है तो यादवों को इन दोनों से मनमुटाव है। यही कारण है कि मलेरिया सेण्टर खोलने के सन्दर्भ में मेरीगंज आयी पैमाइशी टीम को लेकर इन तीनों बड़े काश्तकारों के पास पहुँची अफ़वाह अलग-अलग तरह की है और प्रतिक्रिया भी

अलग-अलग है। यहाँ फणीश्वरनाथ रेणु अफ़वाहों पर विश्वास के साथ-साथ गाँव की अनेकता तथा ज़मीन के असमान अधिकार की ओर पाठकों का ध्यान आकृष्ट करना चाहते हैं। अफ़वाह एक बड़ी समस्या है जो वातावरण को प्रदूषित एवं अशान्त बनाये रखने में बड़ी भूमिका निभाती है। रेणु चाहते हैंकि गाँव और समाज अफ़वाहों से मुक्त हो इसीलिए वे यत्र-तत्र इसका उद्घाटन करते चलते हैं। जोतखी जी नामक पात्र अन्धविश्वास और अफ़वाहों का भंडार है। मलेरिया सेण्टर खुलने की बात सुनकर डॉक्टर और अंग्रेजी दवा के ख़िलाफ़ तरह-तरह की कहानियाँ कही जा रही हैं। जोतखी जी का कहना है—"डॉक्टर लोग ही रोग फैलाते हैं, सुई भोंककर देह में ज़हर दे देते हैं, आदमी हमेशा के लिए कमज़ोर हो जाता है, हैजा के समय कूपों में दवा डाल देते हैं, गाँव का गाँव हैजा से समाप्त हो जाता है। काला बुखार का नाम पहले लोगों ने कभी सुना था? पूरब मुलुक कामरु कमिच्छा हासाम से काला बुखार वालों का लहू शीशी में बन्द करके यही लोग ले आये थे। आजकल घर-घर काला बुखार फैल गया है।... इसके अलावा, बिलैती दवा में गाय का ख़ून मिला रहता है।" (वही, पृष्ठ 18)। अन्धविश्वास और अफ़वाहों का क्या? वह अनपढ़ और गँवारों के बीच जिस तेजी से फैलता है, उसी तरह पढ़े-लिखों के बीच भी अपना जाल पसारता है। तभी तो अभियान्त्रिकी और सूचना क्रान्ति के इस युग में जब मनुष्य चाँद से ऊपर मंगल की ओर अपने कदम रखने के लिए उद्यत हो रहा है तब समाज के एक वर्ग में यह अफ़वाह जोरों से फैल रही है कि कोविड की वैक्सीन में सुअर की चर्बी मिली होने के कारण वह ग्राह्य नहीं है। इतना ही नहीं यह भी अफ़वाह है कि उसके लगाने से पौरुष प्रभावित होगा। कल्पना कीजिए आज जब यह स्थिति है तो पहले क्या दशा रही होगी? ख़ासकर उस अंचल की जो वीरान, धूमिल और मटमैला है। इसे ममता को लिखे प्रशान्त के पत्र की इन पंक्तियों से समझा जा सकता है—"तुम जो भाषा बोलती हो, उसे ये नहीं समझ सकते। तुम इनकी भाषा नहीं समझ सकतीं। तुम जो खाती हो, ये नहीं खा सकते। तुम जो पहनती हो, ये नहीं पहन सकते। तुम जैसे सोती हो, बैठती हो, हँसती हो, बोलती हो, ये वैसा कुछ नहीं कर सकते। फिर तुम इन्हें आदमी कैसे कहती हो।... अभी पहला काम है, जानवर को इन्सान बनाना।" (वही, पृ.सं. 175)। मैला आँचल लिखने का रेणु का यही काम्य हो सकता है।

'मैला आँचल' में सन् 1946 अगस्त से 1948 तक की अवधि का चित्रण भले किया गया है लेकिन उसकी बुनियादी समस्यायें प्राचीन हैं। मेरीगंज गाँव

में तीन-चार भूस्वामी हैं जबकि अधिकांश भूमिहीन। पूँजीवाद दीमक की तरह उसकी जड़ों को खोखला बना रहा है। तीन-चार जो धनी हैं वे लगातार धनी हो रहे हैं और बाक़ी निर्धन। गिनती के परिवार ऐश्वर्य और भोग विलास की ज़िन्दगी जी रहे हैं जबकि अधिकांश को रोटी के लाले हैं। ग़रीबों, मज़दूरों और कृषकों को अँगूठे के टीप पर त्यौहारों में मालिक या ज़मीनदार उन्हें अनाज देते हैं जिसे वे करुणा के पात्र आजीवन चुकाते रहते हैं। अभाव, ग़रीबी और भूख का आलम यह है कि कुछ को आम की गुठलियों के गूदे की रोटी पर अपने को ज़िन्दा रखना पड़ता है। अमीर पैसे से ग़रीबों को ख़रीदकर ग़रीबों के गले पर ग़रीबों के जरिये ही छुरी चलाते हैं। जोर जुल्म, डर, भय दिखाकर उनका शोषण करते, उन्हें जी भरकर लूटते हैं। उनके घर की स्त्रियों का अपमान और बलात्कार करते हैं। फिर भी उनके विरुद्ध कोई आवाज़ नहीं उठाता। आख़िर ऐसा कौन सा कठोर विधान है जिसने हज़ारों क्षुधितों को अनुशासन में बाँध रखा है? कफ से जकड़े हुए दोनों फेफड़े, ओढ़ने को वस्त्र नहीं, सोने को चटाई नहीं, पुआल भी नहीं। भीगी हुई धरती पर लेटा न्यूमोनिया का रोगी मरता नहीं है, जीता है। यही डॉ. प्रशान्त के आश्चर्य का कारण है। वह सोचता है– "डी. डी.टी. और मसहरी की बात तो बहुत बड़ी हुई, देह में कड़वा तेल लगाना भी स्वर्गीय भोग-विलास में गण्य है। तेल-फुलेल तो जमींदार लोग लगाते हैं। स्वर्ग की परियाँ तेल-फुलेल लेकर पुण्य करने वालों की सेवा करती हैं। खेतों में फैली हुई काली मिट्टी की संजीवनी इन्हें जिलाए रहती है।" (वही, पृ. सं. 174)। प्रशान्त को लगता है कि बेज़मीन आदमी आदमी नहीं जानवर है। यही कारण है कि रेणु ने अपने दूसरे प्रमुख उपन्यास 'परती परिकथा' में ज़मीन की समस्या को ही मुख्य रूप से उभारा है।

दो खण्डों में लिखित 'मैला आँचल' के पहले खण्ड की कथा व्यवस्थित, सन्तुलित और शृंखलाबद्ध नहीं है। दूसरे खण्ड में इस अव्यवस्था को थोड़ा कम करने की कोशिश की गयी है। 'मैला आंचल' विभिन्न प्रसंगों और घटनाओं की अवतारणा का उपन्यास है। प्रत्येक प्रसंग किसी न किसी रूप में ग्रामीण जीवन की कथा कहते हैं। बिदापत नाच में भी हास्य-व्यंग्य के माध्यम से कोई न कोई समस्या उभर ही आती है। गाँव भर के लोग तहसीलदार साहब के खम्हार में जमा हैं। बिदापत नाच में ग्रामीण रमे हुए हैं। नटुआ दोनों हाथ जोड़कर फन काढ़े गेहुअन साँप की तरह हिलते-डुलते बैठ रहा है। धरती पर घाघरी पुरैन के पत्ते की तरह बिछी हुई है। मिनती करती है– 'आहे छोडू छोडू जदुपति आँचर

हो, हो भींगत न ब सारी। उधर से आवाज़ आती है–"हाँ भैया कोटा-कनटरोल का जमाना है। कपड़ा नहीं मिलता। जरा होशियारी से...।" (वही, पृष्ठ 81)। बालदेव जी कपड़े की पुर्जी बाँट रहे हैं। उनका राह चलना मुश्किल हो गया है। दिसा-मैदान जाते समय भी लोग उनका पीछा नहीं छोड़ते। कफन और सराध में दिया जाने वाला कपड़ा गौना के नाम पर ले जाने के लिए तैयार हैं। बच्चे तो नंग-धडंग भी रह लेंगे लेकिन उम्रदराजों का क्या होगा? प्रेमचंद ने भी रोटी, कपड़ा, मकान के अभाव को अनेकानेक बार अपनी कृतियों में उठाया है किन्तु क्या इसका कोई असर पड़ा है। आज भी कुछ लोग भूखे नंगे सोने के लिए अभिशप्त हैं। सड़क की पटरियों, प्लेटफार्मों और किसी सुनसान में दिनकाटने के लिए मजबूर हैं। मैला आँचल में प्रशान्त ममता को लिखता है–"वह आदमी का डॉक्टर है जानवर का नहीं... भूख और बेबसी से तिल-तिल कर घुल-घुल कर मरने के लिए उन्हें जिलाना बहुत बड़ी क्रूरता होगी.... यहाँ इन्सान हैं कहाँ?.... अभी पहला काम है जानवर को इन्सान बनाना।" (वही, पृष्ठ 175)। प्रशान्त के भीतर की यह करुणा ही उसे सेवाभाव में जुटने के लिए प्रेरित करती है।

'गोदान' के गोबर, मेहता और मालती की तरह ही 'मैला आँचल' में बालदेव, कालीचरण तथा डॉ. प्रशान्त आदि आधुनिक युग के प्रतीक हैं। बालदेव कांग्रेस का कार्यकर्ता और गांधी भक्त है। वह भी कुछ ग़लत होने पर अनशन करने की बात कहता है। वह लोगों को समझाता है–"बैस्नव जन उसको कहते हैं जो पीर पराई जानता है।" वह मेरीगंज को चन्नन पट्टी की तरह बनाने की इच्छा रखता है तथा गाँव में मैला खुद साफ़ करने की बात कहता है। कालीचरण का चरित्र देश में विकसित राजनीतिक चेतना का प्रतीक है। सोशलिस्ट पार्टी का प्रचार अपने गाँव में वही करता है। वासुदेव कालीचरण का साथी है। वह काँग्रेस के तिरंगे झंडे को खिचड़ी पार्टी का तिरंगा झंडा कहता है जिसमें जमींदार हैं, सेठ हैं और पासंग मारने के लिए थोड़ा किसान-मज़दूरों को भी मेम्बर बना लिया गया है। देहाती जीवन में राजनीति प्रवेश को रेणु ने बड़ी सूक्ष्मता से देखा था। हर छोटी राजनीतिक घटना पर उनकी नज़र थी। उन्होंने यह लक्षित किया था कि राजनीति में भी जातिवादी ज़हर प्रविष्ट हो गया है– "पिछले आठ-दस वर्षों से जातिवाद ने काफ़ी जोर पकड़ा है। राजनीतिक पार्टियाँ भी जातिवाद की सहायता से संगठन करना जायज समझती हैं। राजनीति के दंगल में सब कुछ माफ़।" वर्तमान परिदृश्य तो और भी भयावह है। जाति के नाम पर अक्षम,

अपराधी, हत्यारे, बलात्कारी, दबंग, गुंडे (शिष्ट भाषा में बाहुबली) चुनकर संसद और विधानसभाओं की शोभा बढ़ाने के लिए भेजे जा रहे हैं।

फणीश्वरनाथ 'रेणु' की सहानुभूति वंचितों और शोषितों के प्रति कुछ अधिक है। होनी भी चाहिए। उन्हें हर तरह से दबाया और कुचला गया है। उनका शोषण किया गया है। आज दलित विमर्श उन्हें न्याय दिलाने और उनका जीवन-स्तर उठाने के लिए प्रयत्नशील है। विमर्श में अधिकार छीनकर लेने की वकालत तक हो रही है। रेणु ने छोटी जाति एवं छोटे तबके के लोगों को उठाने में अपना सक्रिय योगदान दिया है। ततमा टोली, दुसाध टोली और संथालों के नारकीय जीवन को करुणा के साथ उभारा है। यादवों के प्रति सहानुभूति दिखाई है लेकिन उनमें विवेक का अभाव है। वे बात-बात में लाठी का प्रयोग करने लगते हैं। रेणु ने उच्च जातियों के अनाचार, पापाचार और शोषण आदि की खिल्ली उड़ाई है, व्यंग्य और कटाक्ष किया है। राजाओं और सामन्तों के भोग-विलास तथा दुराचार आदि की निन्दा की है। डॉक्टर प्रशान्त तक इस प्रकार की ख़बरें पहुँचती रहती हैं–राजपारबंगा के कुमार जी उसकी मुट्ठी में हैं। डफ साहब की बेटी जब तक रहेगी, कुमार जी डफ साहब को नहीं हरा सकते हैं। बड़ा ऐय्यास है–राजा भूपत। पुत्याह में बनारस, इलाहाबाद और लखनऊ से इतनी बाई जी आती हैं कि तीन दिन तीन रात महफिल जमी रहती है। एक मिनट भी बन्द नहीं होती। अमलेश घर की नौकरानियों से व्यवहार करने के बाद अब अपनी चचेरी बहन के पीछे पड़ा हुआ है। इस तरह एक ओर समाज का यह मद्यपी और विलासी वर्ग है तो दूसरी ओर हल फाल, काम-काज बन्द करने से मालिक लोगों द्वारा मज़दूरी नहीं दिये जाने की स्थिति में जीविका चलाने का यह विकल्प है– "ततमा और दुसाध टोली के लोगों की बात जाने दीजिए। उनकी औरते हैं। सुबह से दुपहरिया तक कमला में कादो-पानी हिड़कर एक दो सेर गैंची मछली निकाल लाएँगी। चार सेर धान का हिस्सा लग जाएगा। बाबू लोगों के पुआल के टालों के पास धरती खरोंचकर, चूहे के माँदो को कोड़कर भी कुछ धान जमा कर लेंगी। नहीं तो कोठी के जंगल से खमरआलू उखाड लाएँगी।" (वही, पृष्ठ सं. 17) कहना न होगा कि रेणु ने सामाजिक आर्थिक वैषम्य को जिस सूक्ष्मता और गम्भीरता से उभारा है उस तरह का वर्णन अन्यत्र दुर्लभ है। यहाँ यह धातव्य है कि रेणु ने कोई फार्मूलाबद्ध विमर्श नहीं खड़ा किया लेकिन उन्होंने दलितों और पिछड़ों को जिस तरह अपनी रचनाओं में स्थान दिया है, उनके दुःख, दारिद्रय, अभाव और उदासी को अभिव्यक्त किया है, उनमें अपने अधिकारों के

प्रति चेतना और जागरुकता उत्पन्न की है, उसे क्या दलित विमर्श की कोटि में परिगणित नहीं किया जाना चाहिए।

किसान और मज़दूर राज क़ायम करने की अभिलाषा और संघर्ष भी 'मैला आँचल' में वर्णित है। कालीचरन दलितों और वंचितों के नेता के रूप में लोगों में आक्रोश का संचार करता है। उनमें चेतना तथा जागरुकता उत्पन्न करता है ताकि वे अपना मुँह खोल सकें। अपने पर होने वाले अत्याचारों का विरोध कर सकें। असहायता और असमर्थता की खोल फेंककर अपने अधिकारों के प्रति सक्रिय, सचेष्ट और संघर्षशील हो सकें। वह कर्त्तव्यनिष्ठ, परिश्रमी तथा सीधे-सादे संथाल किसानों के दिमाग़ की मुद्दत से उलझी हुई गुत्थी सुलझाते हुए कहता है– "ज़मीन किसकी... जोतने वालों की। जो जोतेगा वह बोएगा, जो बोएगा वह काटेगा। कमाने वाला खाएगा। इसके चलते जो कुछ हो। ...बिरसा माँझी का जवान बेटा मंगल माझी कालीचरन के वाक्यों को गीतों की कड़ी में जोड़ने की चेष्टा करता है ...जोहिरे जोतबे सोहिरे बोयबे।" (वही, पृष्ठ सं. 100)। यहाँ यह स्मरणीय है कि 'मैला आँचल' में स्वतन्त्रता पूर्व और स्वातंत्र्योत्तर मेरीगंज की कथा कही गयी है। जिस तरह का देशकाल है उसी तरह की राजनीतिक स्थिति इस गाँव की भी है। वह समय था स्वतन्त्रता आन्दोलन का। बालदेव और कालीचरण उसमें भाग लेते हैं, जुलूस निकालते हैं। नारा लगता है–किसान राज क़ायम हो। मज़दूर राज क़ायम हो। कहना न होगा कि इस उपन्यास में गाँधी की विचारधारा भी है और मार्क्स की चिन्तनधारा भी। समानता और शोषण से मुक्ति की आकांक्षा दोनों में ही है लेकिन एक बुनियादी फर्क यह है कि जहाँ मार्कसीय चिन्तन में शोषण से मुक्ति हेतु उग्रता और क्रान्ति को जगह मिली है वहीं गाँधी चिन्तन में अहिंसा की प्रमुखता है। यही कारण है कि कालीचरन और अन्य कामरेड जहाँ संघर्ष और हिंसा पर उतारु हो जाते हैं वहीं बालदेव अनशन की बात करने लगते हैं। कामरेड़ों का कहना है कि श्रम का विभाजन और श्रम का मूल्य औचित्य पूर्ण होना चाहिए। पूँजीवाद का समूल नाश होना चाहिए। इसके लिए चाहे क्रान्ति ही क्यों न करनी पड़े? किसान सभा में कामरेड सैनिक जी के भाषण से आग निकल रही है– "जिस तरह सूरज का डूबना एक महान सच है, पूँजीवाद का नाश होना भी उतना ही सच है। मिलों की चिमनियाँ आग उगलेंगी और उनपर मज़दूरों का क़ब्ज़ा होगा। चारों ओर लाल धुँआ मँडरा रहा है। उट्ठों किसानों के सच्चे सपूतों, धरती के सच्चे मालिकों, उट्ठो! क्रान्ति का मशाल लेकर आगे बढ़ो।" (वही, पृष्ठ 103)। इस तरह मेरीगंज विभिन्न पार्टियों

और दलों का रण स्थल सा बन गया है जो समग्र भारत में व्याप्त जीवन-पद्धति का चित्र उपस्थित करता है।

'मैला आँचल' की ममता के चरित्र में शरत्चन्द्र के उपन्यासों की नारी के समान आस्था है। वह आस्थावान होकर आगे बढ़ती है तथा दूसरों को आगे बढ़ने के लिए प्रेरित करती है। मानवीय भावनाओं को अपने स्नेह-बल से जीवित रखती है। किन्तु इसे छोड़ उपन्यास के बाक़ी नारी चरित्रों में रेणु ने शिष्टता, शालीनता, श्लीलता, मर्यादा और नैतिकता का समावेश क्यों नहीं कराया है? उन्हें इतना कमज़ोर क्यों दिखाया है जो किसी न किसी कामुक पुरुष की कामुकता और लम्पटता का सहज शिकार हो जाती हैं? लक्ष्मी महंथ सेवादास की काम-तृप्ति करती है। लरसिंह दास भी उसके लिए लालायित है। नागा साधु की काम-दृष्टि भी उस पर लगी हुई है। रामदास उसे अपनी दासी बनाना चाहता है लेकिन जब लक्ष्मी पर उसका वश नहीं चलता तब वह रमपियरिया को ले आता है। रमपियरिया सात बेटों के बाप छीतन से फँसी हुई है। लक्ष्मी एवं बालदेव तथा कमला और डॉ. प्रशान्त के प्रेम प्रसंगों से उपन्यास के पन्ने भरे पड़े हैं। मँगला देवी और कालीचरन का रोमांस चर्चा का विषय बना हुआ है। लरसिंह दास सोनमतिया कहारिन की बेटी रधिया को भगा ले जाता है लेकिन उसको छोड़ इसलिए देता है कि उसमें प्रेम की एकनिष्ठता नहीं है—"नौटंकी कम्पनी के मालिक की ही बात रहती तो वह सह ले सकता था, हारमोनियम और नगाड़े वाले भी रधिया को कभी फुर्सत नहीं देते थे। कभी ताल का रिहर्सल करना है तो कभी नाच सिखाना है।... रधिया साली भी कुत्ती ही थी। वह भी तो बदल गयी थी।" (वही, पृष्ठ सं. 63)। फुलिया सहदेव मिसर के साथ रासलीला रचाती है। खलासी से विवाह करके भी पैटमैन के साथ भाग जाती है। अब प्रश्न उठता है कि नारी-चरित्र की इस भ्रष्टता का कारण क्या है? रेणु ने इन अनैतिकताओं को उपन्यास में इतनी जगह क्यों दी है? मैला आंचल को क्या रोमांचक और सनसनीखेज बनाना ही उनका उद्देश्य रहा है? मुझे ऐसा लगता है कि रेणु गाँव में मौजूद इस मैल की सफाई के लिए ही उसे इतना विस्तार देते हैं। वे उन कारणों की तलाश भी करते हैं जो इनके मूल में विद्यमान हैं। वे यह दिखाना चाहते हैं कि अमीरों, साधन सम्पन्नों और दबंगों की नज़र में नारी मात्र मनोरंजन का साधन है। धनबल और बाहुबल से ग़रीबों की जवान बेटियों—बहुओं का यौन शोषण उनका अधिकार है। सहदेव मिसर फुलिया के यहाँ पकड़ा जाता है लेकिन पंचायत में फुलिया और मँहगूदास उसके विरुद्ध कुछ भी नहीं बोलते क्योंकि

फुलिया को डर है कि सहदेव ने उसके बाप को करज़ा दिया हुआ है। कहीं वह उनका अहित न कर दे। रेणु की दृष्टि में इस अनैतिकता का कारण अर्थाभाव भी है। ख़ैर, जो भी हो उन्होंने अपने नारी चरित्रों में आत्मबल और आत्म सम्मान नहीं भरा है। आत्मरक्षा का साहस नहीं दिखाया है। यदि वे ऐसा कर पाये होते तो यह उपन्यास स्त्री-विमर्श की दृष्टि से भी महत्ता के साथ याद किया जाता।

उपन्यास के अन्त में लेखक ने किसानों की नीलाम की हुई, जब्त की हुई ज़मीन तहसीलदार विश्वनाथ प्रसाद द्वारा लौटवाकर जहाँ विश्वनाथ प्रसाद की लूट और शोषण का प्रायश्चित करवाया है वहीं किसानों के चेहरों पर, मुर्दा चमड़ों पर लाली लौटाने का प्रयत्न भी किया है। इसी अर्थ में 'मैला आँचल' मुरझाये ओठों पर मुस्कान लाने की कामना की गाथा है जिसे डॉक्टर प्रशान्त के सेवाभाव के संकल्प से और बल मिला है।